本书出版得到南开大学亚洲研究中心资助

光明社科文库
GUANGMING DAILY PRESS:
A SOCIAL SCIENCE SERIES

·法律与社会书系·

劳资关系潜规则的成因与对策

——以新《劳动合同法》的执行情况为例

吕小康 | 著

光明日报出版社

图书在版编目（CIP）数据

劳资关系潜规则的成因与对策：以新《劳动合同法》的执行情况为例 / 吕小康著 . -- 北京：光明日报出版社，2021.6

ISBN 978 - 7 - 5194 - 6019 - 8

Ⅰ.①劳… Ⅱ.①吕… Ⅲ.①劳资关系—研究—中国 Ⅳ.①F249.26

中国版本图书馆 CIP 数据核字（2021）第 077987 号

劳资关系潜规则的成因与对策：以新《劳动合同法》的执行情况为例
LAOZI GUANXI QIANGUIZE DE CHENGYIN YU DUICE：YI XIN《LAODONG HETONGFA》DE ZHIXING QINGKUANG WEILI

著　者：吕小康			
责任编辑：杨　娜		责任校对：刘文文	
封面设计：中华联文		责任印制：曹　净	

出版发行：光明日报出版社

地　　址：北京市西城区永安路 106 号，100050

电　　话：010-63169890（咨询），010-63131930（邮购）

传　　真：010 - 63131930

网　　址：http：//book.gmw.cn

E - mail：yangna@ gmw.cn

法律顾问：北京德恒律师事务所龚柳方律师

印　　刷：三河市华东印刷有限公司

装　　订：三河市华东印刷有限公司

本书如有破损、缺页、装订错误，请与本社联系调换，电话：010-63131930

开　　本：170mm×240mm

字　　数：278 千字　　　　　印　　张：16

版　　次：2021 年 6 月第 1 版　　　印　　次：2021 年 6 月第 1 次印刷

书　　号：ISBN 978 - 7 - 5194 - 6019 - 8

定　　价：95.00 元

序一

关于潜规则的理论研究是我博士期间的研究主题。在写完自以为非常不成功的一篇博士论文后，反思起来，论文之所以欠缺深度，是因为未能结合一个具体领域的主题做一些关于"潜规则"的深入的实证研究。而劳资关系是当代中国社会中影响社会稳定和民众获得感的一对重要关系，因此便决定以此前的理论思考为基础，结合某一具体领域进行潜规则的深入分析。这便是这一研究的由来。

回头看来，这一研究在研究设计和整体执行上均存在诸多缺憾，是一个很不理想的研究成果。究其原因，可能在于潜规则这种通常而言"只可意会不可言传"的特性，使得使用问卷法来进行调查时，终有隔靴搔痒之感。而自己在深度访谈和个案分析上的培训欠缺，也未能充分挖掘一些具体典型意义的劳资潜规则事件，从而限制了研究的纵深程度。同时，由于自己的重度拖延症时不时发作，研究周期一拖再拖。这真是一个深刻的教训：没有良好的时间规划，再完善的计划也得不到良好的执行。

感谢我的硕士研究生、本科生以及与我同门的博士生（以下排名不分先后）曹松峰、黄雪涵、马傲梅、王玉玲、宋超、开源、贾婷、张慧娟、刘颖、武迪、赵晓繁、冯勇、邻一杰、刘月、谭雯雯等同学、朋友在问卷调查、个案访谈、数据录入、统计分析和报告撰写过程中给予的大力支持与协助。没有你们，项目将无法顺利结项。愿你们在各自的岗位上取得新的成绩。

吕小康

2019 年 3 月 21 日

南开大学

序二

  潜规则是一个颇具本土特色的社会学概念，但是要对这一概念做出深入的理论分析，并对应到某个现实领域进行经验性的分析，仍然很有难度。该研究是在这方面的大胆尝试，值得鼓励。

  此研究延续了吕小康的博士论文、后发表成书的著作《社会转型与规则变迁：潜规则盛行的社会学阐释》对潜规则的理论思考。作为他的博士生导师，我见证了他从对潜规则的抽象理论探讨到对具体的潜规则现象进行深入调查研究的过程。此研究在对劳资关系潜规则进行概念化的基础上，进一步设计了操作化的问卷，并采用问卷调查和访谈法相结合的方式，对该领域的潜规则进行了较为全面的分析。相较于同类研究，这一研究的工作量还是比较丰富的，研究方法也较为恰当，是在劳资关系这一热门领域理论结合实践的一个研究。

  劳资关系作为社会关系中重要的方面之一，其稳定性直接关系到社会乃至国家的发展繁荣。《中华人民共和国劳动合同法》作为维系劳资关系的一项主要举措，减少其执行中的潜规则是提升法律的实际效力的关键所在。该研究为劳资潜规则的研究提供了一个很好的理论联系实际的研究案例，相信能够丰富国内同行对劳资关系潜规则的理解，同时为此类潜规则的治理提供理论洞察和实证依据。

  是为序。

汪新建

2019 年 11 月 10 日

目　录
CONTENTS

第一章

问题提出与研究设计

2008 年开始执行的《中华人民共和国劳动合同法》（以下简称《劳动合同法》）作为国家规制的重要工具，涉及面宽、影响力大，能否契合实情发挥实效，不仅关系到劳资关系的和谐这一现实问题，还从根本上影响着民众对国家法律和法治的基本信心。本研究以《劳动合同法》对劳资关系的国家行政主导倾向的调整为例，考察国家规制这一宏观背景下的劳资关系潜规则的生成及演变，并通过对由新制度的实施引发的各种潜规则的深入分析，为提出相应的治理策略提供合理建议。本研究通过对该领域潜规则的深入分析，也可以展示出事实与规范、现实秩序与法理规则之间的相互博弈这一当代社会的基本主题。

第一节　研究背景、意义与思路

我国的《劳动合同法》从酝酿伊始就一直存在争议，自 2008 年 1 月 1 日颁布实施以来，仍不断有研究披露该法在执行过程中出现诸多问题，对其实效的争论延续至今。梳理这些争议，并进一步检讨相关的研究成果，可为后续的学理分析奠定基础。

一、研究背景

在经济全球化以及中国经济体制改革的大背景下，中国的劳动关系也随之发生了诸多变化，开始了市场化进程。近年来中国形成了就业非正规化趋势。与正规部门相比，在非正规部门中，用工不规范现象更多，用人单位和劳动者之间的冲突也更多（Knight, John, Lina Song, 2005）。在这种情况下，强资本弱劳工格局和不断加剧的劳资冲突等社会问题也日益凸显，为调整市场化条件下的新型劳资关系，《劳动合同法》于 2008 年正式颁布施行。众所周知，在《劳动合同法》施行之前，就已经出现了很多的学术争议。支持《劳动合同法》的学者认为，《劳动合同法》中的国家强制很好地体现了对劳动者的"倾斜保护"，并且力度是恰当的（常凯，2008）；反对的学者则认为，《劳动合同法》中过度强调国家强制，而对当事人的意思自治，特别是用人单位的用人自主权的关注不够，会使企业用人机制"僵化"或"固化"，同时将影响企业经营、经济发展和劳动者就业，该法对于用人单位与劳动者而言皆无有利处，可谓"双输"（肖华，董保华，2007）。

不可否认的是，《劳动合同法》的实施已经取得了显著的成效：劳动合同签订率明显上升，新签劳动合同平均期限延长，且劳动合同质量有所提高，社会保险的覆盖范围也逐渐扩大，基金收入增长（刘继臣，2010）。随着 2008 年年初《劳动合同法》的施行，社会对该法律的认可程度也在不断提升。但是，自实施以来，社会上所暴露出来的关于《劳动合同法》在执行过程中的问题也越来越多，如解除原来的合同（规避法律而解雇或规模裁员）、改签派遣合同（降低依法用工成本）、签订虚假合同（应付劳动监察的阴阳合同）、抹去历史工龄重新签订合同（规避法定的无限期合同）、劳务合同替代劳动合同（用民事合同规避劳动合同）等潜规则（杜一鸣，2009）。同时，以富士康职工跳楼为代表的一系列恶性劳动矛盾案例，规避了《劳动合同法》之中的相关规定，也从侧面反映出现行规制的不足。学术界对劳动合同法的批判声仍然不绝于耳。例如，知名经济学家张五常长期以来也一直是劳动合同法的批判者，认为"此法是中国经济发展从极盛转向疲弱的导火线。……该合同法大幅提升了分工合作的交易费用，使工厂纷纷拆细，也使外资见而生畏。虽然不少地方干部招商时说不执行该法，但打起官司法庭要判案。恐吓或勒索的行为无数，受益的是一些小律师及专于搞事的人"（张五常，2016），所以该法一定要被取缔或替代。这种观点在学术界，尤其是经济学界仍然非常有影响力。

虽然我们很难直接获得因为《劳动合同法》的"强势介入"而引发的劳动争议数目变化趋势，但仍可从一些间接数据中分析出一些端倪。图 1.1 列出了 2005—2015 年这 11 年间基于 CNKI 重要报纸期刊数据库与 CNKI 学术期刊数据库检索的，与"劳动争议"相关的报道篇数及《劳动合同法》相关研究文献篇数的量化指标，从中可以在一定程度上解析出与《劳动合同法》施行有争议的相关信息。

从这一数据可以看出，2008 年作为一个关键年份，处在前后法规的衔接期，这一年度的劳动争议相关研究是最多的。这一点也可以从我国的劳动人事争议仲裁情况中得到印证（表 1.1）。图 1.2 将表 1.1 中的部分结果绘制成折线图，可更直观地看出其中的变化趋势。

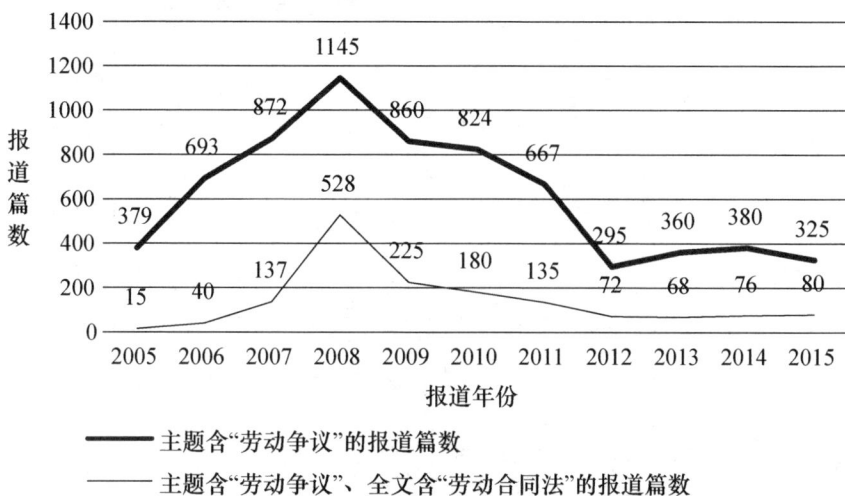

图 1.1　CNKI 数据库中篇名包含"劳动合同法"的相关研究（2005—2015）

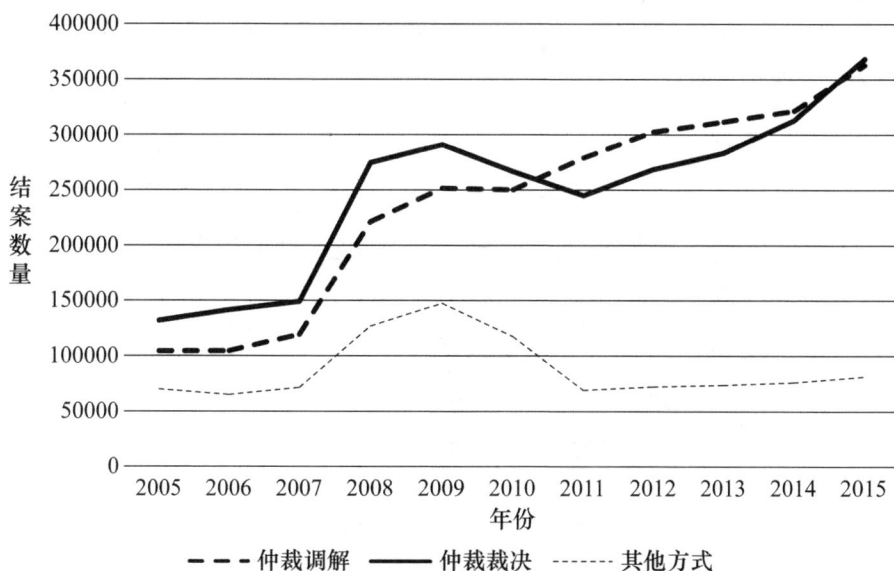

图 1.2　劳动人事争议的仲裁情况（按解决方式划分）

3

表1.1　中国劳动争议仲裁情况（2005—2015）

项目		2005	2006	2007	2008	2009	2010	2011	2012	2013	2014	2015
案件受理情况	上期末结案数（件）	17829	22165	25424	33084	83709	77926	42308	36151	34478	31796	39580
	当期案件受理数（件）	313773	350182	350182	693465	684379	600865	589244	641202	665760	715163	813859
	集体劳动争议案件数	19387	12784	12784	21880	13779	9314	6592	7252	6783	8041	10466
	劳动者申诉案件数	293710	325590	325590	650077	627530	558853	568768	620849	641932	690418	784229
按争议原因分（件）　劳动报酬		—	—	—	225061	247330	209968	200550	225981	223351	258716	321179
社会保险		—	—	—	—	—	—	149944	159649	165665	160961	158002
变更劳动合同		7567	3456	4695	—	—	—	—	—	—	—	—
解除/终止劳动合同		68873	—	80261	139702	43876	319915	118684	129108	147977	155870	182396
其他		28257	—	—	—	—	—	—	—	—	—	—
	劳动者当事人数（人）	744195	679312	653472	1214328	1016922	815121	779490	882487	888430	997807	1159687
	集体劳动争议（件）	409819	348714	271777	502713	299601	211755	174785	231894	218521	267165	341588
案件处理情况	结案数（件）	306027	67868	340030	622719	689714	634041	592823	643292	669062	711044	812461
按处理方式分　仲裁调解		104308	104435	119436	221284	251463	250131	278873	302552	311806	321598	362814
仲裁裁决		131745	141465	149013	274543	290971	266506	244942	268530	283341	313175	368409
其他方式		69974	64880	71581	126892	147280	117404	69008	72210	73915	76271	81238
按处理结果分　用人单位胜诉		39401	39251	49211	80462	95470	85028	74189	79187	82519	82541	90785
劳动者部分胜诉		145352	146028	156955	276793	255119	229448	195680	213453	271551	250284	287544
双方部分胜诉及其他		121274	125501	133864	265464	339125	319565	322954	350652	368992	378219	434132
	案外调解案件数	25575	—	—	237283	185598	163997	194338	212937	215595	227447	258114

资料来源：中国统计年鉴（2016）。

从上述图表中均可看出，我国劳资关系在新《劳动合同法》实施之后，经历了一个震荡磨合期，对其执行效果、执行成本及相关的社会效应进行相关研究，是必要且可行的。为什么一个旨在保护劳动者权益的法律，最终的执行成本如此之高？为何劳方与资方都对法律存在诸多不满？为何"本意良好"的法律最终异化走样、衍生出诸多潜规则？这些问题都值得结合实证调查结果进行进一步的学术反思。

二、研究意义

（一）现实意义

《劳动合同法》作为调节劳动关系的重要法律依据，其立法目的是完善劳动合同制度，在劳动合同中明确劳动者和用人单位双方当事人的权利和义务，旨在保护劳动者的合法权益，构建并发展和谐稳定的劳动关系，但存在于《劳动合同法》实施过程中的"潜规则"引发了大量的不良社会效应和群体性冲突事件。

首先，潜规则的存在消解了正式规则的效力，影响了规则体系的运行及发展，在有正式规则的领域中，当潜规则产生效力时，人们往往会越过正式规则，通过某种手段来降低自身的成本从而达到实现个人利益的目的。其次，潜规则的存在破坏了社会风气，颠倒了人们的基本价值判断，当人们将以理性为基础产生的正式规则抛之脑后而奉行潜规则时，社会运行便会进入一种无序化的状态，一切都依靠"关系""金钱"等方式来获得社会资源，通过弄虚作假、行贿受贿等手段达到个人利益，践踏与颠覆了法律、法规等正式规则。通过研究"潜规则"在人心理进行"正当化"的过程，有助于理解潜规则的发生发展路径，加强对潜规则的识别能力以及减少潜规则带来的危害。

就劳动关系方面而言，潜规则"正当化"的研究不仅有助于加强用人单位经营管理、完善其规章制度，进而提高用人单位经济发展效益，而且有助于市场经济的透明化，提高市场经济的竞争水平，还有助于法律法规的完善，推进中国的法制建设。对潜规则的研究能够深化人们对正式规则的认识，加强人们的规则意识，使人们按照明文规定进行社会活动并推进法制建设。

（二）理论意义

首先，对潜规则的研究为修正并完善现行的正式规则提供了理论指导，通过分析潜规则的产生原因，加之反观正式规则的实施情况，有助于控制并完善现行规则。对潜规则的研究，就是分析正式规则为何失灵、失效以及潜规则如何生效的过程。潜规则的产生与正式规则的漏洞有着密不可分的关系，在正式规则失效的地方，往往就是潜规则作为"替代品"产生效力的地方。正式规则在表达上越模糊化、概括化，给予潜规则的空间就越大，在实施过程中实施者重新解释、变通的可能性也就越大。

其次，研究潜规则对于我们认识规则体系具有重要的理论意义。在社会运行的过程中规则体系并非只有正式规则。其中，正式规则仅占少数，大部分是由一些"非正式"的行为规范、行为准则和习俗来确定的。除此之外，还有一些隐藏在正式规则背后的"另类规则"，即本研究中所说的潜规则。它常常顶着正式规则的名义，却是与正式规则相异的另类规则。在潜规则泛滥的地方，正式规则往往成了形式，成为一个空壳。虽然潜规则比较隐蔽，不容易被察觉，但它是社会规则体系中的真实内容，是被实践着的规则。因此，研究潜规则对于我们认识并把握真实社会中的规则体系有着重要的理论价值。

最后，潜规则的研究对于揭示腐败行为、推行廉政有重要的指导意义。吴思所定义的潜规则的核心是"合法伤害权"，在各种各样的腐败行为中，行贿受贿发生的一个重要因素是高层级对于低层级拥有绝对的利益控制，腐败一方面发生在高层级对低层级以利益相要挟进行索贿，另一方面产生在低层级越过正式规则进行行贿以获得便利和利益。研究潜规则有利于揭开潜规则腐败的虚假本质，更好地推进反腐倡廉工作。同时，其对于不断提高维护和执行制度的针对性和实效性，完善我国的制度体系具有重要的理论价值。

三、分析思路

本研究以《劳动合同法》执行中的相关争议、国家规制视角下的《劳动合同法》以及《劳动合同法》实施过程中的劳资潜规则为基本背景引出劳资关系潜规则的议题，在梳理劳资关系、潜规则及劳资关系潜规则的已有文献基础上，通过问卷编制施测以及深度访谈、定量与定性方法的结合，了解大众对于《劳动合同法》的认知情况，调研劳资关系中的潜规则现状，从文化心理学视角探讨劳资关系中的潜规则成因，从而提出相应的对策建议。

本研究的基本分析思路如图1.3所示。

简言之，本课题主要分为几大块内容：（1）文献梳理与概念界定；（2）现状调研与工具开发（包括劳资关系潜规则现状评估和数据采集）；（3）理论探

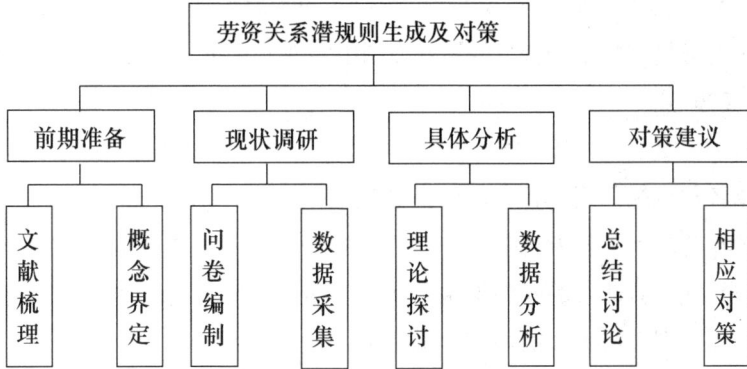

图1.3 本研究的基本分析思路

讨与实证分析（劳资关系潜规则的文化心理学成因及施测数据对比分析）；（4）相对应的对策建议。

第二节 劳资关系潜规则的已有研究述评

本节主要回顾国内关于新《劳动合同法》实施以来所产生社会后果的学术研究成果。

一、《劳动合同法》的执行效果争议

劳动合同是双方当事人在平等、自愿的基础上缔结的，具体的劳动权利与劳动义务也通过双方当事人协商议定。劳动合同法的调整对象，即劳动者与用人单位，是两个私法的人格主体，《劳动合同法》中的多条规定都充分体现了该法尊重当事人意思自治的要求。但是商品与劳动力市场的竞争，终究要靠国家制定的博弈规则才能有秩序地进行（孙学致，2006）。市场经济条件下的劳动合同关系的构建，虽然私权原则仍是其基础，但是由于劳动关系双方实际经济条件和社会环境的差别以及个别劳动关系的人身性和依附性的特点，这种形式上的平等实际上掩饰着实质上的不平等，劳动者在具体的劳动合同关系中实际处于一种被支配的劣势和弱势的地位（张友连，2010）。为维护法律的公正与社会正义和社会稳定，以国家为代表的公权介入劳动合同关系，通过权力来实施对于劳动合同关系不平衡的矫正。国家的介入实质是以公法来限制复杂多变的劳

动合同关系。《劳动合同法》所宣示的，正是在私法自治的基础上，在劳资双方利益平衡的考量和政策的合目的性的强制中实现分配正义和社会和谐（曹多富，许文苑，2007）。

《劳动合同法》作为社会法，其调整手段是将公法和私法的手段融为一体，综合运用各种措施，既包括私法的任意性规范，也包括公法的强制性规范。鉴于劳动者在劳动力市场上的弱势地位，不能任由强者以强凌弱，使用人单位的强势地位更强，劳动者的弱势地位更弱；当然也不能对劳动合同的所有内容全部进行干预，剥夺当事人的所有协商空间，造成劳动合同关系的僵化，出现更大的社会不公（郑爱青，2007）。所以对于《劳动合同法》而言，需要把握好这两者的界限，使得《劳动合同法》法律关系中主体的意思自治行为和国家的强制干预行为保持适度的平衡。

作为一项旨在构建和发展和谐稳定劳动关系的重大制度安排，尽管关于其应当奉行"单保护"（即只保护劳动者单方面的利益）还是"双保护"（即同时保护劳动者和用人单位双方面的利益）的立法宗旨，在学术领域和司法实践中一直存在争议，但"倾斜保护"作为劳动立法的宗旨，在传统上是得到公认的。《劳动合同法》继承了这一传统，在第一条就明确阐述了应"保护劳动者的合法权益"。

对于"倾斜保护"，目前主要有两类不同的理解。一类理解认为，虽然从法的中立性和公共性的观点来看，应该在劳资关系中保持不偏不倚的立场，但劳动法产生的历史性质，使得保障劳动者的生存成为劳动法的规范原理（李雄，2015），而劳动法所属的社会法属性决定了其以保护劳动者的劳动权益为价值标准（林嘉，2009）。另一类理解则认为，不应把倾斜保护作为独立的价值判断来看，而应该将其视为一套囊括立法上的倾斜和具体的弱者保护措施的整体行动架构（董保华，2001）。但无论是哪一类理解，都认可《劳动合同法》的创立是为了实现一种在偏向劳动者利益基础上的兼顾用人单位合理利益的平衡保护。

基于上述"倾斜保护"的立法宗旨，《劳动合同法》中涵盖了大量对于劳动者合法权益的保护性条款，主要涉及劳动合同的订立，合同的履行和变更，合同的解除和终止，有关集体合同、劳务派遣、非全日制用工的特殊规定，监督检查事项以及法律责任这6个具体方面。例如，《劳动合同法》对劳动者的集体谈判权进行了确认和保护，对于部分关系到劳动者切身利益的制度规章及重要事项的制定、修改和实施过程，采用劳动者与用人单位共议的民主协商原则；

强调了对于试用期劳动者权益的保护，进行了试用期工资报酬的最低限额认定；规定了用人单位对于非黄金年龄劳动者应尽的责任，增加了必须签订无固定期限合同的两种情况和视为订立无固定期限劳动合同的一类情形等。这些条款均通过具体细致的规定，对用人单位的行为进行规范，从而维护了劳动者的合法权益。

然而，关于《劳动合同法》在法律效果方面的评价恰恰是有争议性的：正是由于上述的"劳动者倾斜保护"宗旨，《劳动合同法》在草案制定、公开征求意见到正式颁布实施的全过程中，一直面临着巨大的阻力。这些阻力主要来自部分企业管理者和相关学者，他们通过人大会议、政协会议、主要新闻媒体等平台不断发声，甚至采取中断运营、大规模裁撤职工等抗议措施，反对实施这部"过分保护劳动者权益的法律"。

反对者们主要提出了三个层面的批评：首先是法律层面的批评——立法理念过于超前，劳动标准虚高，被认为不适用于目前的宏观经济形势和经济发展水平，对于"法律应保护谁的利益"等根本性问题的论战更是无休无止；其次是经济社会层面的批评——劳动用工成本的大幅增加被认为可能为中小企业增加沉重的经营负担而阻碍经济的快速增长，并对中国的投资环境造成消极影响，许多外资企业在华代表机构如中国欧盟商会、美国商会等均就此向立法机关提出过建议；最后是作为行动主体之一的用人单位利益层面的批评——用人单位的用工"自主权"是否受到限制，多支出的用工成本是否构成对用人单位应有利益的剥夺等问题持续引发着各类官方、学界和民间的讨论。

尽管从客观的角度看来，用人单位中的管理者相对于职工来说掌握更大的话语权，因此可以认为管理者抗议之声频繁见诸媒体是一种带有选择性的现象，而不代表全体行动主体的意愿，但企业作为经济实体，必然是以营利为目的，所以天然有着通过扩大生产和降低劳动成本以实现利润扩大和竞争力提升的强烈动机。而在目前，劳动者相对于用人单位而言，处于力量对比中的相对弱势地位：用人单位作为生产资料的所有者，相对于劳动者拥有规模更大的经济力和纠纷状态下的应对能力，加上就业机会的稀缺使用人单位处于买方市场而使劳动者处于为生计而竞争及被选择的状态，使得用人单位极易左右支配劳动力，而迫使劳动力成为其附庸。另一方面，从劳动者角度来讲，处于弱势地位的一方往往因为资源的匮乏而做出非理性的决策，从而形成过分重视甚至透支该资源的心理倾向，而忽视透支的成本是否超过其长期未来收益（Mani, Mullainathan,

Shafir，2013；Mullainathan，Shafir，2013）。因此，当下对于《劳动合同法》执行全流程的主导权仍然掌握在用人单位一方：用人单位可以在不承担违规成本的基础上选择自愿放弃缴纳社保的职工进行录用，也可以以威逼恐吓的方法轻易开除职工并不付出任何代价。在这种情况下，《劳动合同法》作为缺乏强力监管的体现当事人意思自治的私法，用人单位对其的执行现状可谓"饿犬护肉"，形形色色的规避行为的产生几乎是必然的。

由于用人单位对《劳动合同法》的规避是一类不按法律即正式规则行事的行为，造成了"应然"与"实然"的分离，可以认为该类行为"潜"于表面的规章制度之下；又由于此类行为并非简单个案，而是一类在行业中普遍存在的集体性行为倾向，因此可以认为它构成了一种事实上的新的"规则"。结合后文对于潜规则学术概念的讨论，在本研究中我们将这类用人单位对《劳动合同法》的规避行为统称为劳资关系中以资方利益为导向的"潜规则"。从实际执行效果来看，在一些劳动群体受益的同时，另外一些在数量上更大的阶层或群体反而受到了更大的损害，相应的劳动关系出现了新的紧张。正如鲁茨（2005）所言："法律有预期不到的成本，往往造成与法律的创造者和受益者的期望完全相反的结果。许多旨在帮助穷人的法律实际上却损害了他们的利益。"然而，通过法律本身的完善来提升法律效果的种种努力，尽管体现了法律科学的规范性特征，但显然具有一定的理想化色彩。法律的制定是为了创造社会中人的行为规范和评价标准，但法律的价值不是纯粹以它的形式的法律结构来判断，最终必须按照它在实现其目标方面的成功来评价（柯华庆，2008）。

为此，有必要对《劳动合同法》实施以来出现的各种各样的潜规则进行全面的调查研究，分析其成因与演变过程，从而为立法和行政方面的干预提供经验上的支持和理论上的洞见。

二、劳资关系潜规则的高发领域

最早提出劳资关系系统理论的是美国学者邓洛普，他将劳资关系系统定义为"管理者、工人和政府机构之间相互关系的综合体"，在这一综合体里，"不同的部分和要素相互依存，每一要素都有可能影响到其他要素乃至整个系统的产出"（Dunlop，1959）。潜规则是社会控制中的重要手段，美国著名社会学家罗斯（1989）在《社会控制》一书中首次提出"社会控制"的概念，其大意为与人类自然秩序相对的，带有一定目的和意识的社会规制。威格（2009）给出的定义是，社会控制是社会成员用来维持秩序和提升行为预测性的各种方法。按照社会控制的方式和手段进行分类，可分为显规则控制和潜规则控制，在中国传统社会，潜规则在社会控制中至为关键。常人方法学创始人哈罗德·加芬克尔（1967）提出，人是理性的，日常生活也有秩序和逻辑，但常人使用日常推理而不是科学推理来完成日常生活实践。换言之，社会生活中绝大多数社会成员是以大量不断重复的习惯性动作和行为模式等"潜规则"创造着他们身处其中的社会生活世界，建构他们关于社会世界的实在感，因此，潜规则对于社会成员的日常社会生活实践产生了更重要的影响，发挥了更重要的作用（周延东，江华锋，2013）。

（一）劳动合同订立中的潜规则

吴思在2001年出版了《潜规则：中国历史中的真实游戏》这一书籍，产生了很强的社会反响，这本书第一次提及"潜规则"一词，在公众的社会生活、经济生活和新闻报纸等媒体行业中广泛流传，成为当时流行词汇之一。季任钧（2013）提出潜规则生存的普遍化、区域间的恶性竞争、环境污染、产业类同、产业链低端锁定、劳资关系恶化等问题迫切需要解决，在《劳动合同法》关于合同订立方面，主要有两个争议较大的条例，而不少的企业也利用了这些条例上的缺陷，对劳动者的权益造成了较大的损害。一是《劳动合同法》第十二条未对没有约定劳动合同期限的合同做出规定，因此，部分企业会抓住劳动者在求职中的低就心理，订立这种合同，这种合同并不受《劳动合同法》的制约，用人单位不需要承担雇主责任。二是关于无固定期限合同的规定，劳动者在该用人单位连续工作满10年的或者连续订立二次固定期限劳动合同，且劳动者在不违反《劳动合同法》中其他的一些条例的情况下（详情见《劳动合同法》第十四条之规定），应当订立无固定期限劳动合同。无固定期限劳动合同非常重要的一个特点就是具有很强的稳定性，这种合同对劳动者而言，免去了其因被用尽黄金年龄而被无故辞退的危险，有利于保护劳动者的权利。但这是不利于企业营利的。因此，许多企业也对无固定期限劳动合同产生了误读，因此就产生了种种的潜规则：（1）用人单位不与劳动者订立10年以上的固定期限劳动合同；（2）虽订立10年以上的固定期限劳动合同，但是在合同期满终止前，用人单位解除劳动合同；（3）用人单位只与劳动者订立一次固定期限劳动合同，而不与劳动者继续订立劳动合同。之前的"华为辞职门"则被解读为华为公司为了规避无固定期限劳动合同之举。

（二）劳动合同履行中的潜规则

在合同履行方面，《劳动合同法》对拖欠工资一事进行了限制，但是这种限制明面上有利于劳动者的利益，暗地里却也给予了企业规避的机会。《劳动合同法》第三十条规定："用人单位应当按照劳动合同约定和国家规定，向劳动者及时足额支付劳动报酬。用人单位拖欠或者未足额支付劳动报酬的，劳动者可以依法向当地人民法院申请支付令。"但是，关于启动"欠薪支付令"的条件是非常苛刻的，首先要证明劳动者与用人单位存在劳动合同关系，其次，证明拖欠或克扣劳动报酬的事实，然后证明劳动者与用人单位没有其他债务纠纷，最后还要确保支付令能够送达用人单位。而就算这样，用人单位也可以对支付令提出异议，且其异议权过分强大，导致劳动者追讨工资的程序、时间及经济成本增加。当今社会上"农民工讨薪难"的问题一直未得到良好的解决，与该潜规则是脱不了关系的。

（三）劳动合同解除中的潜规则

在《劳动合同法》关于合同解除方面，有学者认为法律过分向劳动者倾斜，使用人单位承受了巨大的损失和风险（刘伟，2012），并且该看法也得到了国内企业和许多人的赞同（徐一宁，2011；董文军，2008）。但是劳动者本身就处于一个弱势地位，如果再不向劳动者倾斜，必然会影响社会和谐和稳定。即便如此，企业与劳动者之间仍然不是平等的，仍然存在潜规则。第一，在企业过失性解除劳动合同的程序问题上（《劳动合同法》第三十九条），在实践中存在着很大的不平衡，用人单位以劳动者违反规章制度、失职等为由单方解除劳动合同的现象屡屡发生，而劳动者并没有被给予一个较公正的告知理由和申辩的程序，这种做法有失民主和公正。第二，在违约金问题上，则涵盖了劳动合同订立和接触两方面的潜规则，一方面劳动者的弱势地位使其不得不接受具有高额违约金的合同，另一方面有时用人单位会以劳动者违反规章制度、失职等为由任意单方解除劳动合同，而劳动者并没有被给予一个较公正的告知理由和申辩的程序。第三，《劳动合同法》并未对劳动合同解除后的竞业限制补偿金的最低限额做出强制规定，竞业限制条款限制了劳动者的择业自主权，往往使得劳动者在失去工作后落入一个比较困窘的境地。用人单位让劳动者承担了较大的竞业限制义务，而自己只付出较小的代价，这是悖于社会公平正义原则的。

（四）合同监督与劳务派遣中的潜规则

《劳动合同法》第四条的规定关于工会监督，法律赋予了劳动者集体谈判权，但是并没有强制用人单位赋予劳动者这种权利。而在普通的企业中，大多数是没有工会的，即便有工会，也不是独立出来，而是和企业有着千丝万缕的关系，或者只是一个没有实权的工会，这种条件下，对劳动合同的监督以及工人合法权益的保障似乎变得更为艰难。

劳务派遣领域是劳动关系争议的高发地带。2011年在全国人大常委会对《劳动合同法》第二次的执法检查报告中，近3年来劳务派遣公司和被劳务派遣的劳动者显著增加，用工单位长期在主营业务的工作岗位，而非临时性工作岗位、辅助性工作岗位和替代性工作岗位上使用劳务派遣的劳动者。劳务派遣产生的主要原因，一是为了满足用人单位的灵活用工需要，二是为了规避雇主责任。在该原因刺激下，不少企业采用劳务外包来规避劳务派遣，而劳务派遣与劳务外包相比较而言，企业在劳务外包上能够通过一些"看似合法"的手段来减少更多的用工成本。

当然，劳资关系潜规则还涉及其他方面，其类型、表现、成因等都值得进一步调查与分析。

三、劳资关系潜规则成因的多种视角

（一）法理学视角

《劳动合同法》被规避，直接导致的是劳动关系中各种潜规则的发生。其原因十分复杂，在立法取向上沿袭国家行政主导，社会权利和社会合作显现缺失则是其基本原因（冯同庆，2009；冯同庆，2010）。《劳动合同法》采纳了注重劳动行政部门主导下推行以利益为取向的法律规范，其实这已经不适用改革开放后的今日之中国。今日之中国，需要的是"基准"利益规范之上的权利取向的法律规范。《劳动合同法》旨在建立和谐劳动关系，却过度注重具体利益之间的分割，而这种利益分割寄望于政府劳动部门的行政监管来实现，没有注重可以使利益分割能够实现的比较公平的权利和程序规范的建立和实行问题。要想改变这种局面，对当下中国来说实为不易，因为自近代以来，我们的国家规制大多缺乏自下而上的社会权利和社会合作的建构。

（二）经济学视角

除法学视角之外，管理学、组织行为学等方面的研究均遵从制度经济学的理论视角。在该理论视角下，唐绍欣（2003）认为潜规则属于制度体系中的非正式制度范畴，它与主体制度体系相悖，是对主体制度体系的一种反动（梁碧

波，2004）。主体制度表现为宪法、法律、国家决策的方式等，具有成文法的特征，体现主导集团的意志和绝大多数团体的利益，往往带有强制性。而对于某些难以确定和区分类型、范围、性质的交易活动，正式制度往往不能发挥作用，这时非正式制度就粉墨登场，表现为社会中的价值观、意识形态、伦理道德体系等。在非正式制度中，与正式制度不相容的就是我们所要讨论的"潜规则"。在该视角下潜规则产生的原因主要有：（1）主体制度体系的设计和实施机制存在漏洞和缺陷，使得某类并不符合国家意志和精神的交易活动的交易者完全不用担心会遭受主体制度体系的惩罚；（2）基于成本收益核算之后，某些领域的制度设计、维护及实施成本如果高于制度收益，主体制度体系便会选择从该领域退出；（3）制度变迁时造成的正式制度与非正式制度的摩擦。如前文所述，《劳动合同法》本身从法理学的角度来说存在着许多的缺点，虽然 2013 年的修订适当完善了该法，但不可否认的是该法仍然存在很多的漏洞，这也为潜规则的滋生创造了条件；再者，"利益至上"的社会中，企业为了减少成本而规避《劳动合同法》，潜规则自然不能避免。

2010 年富士康 N 连跳引起了国内外的广泛关注（潘毅等，2011；Pun，Chan，2012；Litzinger，2013）之后，国际公益组织为反对电子制造业血汗工厂，造出新词"i 奴"（iSlave），"i 奴"不但包括电子制造业工人，也包括使用电子产品不能自拔的"微博控"和其他形形色色的"数码劳工"（邱林川，2009；Fuchs，2014）。"i 奴"利用新型网络传播科技，不但连接全球，还开辟出网络空间的"新世界"。该"新世界"就是席勒（Schiller，2001）讨论的"数字资本主义"。席勒（2005）进一步指出，当代资本主义有两个增长极：一是日新月异的数字科技，二是快速崛起的中国。邱林川（2014）将富士康、数字资本主义和 21 世纪奴隶制结合起来，并根据实地调研的发现，说明奴隶制的部分特征已在富士康和数字资本主义环境下再现。而在这样近似奴隶制的特征下，《劳动合同法》显然已经成为摆设，职工所面对的并不是一个平等和谐的劳动关系，他们所面对的只是工厂、宿舍和防跳网，为了生存，他们不得不接受那些不合理的条件。

（三）社会心理学视角

潜规则的产生是一个普遍的现象，但是潜规则的盛行却是一个特殊的文化现象，与民族的心理和行动习惯息息相关。传统文化的深层气质塑造了中国人的行动习惯，使得严格依照一元规则行事的方式难以成为社会的常态秩序形态。

传统习惯与现代规则体系间的互不协调与揉搓震荡，是造成当下社会潜规则的重要文化心理根源（汪新建，吕小康，2009），拿劳动关系中的"拖欠工资"潜规则来说，某些企业明知"拖欠工资"是违反《劳动合同法》的，但是在"不按规则行事"习惯的主导下，企业看到的更多是权宜性、变通性以及是否可以钻空子，抓住法律中的缺点，再利用自己的强势地位；而处于弱势的劳动者往往也有"忍耐"的习惯，虽知在依靠法律与政府的情况下可以得到自己应有的报酬，但瞻前顾后。在这样的情况下，潜规则的暴露也就无可非议了。

从劳动者的角度来看，"忍耐"的习惯并不能够完全解释他们对潜规则的做法。陶艳兰（2011）在对潘毅（2007）的《中国女工———新兴打工阶级的呼唤》一书的分析中，指出了中国女工在"从农村女孩到打工妹再到城市消费者"的过程中，她们接受着资本的规训，在差异政治和论述政治的压迫下，在国家、资本与父权制的共同作用下，建构自己的身份认同，进行自我形塑。各种权力网络的召唤以及女工自身的形塑也共同建构了当下中国女工去中心的、不稳定的、多元化的主体，意味着女工们在担当打工主体的角色的同时也是生产主体、现代主体、性别主体与消费主体，体现出了女工多元与差异的复杂体验。身份认同与多主体间的复杂性从社会心理学的角度解释了女工们被动地去接受潜规则的现象。针对农民工群体劳务潜规则多发的现象，该理论也能在一定程度上进行解释。

（四）博弈论视角

《劳动合同法》的出台是政府、企业和劳动者三方博弈的必然结果。作为主体的管理者与劳动者，在劳动关系运作过程中要最大化本方的利益，必然会有一番利益博弈（贺寿楠，2013）。利益博弈的过程，实质上就是利益格局重构和再塑的过程。他们均有自己独立的利益意识，均为经济理性人，都会按照各自的目标函数，以自身收益的最大化作为决策的最终价值取向（胡瑞仲，2006）。基于博弈中的经济理性人假定，博弈双方在无法准确判断对方的博弈战略条件下，各自只能选择自己的最优战略，这就是不合作（郭庆松，2009）。博弈的结果必然陷入所谓的"囚徒困境"。"囚徒困境"既是一个优势战略均衡，也是一种"纳什均衡"（董海军，2004）。张德荣、杨慧（2011）根据诺思（1994）的定义认为潜规则是建立在博弈均衡的基础之上，按照某种规则行事符合行为者的利益，没有人愿意偏离它，有可执行性的规则。在现实的劳动关系博弈过程中，企业和劳动者各自出于自身利益的考虑，在未知对方采取何种战略的情况下，往往采取不合作的态度及相应的举措，进行所谓的非合作博弈，这也是现实中劳资潜规则发生、劳资关系冲突不断的主要原因。在加入第三方政府之后，政府会根据当前劳资关系的状况以及劳资双方的地位差别，并结合自己的效用函数和收益预期的需要，决定之后是否需要采取行动或出台政策以及采取什么样的行动或者政策。而在实际情况中，新《劳动合同法》的出台则是政府在认识到劳方弱势地位之后所采取的行动。从表面上来看这是偏向劳动者的，但是在政府行动之后，劳方或者资方也会根据政府的行动而进一步行动。所以就有了企业各式各样的规避《劳动合同法》的方法，造成了潜规则的出现，资方选择了不合作的策略，而劳方在实际上却是受到了伤害。可以预见，三方博弈仍会继续，因为劳动关系的格局在不断改变，政府也会不断进行政策的调整。博弈会不断循环。

以上不同视角从不同侧面给出了潜规则产生的根源，但还有必要进一步地整合。

第三节 劳资潜规则的概念界定与类型划分

本节主要从元理论层面对潜规则及劳资关系潜规则的概念加以厘定和澄清。

一、潜规则的概念界定

吕小康（2012）曾通过分析现实中的"潜规则"语用，归纳出判断一种行为是否是潜规则的两个基本维度，是否被察觉、是否得到普遍的正面认可，即潜规则是未被察觉或不具备正当性的规则。前者自然不是研究的重点，后者所谓的"正当"可分为形式正当与实质正当两种类型。所谓形式正当性，是指成员的认可并非基于规则的内容，而基于其产生的方式；如果一项规则以为社会认可的正当方式明确宣布自身，它就具有名义上的效力（陈红艳，2011）。形式正当的规则可以体现为系统化的成文形式即章程（这是最典型的状况），也可以只体现为零散的文字记录，如古代的四书五经中的圣人言行录、中华人民共和国某一时期的领袖语录、政治组织的宣传标语以及一般组织的领导发言与讲话等，它们虽然不能被称为成文章程，但其产生在其所处的历史时段上无疑符合当时社会认定的规则产生方式，同样具备形式上的正当性，从而具有应然效力。

与此对应，实质正当性是指成员发自内心的赞同或出于理性的认可，它没有形式正当性中可能存在的强制性，而完全是一种自愿的遵从与选择（周延东，2013）。实质正当的规则并不要求事先存在宣布自身正当性的程序，它强调行动者的规则体验，要求规则得到成员的自愿认同或主动执行。在一个社会或组织中，只要某一规则得到了部分的实际认同，这种规则就具有了实质上的正当性。

形式正当性是刚性的、外在的、普遍的，需要承认个体之外另有可以制造和宣布规则的强制力的存在；实质正当性是弹性的、内在的、私人的，它只需诉诸个人情感或内化价值。两者之间有交叉，但并不完全重合。如此可形成如下规则实体的理念型分类模式（表 1.2）。

表 1.2　规则实体的理念型

规则类型	形式正当	实质正当
正式规则	+	+
非正式规则	+	-
潜规则	-	+
反规则	-	-

+：具备形式正当性或实质正当性。-：不具备形式正当性或实质正当性。

综上，可对潜规则概念化如下：潜规则是指未被觉察或（在已被觉察的规则中）不具备形式正当性，即没有通过广受认可的方式（程序）明确宣布自身的规则。潜规则研究的重点，应在于分析发觉但不具备形式正当性的那种潜规则。

二、劳资关系潜规则的界定与类型

就劳资关系领域而言，所谓正式规则，自然是以《劳动合同法》为代表的国家法律和其他地方性政策。因此，静态地看，劳资关系潜规则就是指违背《劳动合同法》等法律法规的行为方式。但这种违背并不以公开对抗的形式出现，而是以某种曲折的、隐藏的、阳奉阴违的方式出现。就《劳动合同法》的执行过程而言，这至少包括 5 个方面的潜规则：（1）合同订立；（2）合同履行与变更；（3）合同解除与终止；（4）合同监督与责任追究；（5）其他劳动合同相关的潜规则。涉及的潜规则包括：（1）招聘、应聘过程的潜规则；（2）双重、多重雇佣关系中的潜规则；（3）事实劳动关系的认定与非法雇佣潜规则；（4）薪资调整与岗位调整的潜规则；（5）用工歧视潜规则；（6）劳资双方单方面解除劳动合同的难易差异；（7）违约金、赔偿金赔付的潜规则；（8）损害责任的认定困境与实施偏差；（9）非全日制用工的非正规就业潜规则；（10）提成类雇佣企业的用工潜规则；（11）劳务派遣中的权利缺失与劳动纠纷；等等。

　　就潜规则的具体表现而言，种类繁多，不一而足。要对众多不同的潜规则进行理论分析，就必须对之做出一定的抽象和归类。这种归类当然是为了后续理论分析的便利而进行的，但也不排斥还有其他归类方式的存在。从潜规则的受益方向来划分，可以划分为三种潜规则：（1）对雇用者（资方）有利而对劳动者（劳方）不利的潜规则；（2）对劳方有利而对资方不利的潜规则；（3）对劳资双方皆有利的潜规则。在已有研究中，对资方有利的潜规则是披露的重点，比如企业克扣奖金、单方解除合同等方面的潜规则，这方面的研究多持同情劳动者的立场，认为他们处于议价过程中的弱势地位，深受潜规则之害，而这也正是需要借助国家规则的力量，强行推进《劳动合同法》等法律法规的基本理由。对劳方有利的潜规则似乎被研究得较少，因为处于弱势地位的劳方似无足够的工具对处于强势地位的资方发起潜规则。但事实并非总是如此，正如一系列相关研究提示的，在某些特定场合，弱者会充分地利用自身明显的弱者地位索要法律规定之外的额外利益，这种利益表达方式通常被概括为"弱者的武器"（詹姆斯·斯科特，2007）或"作为武器的弱者身份"（董海军，2008），并在当下劳资关系场域有着多种具体表现，而且也已经得到了部分学者的关注，如农民工的自杀表演式讨薪（高洪贵，2013）等。

　　这里还有必要说明第三种利益倾向的潜规则，即对劳资双方皆有利的潜规则。这似乎不合常理。潜规则的施行，总有一方的利益会受损，怎么可能存在双方同时获利的情形呢？如此一来，这种潜规则岂不应当成为具有形式正当性的"明规则"了吗？其实并不尽然。在实际的调研中可以发现，还存在一些从局部和短时期来看，对于雇主和劳动者均"有利"的潜规则。在一些特定的情境下，由于对国家规制的共同不满，用人单位也可能和雇佣者自发地形成潜规则同盟，一同规避法律要求，如双方签订较低薪酬的固定期限劳动合同，职工再以发票报销的方式换取另一部分实际收入，以降低企业在保险金、公积金上的支出，同时减少职工个人的税负支出等。本研究将这种潜规则称为"合谋型"潜规则，暂时来讲，它对劳资双方都是有利的，受损的是整个社会的公共利益：它以合谋的方式架空了国家法律，实际为有法不依提供了生存土壤，对整个社会的法治理念具有很强的伤害性。当然，这种合谋关系是非常脆弱的。此时劳资双方一旦发生纠纷，相关部门则很难进行取证，"合谋"很可能成为劳动者维权的潜在障碍。如何避免合谋型潜规则的出现与出现后应当如何纠正，也是值得深入研究的课题。

第四节　研究方法、工具与对象

本研究采用问卷法与访谈法进行资料收集工作。问卷采用自编问卷，访谈采用半结构化访谈的方式进行。

一、问卷设计与样本情况

（一）问卷编制过程

本研究共编制了《劳资关系潜规则问卷》三份，分别适用于普通企业职工、企业管理者和即将进入就业市场的大学生。

问卷于 2013 年 3 月开始编制。经由本课题组成员的多次讨论，同时邀请社会学调查方法及劳动关系领域的教授、副教授和博士研究生共 10 位组成专家组对问卷各题目进行批判性阅读和讨论，并且进行了多次修改，于 2013 年 6 月形成问卷初稿。问卷初稿包括 A、B、C 三类，A 卷为普通职工卷，B 卷为企业管理者卷，C 卷为大学生卷。其中，A 卷与 B 卷均包含个人基本情况（人口统计学资料）、对《劳动合同法》的了解状况、《劳动合同法》实施状况三部分，三类问卷有部分题目存在重合，以调查职工与管理者对《劳动合同法》及相关潜规则的不同认知与态度。A 卷共有 74 项题（其中某些题目包含若干小题，下同），个人基本情况、对《劳动合同法》的了解状况、《劳动合同法》实施状况三部分题目分别为 24 项、12 项、38 项。B 卷共有 85 项题，个人基本情况、对《劳动合同法》的了解状况、《劳动合同法》实施状况三部分题目分别为 25 项、22 项、38 项。C 卷的调查对象为临近毕业的高职生、专科生、本科生和研究生，他们通常并未真实进入职场，故只调查他们的个人基本情况和对《劳动合同法》的了解状况，了解其基本认知与态度。C 卷共有 21 项题，包括个人基本情况和对《劳动合同法》的了解状况两部分，题目分别为 8 项和 13 项。

2013 年 7 月至 8 月进行了预调查。预调查期间，共发放 A 卷 50 份，有效回收 48 份；B 卷 35 份，有效回收 32 份；C 卷 80 份，有效回收 80 份。预调查的被调查者来自天津、北京和浙江三地，均系通过个人关系找到的普通企业职工、管理者和学生，职工和企业管理者的行业分布涉及服务业（公司普通职员、会计员、客服人员）、建筑业（经理及建筑工人）、工业（电子产品制造业车间工人）企业等。

通过对预调查问卷的分析及与被调查者的访谈，删除和调整了部分有歧义、不适当的题项，调整了部分题目的顺序与评分方式，最终形成问卷终稿。终稿中，A 卷共 67 项题，三部分题目分别为 24 项、10 项、33 项；B 卷共 78 项题，三部分题目分别为 25 项、19 项、34 项；C 卷共 17 项题，两部分题目分别为 8 项和 9 项。随后，再次请专家组对终稿进行批判性阅读和讨论。讨论结果认为除在一些细节问题的提问方式与措辞、题目的设置顺序等方面需要调整外，不存在重大结构性纰漏，具有较好结构效度，适宜作为本课题调查问卷。

（二）问卷施测过程

本次调查采取便利抽样的方式，通过网络调查和现场调查两条途径进行。网络调查委托调查公司完成。调查时间为 2014 年 3 月至 2015 年 12 月。现场调查通过招募南开大学心理学和社会学专业的本科生和研究生，让他们经项目组培训后前往抽样城市或乡镇完成。调查要求尽量对企业职工、管理者和学生采取当天集中发放、当天或转天逐个回收的方式收集问卷资料，在填答之前由调查员统一进行填答事项的相关说明，之后进行独立填写。有部分被调查者仍将问卷带回家中填写，在第二天或第三天返还问卷。学生问卷多在课间完成，集中发放、集中回收，且题项较少，故回收率和填答质量相对较高。

网络调查对象来自全国除西藏、澳门和台湾之外的所有省、市、自治区，现场调查对象来自浙江、江苏、广东、天津、北京、山东、四川、贵州、陕西和辽宁共 10 个省市。调查共收集到有效数据 8431 例，其中 A 卷 3001 例，B 卷 748 例，C 卷 4682 例；网络调查数据 3006 例，其中 A 卷 1050 例，B 卷 533 例，C 卷 1423 例；现场调查数据 5425 例，其中 A 卷 1951 例（每个省市调查 200 例，共计调查 2000 例，有效回收率 97.55%），B 卷 215 例（每个省市调查 25 例，共计调查 250 例，有效回收率 86%），C 卷 3259 例（每个省市调查 350 例，共计调查 3500 例，有效回收率 93.11%）。样本数量具体分布情况如表 1.3 所示。

表 1.3　样本数量具体分布情况表

样本来源	地区	A 卷		B 卷		C 卷	
网络调查样本	华东	287	9.56%	145	19.39%	331	7.07%
	华南	209	6.96%	117	15.64%	203	4.34%
	华北	290	9.66%	170	22.73%	428	9.14%
	中部	80	2.67%	27	3.61%	122	2.61%
	西南	100	3.33%	35	4.68%	145	3.10%
	西北	45	1.50%	14	1.87%	113	2.41%
	东北	39	1.30%	25	3.34%	81	1.73%
	小计	1050	34.99%	533	71.26%	1423	30.39%
现场调查样本	华东	396	13.20%	42	5.61%	645	13.78%
	华南	193	6.43%	20	2.67%	344	7.35%
	华北	572	19.06%	57	7.62%	971	20.74%
	西南	398	13.26%	53	7.09%	640	13.67%
	西北	197	6.56%	18	2.41%	332	7.09%
	东北	195	6.50%	25	3.34%	327	6.98%
	小计	1951	65.01%	215	28.74%	3259	69.61%
	总计	3001	100.00%	748	100.00%	4682	100.00%

说明：1. 华东地区包括上海、江苏、浙江、安徽和江西；华南地区包括广东、广西、福建、海南和香港；华北地区包括北京、天津、河北、河南、山西、山东和内蒙古；中部地区包括湖南和湖北；西南地区包括四川、重庆、贵州和云南；西北地区包括陕西、甘肃、宁夏、青海和新疆；东北地区包括辽宁、吉林和黑龙江。2. 百分数是指某样本来源某地区某类问卷的样本数量占该类问卷总数的百分比。

二、访谈对象与访谈提纲

（一）访谈对象

问卷调查一般只能调查到基础的情况，更多深入的内容还需要通过访谈来补足，从而形成更为深入的判断。本研究采用半结构化访谈的方式对调查对象进行深度访谈。访谈采取研究者和受访者一对一访谈的形式，重点了解以下情况：受访者所在单位存在的劳资关系潜规则现象，受访者对于该潜规则的态度和评价，受访者对于劳动合同法的认识、情感和需求以及受访者认为上述法律意识会如何影响自身对于潜规则的态度和评价。

访谈对象的基本选取原则是，先圈定合适的用人单位，然后在单位内部各自分别选取职工和管理者接受访问，即保证职工与管理者之间存在基于工作单位的对应关系。这样可以在对其访谈内容进行相互验证的同时，根据前一场访谈获取的信息调整后一场访谈的策略，针对已了解的问题对后一场的受访者进行追问，尽可能获取"不同岗位的人"对"同一件事"在认知和理解上的差异，从而通过访谈实现对于劳动合同法相关的潜规则社会心理成因的深度挖掘。同时，为了使访谈的内容更集中、更有可比性，且是劳资关系潜规则的高发行业，本研究将企业类型固定为制造业企业。

遵循上述原则，我们首先选定了 6 家与研究者或课题组成员有一定私人关系的制造业私营企业。受访者所在企业分别位于 RG、WX、SH 三市。各单位在人事构成等方面的基本情况如表 1.4 所示。

表 1.4　深度访谈受访者所在单位基本情况

单位	所属行业	单位所有制	所在地	职工规模	管理者人数
某贤实业总公司	制造业	私营企业	RG 市	56	6
正某阳机械制造有限公司	制造业	私营企业	WX 市	3	1
某明机械制造有限公司	制造业	私营企业	RG 市	15~20	2
某志机械制造有限公司	制造业	私营企业	RG 市	16	4
展某外贸公司	制造业	私营企业	SH 市	34	1
利某公司	制造业	私营企业	SH 市	200+	未知

在选定上述 6 家制造业私企后，课题组成员先对其中的熟人进行约访，然后通过滚雪球的方式，由最开始的受访者依次引见其余受访者。由于需要完成对 10 名管理者的访谈，而管理者在企业中相对于职工而言，在数量上处于绝对的少数，因此选择受访管理者的原则是尽可能对上述企业所有的管理者都进行一轮邀约。最终，除利某公司由于规模较大、难以与管理者建立直接联系外，在其余 5 家制造业私企均实现了对管理者的深度访谈。

而在 10 名受访职工的选取方面，为尽可能顺利地实现研究目标，在选择访谈对象的过程中遵循了以下三条原则：首先，对受访职工进行简单的配额，争取在基本特征方面兼顾男女两性、不同年龄段和在本单位的不同工种；其次，进行一些基于特定项目的甄别，如优先邀约曾经经历过纠纷的职工及管理者这类特殊人群，对其进行重点访问；最后，尽管受教育程度被认为是影响法律意识的潜在变量，理论上访谈应涵盖不同受教育程度的人群，但在实际操作中由于受教育程度较低的人群在问题理解和表述方面存在一定困难，因此，作为折中方案，受访者以高中及以上文化程度为主，同时采访2~3名小学及初中文化职工及受访者作为补充。

最终，研究选定了20名制造业私企职工及管理者进行了深度访谈，受访者的基本情况如表1.5所示；在下文中，统一以"地域-姓氏-数字编号"的格式对其访谈内容进行引用。

表1.5　深度访谈受访者个人基本情况

单位	职业	姓名	年龄	性别	受教育程度
某贤实业总公司	管理者	常某	47	男	高中
	管理者	丁某某	52	男	高中
	管理者	蔡某某	40	女	大专
	管理者	陆某	28	女	大专
	电焊工人	冒某某	37	男	高中
	电焊工人	余某某	45	男	初中
正某阳机械制造有限公司	管理者	秦某某	29	男	本科
	销售	李某某	29	女	本科
	后勤人员	郑某	54	女	初中
某明机械制造有限公司	管理者	王某	30	男	本科
	管理者	李某某	42	女	大专
	钳工	于某某	26	男	初中
	钳工	徐某	28	男	高中
某志机械制造有限公司	管理者	朱某	55	男	初中
	管理者	赵某某	47	男	大专
	电焊工人	强某某	56	男	高中
	电焊工人	彭某	43	女	高中
展某外贸公司	管理者	汤某某	36	男	本科
	前业务员	黄某某	26	女	本科
利某公司	财务人员	戴某	24	女	本科

（二）访谈提纲

由于访谈对象来自不同地区，同时，访问者也不局限于一个人，而由多位课题组成员在不同时间段进行。因此，本研究先通过文献分析和小组讨论的方式，确定基本访谈提纲。在访谈开始之前统一对所有访谈小组成员进行培训，明确课题的研究目标、访谈对象的选取方式、访谈的进行方式以及安全教育等内容，然后再开始进行访谈。

本研究的访谈提纲如下：

访谈提纲

×××：

您好！非常感谢您百忙之中能参加本次访谈。访谈的目的是了解职工与管理者对于《劳动合同法》的认识与理解情况以及自己对身边存在的劳资关系潜规则问题的看法。本次谈话只用来做学术研究，谈话内容一定保密，且将来在论文中不会体现您公司的名称和您的姓名，更不会透露给您公司的职工/管理者，请您放心！

1. 请您介绍一下您的个人基本情况。

2. 您是否与公司签订书面合同？如果是，那么是谁提出来签订的？

3. 您倾向合同期限是长还是短？为什么？

4. 您比较关注合同中哪些方面的内容？

5. 合同中有没有规定保险？如果有，是怎么交纳保险的？您倾向于有还是没有？为什么？

6. 实际情况会按照合同规定的内容执行吗？

7. 单位里或者您身边有哪些跟《劳动合同法》相关的潜规则？您如何评价？

8. 您对《劳动合同法》了解得多吗？您认为它重要吗？

9. 您认为《劳动合同法》是在保护劳方还是资方？为什么？

10. 您对《劳动合同法》执行情况怎么看？

11. 出现了劳资纠纷问题，您会怎么办？为什么？

以上问题编制的原因主要来自三个方面。首先，询问受访者所在单位对于《劳动合同法》的执行状况及存在的劳资关系潜规则现象，以获得对于当前我国制造业私企劳资关系潜规则是否广泛存在与具体存在形式的认识；其次，询问受访者对于该潜规则的态度和评价，以探究哪些潜规则目前已经得到充分的认知与重视，而哪些潜规则在人们心目中得到了较高程度的合理化，使其很容易身处其中而不自知，从而将潜规则进行分类，以探究不同的成因和解决办法；最后，依次询问受访者对于《劳动合同法》的认识、情感和需求，受访者自身认为上述法律意识会不会以及会如何影响自身对于潜规则的态度和评价，从而深度探究劳资关系潜规则的成因。

其余访谈相关信息见附录 D，访谈记录示例见附录 E。

第二章

企业职工的劳资潜规则研究

本章内容源自自编问卷中职工卷（A卷）的数据分析，主要包括职工基本情况分析、职工对《劳动合同法》的认知情况分析以及职工对《劳动合同法》实际实施情况的反馈。在第一节基本情况分析中，介绍了职工卷调查内容、人口学统计分析信息、潜规则存在与感知情况以及潜规则的影响因素。在职工对《劳动合同法》的认知情况分析中，分析了常见劳动合同法条的认知正确率以及影响法条认知正确率的因素。在职工对《劳动合同法》实际实施情况的反馈中，调查了劳动合同的签订与实施情况以及职工对《劳动合同法》实施效果的判断。

第一节　基本情况分析

本节主要对问卷的基本情况进行统计分析。首先，简要介绍职工卷的调查内容，分析职工卷的人口统计学数据。然后，对潜规则的存在与感知情况进行分析。最后，对潜规则的影响因素进行简单探讨。

一、职工卷的调查内容

职工卷主要面向单位的职工发放。该问卷共包括三个部分。

问卷的第一部分为职工的个人基本情况。通过这一部分可以了解职工的个人基本信息、参加工作时间、找工作途径、职业类型、工会情况、单位行业、单位所有制类型、企业人数、工作满意度情况、工作能力、就业形势、找工作看重因素等多方面的信息，同时也对职工现状做一个评估。问卷第二部分为职工对《劳动合同法》的了解状况。题项的设置包括是否认真看过《劳动合同法》的条文、了解《劳动合同法》的途径、法律颁布对个人或单位劳工合同履行状况的影响、订立书面劳动合同的必要性、《劳动合同法》能够或不能有效实施的重要原因、《劳动合同法》实施的主要作用、《劳动合同法》是否增加了企业的人工成本、对《劳动合同法》实施的满意程度及对《劳动合同法》条文的理解程度等。通过该部分问卷所获得的信息，可以从多方面来把握样本职工对《劳动合同法》的了解情况，并以样本作为职工的视角来主观判断单位对《劳动合同法》的认识。第三部分为《劳动合同法》实施状况问卷。本部分问卷主要想了解职工签订《劳动合同法》的具体情况，包括是否签订劳动合同、是谁主动提出签合同、没有签合同的原因、合同期限、签字方、对劳动合同的评价、是否拥有劳动合同、工会帮助情况、劳动合同条款情况、工作时间与约定时间一致情况、所缴纳的保险与约定保险一致情况、没有保险原因、遵守劳动合同情况、集体合同情况、劳动合同签订时间意愿、劳动合同变更与解除情况、派遣工情况、经济补偿情况、工会主席选举及作用情况、职工忠诚度等。问卷的第二部分目的是获得样本职工对《劳动合同法》了解情况的信息，而第三部分重点了解《劳动合同法》具体实施情况和实施过程中遇到的问题。

　　本问卷一共包括 76 个题项。第一部分 23 道题，第二部分 20 道题，第三部分 33 道题。部分题项包含子题项，所以整个问卷信息丰富，能够比较全面了解职工对《劳动合同法》的了解情况以及劳动合同法实施情况。本次调查共回收问卷 2998 份，其中大部分问卷作答较为认真，但也有个别题项调查对象漏选，所以本研究中所列的百分比为有效数据百分比。

二、职工的人口统计学分布

　　经过统计分析与整理，本次调查的所有调查对象的基本情况资料如表 2.1 所示。

表 2.1　样本性别描述统计分析（n = 2998）

性别	n	%
男	1493	49.8
女	1505	50.2

　　从表 2.1 可以看出，参加本次研究的被调查者一共 3020 名，回收问卷 3000 份，其中有效问卷 2998 份（99.9%）。被调查对象均为在职职工。男女比例基本持平，其中男性占 49.8%，女性占 50.2%。年龄在 19~67 岁，平均 43 岁。

被试年龄段分层如下：58~67岁的被试占0.3%，48~57岁的被试占6.9%，38~47岁的被试占16.2%，28~37岁的被试占50.2%，18~27岁的被试占26.4%（如表2.2所示）。

表2.2 样本年龄描述统计分析（$n = 2919$）

出生时间	n	%
1950—1959	9	0.3
1960—1969	201	6.9
1970—1979	472	16.2
1980—1989	1465	50.2
1990—1999	772	26.4

在被试中，汉族占84.5%，少数民族及其他占6.0%（如表2.3所示）。

表2.3 样本民族描述统计分析（$n = 2724$）

民族	n	%
汉族	2535	84.5
少数民族	188	6.0
其他	1	0.0

从表2.4可以看出，城镇户口的被试占74%，农村户口的被试占26%。

表2.4 样本户口描述统计分析（$n = 2992$）

户口类型	n	%
城镇户口	2215	74.0
农村户口	777	26.0

在调查对象中，小学及小学以下文化程度的占总被试数的0.5%，初中文化程度的占3.5%，高中文化程度的占6.2%，中专技校职高占6.1%，大专占20.4%，本科占53.5%，研究生及以上占9.3%（如表2.5所示）。

表2.5 文化程度描述统计分析（$n = 2996$）

文化程度	n	%
小学及小学以下	14	0.5

文化程度	n	%
初中	105	3.5
高中	187	6.2
中专/技校/职高	183	6.1
大专	610	20.4
本科	1602	53.5
研究生及以上	295	9.3

通过校园招聘进入工作单位的被试占22.3%，自己直接找的占39.7%，经人介绍工作的占17.9%，通过职业中介的占4.6%，劳务派遣的占5.8%（如表2.6所示）。

表2.6　进入工作单位途径描述统计分析（$n=2708$）

途径	n	%
自己直接找	1190	39.7
经人介绍	537	17.9
职业中介	138	4.6
劳务派遣	174	5.8
校园招聘	669	22.3

在被试中，职业为生产工人的占10.8%，后勤服务人员占13.3%，专业技术人员占41.0%，科研人员占17.2%，基层、中层管理人员占6.2%，其他职业类型占11.5%（如表2.7所示）。

表2.7　职业类型描述统计分析（$n=2997$）

类型	n	%
生产工人	323	10.8
后勤服务人员	399	13.3
专业技术人员	1228	41.0
科研人员	516	17.2
基层、中层管理人员	185	6.2
其他	346	11.5

在被试中，是工会成员的占43.2%，不是工会成员的占47.6%，还有8.8%

的被试不知道自己是否是工会成员（如表 2.8 所示）。

表 2.8　是否为工会成员描述统计分析（n = 2986）

是否为工会成员	n	%
是	1295	43.2
否	1427	47.6
不知道	264	8.8

在调查中，21.8%的被试来自制造业，7.2%的被试来自建筑业，住宿、餐饮业被试占 2.7%，批发、零售业被试占 5.5%，交通、运输、邮政业被试占 4.5%，1.9%的被试来自家政、物业、维修等居民服务业，19.4%的被试从事金融、信息、研发、咨询等现代服务业，18.8%的被试从事教育、水电、医疗等公共服务业，还有其他行业的被试占 18.2%（如表 2.9 所示）。

表 2.9　单位行业类型描述统计分析（n = 2997）

单位行业类型	n	%
制造业	654	21.8
建筑业	215	7.2
住宿、餐饮业	80	2.7
批发、零售业	164	5.5
交通、运输、邮政业	135	4.5
家政、物业、维修等居民服务业	57	1.9
金融、信息、研发、咨询等现代服务业	583	19.4
教育、水电、医疗等公共服务业	563	18.8
其他	546	18.2

工作单位所有制为国有及国有控股企业的被试占 34.7%，来自集体企业的被试占 5.2%，外商投资企业占 7.3%，港澳台投资企业占 1.5%，私营企业占 35.3%，个体户占 4.2%，还有 10.1%的被试来自其他所有制单位或者不清楚自己单位的所有制情况（如表 2.10 所示）。

表 2.10　单位所有制描述统计分析（n = 2953）

单位所有制	n	%
国有及国有控股企业	1041	34.7

单位所有制	n	%
集体企业	157	5.2
外商投资企业	220	7.3
港澳台投资企业	46	1.5
私营企业	1059	35.3
个体户	125	4.2
其他	223	7.4
不清楚	82	2.7

在所有被试中,有 2.6%的被试很不满意自己的工作状况,有 4.8%的被试非常满意自己的工作状况,10.7%的被试不太满意自己的工作状况,36.5%的被试对自己的工作状况满意度一般,还有 36.1%的被试较为满意自己的工作状况(如表 2.11 所示)。总体来说,对自己工作状况满意的被试多于不满意的被试。

表 2.11 工作状况满意度描述统计分析 ($n = 2920$)

满意度	n	%
很不满意	79	2.6
不太满意	320	10.7
一般	1095	36.5
较为满意	1083	36.1
非常满意	143	4.8

在被试中,对自己工作单位非常满意和较为满意的被试占 42.2%,对自己工作单位很不满意或不太满意的被试占 13.5%,剩下 34.9%的被试对工作的单位的满意度一般(如表 2.12 所示)。总的来说,对工作单位满意的被试占的比例高于不满意的被试。

表 2.12 工作单位满意度描述统计分析 ($n = 2721$)

满意度	n	%
很不满意	63	2.1
不太满意	342	11.4
一般	1048	34.9

续表

满意度	n	$\%$
较为满意	1054	35.1
非常满意	214	7.1

在对自己工作能力的判断中，有 58.8% 的被试认为自己很有能力或较有工作能力，有 4.5% 的被试认为自己工作能力欠佳，还有 27.5% 的被试判断自己工作能力一般（如表 2.13 所示）。

表 2.13　工作能力判断描述统计分析（$n=2723$）

能力判断	n	$\%$
很有能力	318	10.6
较有能力	1445	48.2
一般	825	27.5
较没能力	106	3.5
很没能力	29	1.0

在就业形势的判断中，有 53.5% 的被试认为就业形势严峻，有 11.4% 的被试认为就业形势乐观，还有 25.9% 的被试认为就业形势一般（如表 2.14 所示）。

表 2.14　就业形势判断描述统计分析（$n=2723$）

形势判断	n	$\%$
非常严峻	425	14.2
较为严峻	1179	39.3
还行	777	25.9
较为乐观	301	10.0
非常乐观	41	1.4

在所有被试中，有 29.5% 的被试曾有过换工作的想法，有 60.8% 的被试没有换工作的想法（如表 2.15 所示）。总的来说，大多数被试还是安于现状的。

表 2.15　换工作想法描述统计分析（$n = 2708$）

是否有换工作想法	n	$\%$
有	884	29.5
没有	1824	60.8

被试在找工作或换另一份工作时，考量的因素有很多。其中 23.5% 的被试认为找工作最重要的是每月实际到手的薪水，8.5% 的被试关注的是年终奖，19.8% 的被试看重公司的福利好不好，5.7% 的被试在乎公司的各项操作是否合乎法律法规，4.6% 的被试看重公司的社会地位，2.8% 的被试看重工作名声，17.5% 的被试看重工作的发展前景，17.2% 的被试在乎工作环境和工作内容是否符合自己的预期要求，还有 0.5% 的被试在乎其他一些条件（如表 2.16 所示）。

表 2.16　换工作看重因素描述统计分析（多选，$n = 2969$）

看重因素	n	$\%$
每月实际到手的薪水	2115	23.5
年终奖	767	8.5
社会保险及相关福利	1783	19.8
单位能否切实执行相关法规规定	512	5.7
社会地位	418	4.6
工作名声	257	2.8
发展前景	1577	17.5
工作环境是否舒适	728	8.1
工作内容是否喜欢	820	9.1
其他	41	0.5

在对多数同事的满意度判断中，15.7% 的被试认为自己的多数同事不满意工作现状，34.4% 的被试认为自己的多数同事满意工作状况，40.5% 的被试认为多数同事对工作满意度一般（如表 2.17 所示）。

表 2.17　多数同事满意度描述统计分析（*n* = 2720）

满意度	*n*	%
很不满意	46	1.5
不太满意	426	14.2
一般	1215	40.5
较为满意	964	32.1
非常满意	69	2.3

三、潜规则的存在与感知情况

潜规则是否存在？其实这涉及一个主体的判断问题。吕小康（2013）曾指出，从关系状态的角度出发，潜规则可以被视为对社会二元规则/秩序并存状态的一种归因方式。如果人们的行为不能在形式上和实质上同时遵循正式规则，就可以判断为"存在"潜规则。因此，同时从企业职工（劳方）和企业管理者（资方）的视角来研究他们是否认定企业管理与运行中存在潜规则，是很有必要的。这里的数据仅涉及员工卷。

在调查被试对职场"潜规则"的了解中，发现 7.7% 的被试认为存在很多潜规则的现象，46% 的被试认为存在一些，28.8% 的被试认为很少存在潜规则，17.5% 的被试认为没有潜规则（如表 2.18 所示）。总合前两个比率，可以认为超过 50% 的被试认为存在潜规则。

表 2.18　是否存在"潜规则"描述统计分析（*n* = 2999）

对"潜规则"认识	*n*	%
存在很多	231	7.7
存在一些	1381	46.0
很少	863	28.8
没有	524	17.5

在调查的被试中，只有 8.6% 的被试与用人单位有过劳动合同纠纷情况。结合表 2.18 与表 2.19 可以看出，虽然与用人单位产生劳动合同纠纷的比例较低，但是认为潜规则存在的比例（超过 50%）并不低。

表 2.19　是否和用人单位有劳动合同纠纷情况描述统计分析（$n = 2952$）

纠纷情况	n	%
有	257	8.6
没有	2695	89.8

在发生劳动合同纠纷的情况中，有 23.1% 的被试是口头冲突，有 11.5% 的被试选择与用人单位以书面交涉来解决问题，有 11.1% 的被试托人找关系协调解决，7.0% 的被试选择使用单位内部的群体性抗争来解决问题，10.6% 的被试会去工会反映情况，1.9% 的被试会选择上访，4.6% 的被试会使用劳动仲裁，3.2% 的被试选择去法院打官司，使用其他途径的被试占 27%（如表 2.20 所示）。

表 2.20　是否和用人单位有劳动合同冲突情况描述统计分析（多选，$n = 2224$）

冲突情况	n	%
口头冲突	692	23.1
自己书面交涉	346	11.5
托人找关系协调	334	11.1
单位内部的群体性抗争	209	7.0
到单位工会反映	318	10.6
上访	58	1.9
劳动仲裁	137	4.6
到法院打官司	96	3.2
其他	812	27.0

四、潜规则感知程度的影响因素

从职工视角出发，有哪些因素可能影响潜规则？这一部分将对相关因素进行推论检验。

从表 2.21 可以看出，对工作状况的满意度与对潜规则的感知之间存在显著的正相关（$r = 0.254$，$p < 0.001$）。

表 2.21 满意度和潜规则相关统计分析 (*n* = 2723)

	r	*p*
满意度	0.254	0.00
潜规则		

从表 2.22 可以看出，被试对工作单位的满意度与对潜规则的感知之间存在显著的正相关（ *r* = 0.289，*p* < 0.001）。

表 2.22 工作单位满意度和潜规则相关统计分析 (*n* = 2723)

	r	*p*
满意度	0.289	0.00
潜规则		

从表 2.23 可以看出，被试的性别与对潜规则的感知程度存在显著差异，男性比女性更加能感知到潜规则的存在（ *p* < 0.001）。

表 2.23 性别和潜规则 *t* 检验统计分析 (*n* = 2998)

	t	*df*	*p*
男	−3.067	2996	0.00
女			

从表 2.24 可以看出，通过方差分析得出文化程度对潜规则的感知程度影响不显著。

表 2.24 文化程度和潜规则方差分析 (*n* = 2996)

变异来源	*SS*	*df*	*MS*	*F*	*p*
组间	5.24	7	0.75	0.99	0.43
组内	2243.02	2989	0.75		

从表 2.25 可以看出，通过方差分析得出工作途径对潜规则感知程度影响不显著。

表 2.25 工作途径和潜规则方差分析 (*n* = 2708)

变异来源	*SS*	*df*	*MS*	*F*	*p*
组间	6.28	6	1.05	1.42	0.20
组内	1999.90	2714	0.74		

因为职业类型在潜规则方差分析中显著（如表 2.26 所示），所以做事后多重比较。这里有九个职业类型，事后多重比较发现制造业和其他差异显著。

表 2.26 单位行业类型和潜规则方差分析（$n=2708$）

变异来源	SS	df	MS	F	p
组间	38.86	8	4.86	6.575	0.00
组内	2207.64	2988	0.739		

根据单位行业类型在潜规则的事后多重比较结果，得出制造业与其他行业相比更能感知潜规则的存在（p<0.001），建筑业相比其他行业也更能感知潜规则的存在（p<0.05）（如表 2.27 所示）。

表 2.27 单位行业类型和潜规则事后多重比较分析（$n=2998$）

		t	p
制造业	其他	−0.34	0.00**
建筑业	其他	−0.29	0.03

通过职业类型对感知潜规则的程度的方差分析，得出职业类型和感知潜规则的程度差异显著（$F=10.364$，$p<0.001$）（如果表 2.28 所示）。

表 2.28 职业类型和潜规则方差分析（$n=2997$）

变异来源	SS	df	MS	F	p
组间	38.257	5	7.65	10.364	0.00
组内	2208.242	2991	0.74		

通过职业类型对感知潜规则的程度之间的事后多重比较结果，得出生产工人比基层、中层管理人员和其他职业类型感知到了更多潜规则的存在（$p<0.001$）；专业技术人员比基层、中层管理人员和其他职业类型感知到更多潜规则的存在（$p<0.001$）（如表 2.29 所示）。

表 2.29 职业类型和潜规则事后多重比较分析（$n=2997$）

职业类型		t	p
生产工人	基层、中层管理人员	−0.40	0.00**
	其他	−0.37	0.00
专业技术人员	基层、中层管理人员	−0.03	0.00
	其他	−0.27	0.00

通过民族和潜规则感知程度的 t 检验的统计分析结果，得出汉族和少数民族之间差异不显著（如表 2.30 所示）。

表 2.30 民族和潜规则 t 检验统计分析（$n = 2722$）

	t	df	p
汉族	-1.27	2720	0.21
少数民族			

通过户口和潜规则感知的 t 检验统计分析结果，得出城镇户口和农村户口之间差异不显著（如表 2.31 所示）。

表 2.31 户口和潜规则 t 检验统计分析（$n = 2998$）

	t	df	p
城镇户口	0.614	1990	0.54
农村户口			

通过潜规则感知程度和劳动合同纠纷的相关分析结果，得出满意度和潜规则感知程度之间存在显著相关关系（$p < 0.001$）（如表 2.32 所示）。

表 2.32 潜规则认知和劳动合同纠纷相关统计分析（$n = 2997$）

	r	p
满意度	0.18	0.00
潜规则		

工会作为职工利益的代表者和维护者，虽然不是《劳动合同法》的执法主体，但《劳动合同法》在许多条款中赋予了工会参与权、监督权，例如：企业制定规章制度要经过职工代表大会讨论，并与工会协商；企业解除劳动合同要事先将理由通知工会；企业裁员要听取工会意见；有权对用人单位履行劳动合同、集体合同的情况进行监督；用人单位违反劳动法律、法规和劳动合同、集体合同的，工会有权提出意见或者要求纠正；等等。同时，《劳动合同法》还从国家法律的角度，强调工会依法维护劳动者的合法权益。明确工会在《劳动合同法》中的地位，加强和完善工会在《劳动合同法》中的职责，充分发挥工会维护劳动者合法权益和协调劳动关系的作用，对实现构建和发展和谐稳定的劳动关系的目标有着重要的意义。通过是否为工会成员与感知潜规则的程度的方差分析结果，得出是工会成员与否与潜规则的感知程度之间差异不显著。工会

成员的身份对企业中存在的潜规则不存在显著影响（如表 2.33 所示）。

表 2.33 是否为工会成员和潜规则方差分析（$n = 2997$）

变异来源	SS	df	MS	F	p
组间	11.696	11	1.06	1.42	0.16
组内	2236.12	2986	0.74		

第二节　职工对《劳动合同法》的认知情况分析

本节主要对企业职工对《劳动合同法》的认知情况进行分析，通过常见《劳动合同法》法条的认知正确率来了解职工对《劳动合同法》的认知情况。同时，也调查了影响《劳动合同法》法条正确率的因素。

一、常见《劳动合同法》法条的认知正确率

问卷主要是测量被试对《劳动合同法》中一些条目的了解情况。为此，本研究从《劳动合同法》中抽取与劳动合同相关的、较为常见的 20 个条目，得出被试的正确率如表 2.34 所示。

表 2.34 20 个条目的正确率

题　　目	正确率（%）
1. 单位招用劳动者时，可扣押劳动者居民身份证和其他身份证件	88
2.《劳动合同法》对试用期的长短没有规定	81
3. 企业订立规章制度时，应该经过职工大会讨论	72
4. 签劳动合同时只需签一份，交由企业保存	86
5. 企业超过一个月不与职工签书面劳动合同要支付双倍工资	48
6. 劳动合同到期，企业不再和工人续签，员工工作每满一年企业要支付一个月的经济补偿金	48
7. 以欺诈、胁迫的手段或者乘人之危，使对方在违背其真实意思的情况下订立的劳动合同无效或者部分无效	81

续表

题　目	正确率（%）
8. 劳动者提前三十日以书面形式通知用人单位，可解除劳动合同	74
9. 未依法为劳动者缴纳社会保险费的，劳动者可以解除劳动合同，单位要支付经济补偿金	78
10. 企业转产、重大技术革新或者经营方式调整，经变更劳动合同后，仍需裁减人员的，单位可以裁减人员	41
11. 裁减人员时，应当优先留用与本单位订立较长期限的固定期限劳动合同的人员	59
12. 在本单位连续工作满十五年，且距法定退休年龄不足五年的人员，无过错情况下，用人单位不得解除劳动合同	71
13. 用人单位以暴力、威胁或者非法限制人身自由的手段强迫劳动者劳动的，或者用人单位违章指挥、强令冒险作业危及劳动者人身安全的，劳动者可以立即解除劳动合同，不需事先告知用人单位	56
14. 从事接触职业病危害作业的劳动者未进行离岗前职业健康检查，或者疑似职业病病人在诊断或者医学观察期间的，用人单位不能单方解除劳动合同	78
15. 用人单位的规章制度违反法律、法规的规定，损害劳动者权益的，劳动者可以解除劳动合同，单位要支付经济补偿金	78
16. 劳动者依法解除、终止劳动合同，用人单位扣押劳动者档案或者其他物品的应依照规定受到处罚	76
17. 企业职工一方与用人单位可以订立劳动安全卫生、女职工权益保护、工资调整机制等专项集体合同	63
18. 被派遣劳动者享有与用工单位的劳动者同工同酬的权利	74
19. 用人单位劳动条件恶劣、环境污染严重，对劳动者身心健康造成严重损害的，应当承担赔偿责任	81
20. 《劳动合同法》施行前已建立劳动关系，尚未订立书面劳动合同的，应当自《劳动合同法》施行之日起一个月内订立	72

所有被试在20个条目上的总体正确率为68%。被试在第十项条目上的正确率最低，为41%。总体来讲，被试对《劳动合同法》的了解情况较好。

二、影响法条认知正确率的影响因素

以下对可能影响法条认知正确率的相关影响因素进行假设检验。

被试的户籍与正确率的 t 检验分析结果显示，城镇户口和农村户口的被试正确率差异边缘显著（$p=0.052$）（如表 2.35 所示）。

表 2.35 户籍和正确率 t 检验统计分析（$n=2953$）

户籍	t	df	p
城镇户口	-1.944	1428.340	0.052
农村户口			

民族与正确率的 t 检验分析结果显示汉族与少数民族的被试在正确率上差异不显著（如表 2.36 所示）。

表 2.36 民族和正确率 t 检验统计分析（$n=2681$）

户籍	t	df	p
汉族	0.254	2679	0.80
少数民族			

文化程度和正确率方差分析结果显示被试的文化程度和正确率之间差异不显著（如表 2.37 所示）。

表 2.37 文化程度和正确率方差分析（$n=2956$）

变异来源	SS	df	MS	F	p
组间	0.26	6	0.04	0.72	0.64
组内	175.97	2949	0.06		

单位行业类型和正确率的方差分析结果显示单位行业类型和正确率之间差异显著（$p=0.02$）（如表 2.38 所示）。

表 2.38 单位行业类型和正确率方差分析（$n=2956$）

变异来源	SS	df	MS	F	p
组间	1.10	8	0.14	2.30	0.02
组内	175.01	2947	0.06		

多重事后比较结果显示，制造业和其他行业类型差异显著（如表 2.39 所

示）。

表 2.39 单位行业类型和正确率事后多重比较分析（n=2956）

单位行业		t	p
制造业	其他	0.43	0.00
建筑业	其他	0.05	0.01
交通、运输、邮政业	其他	0.02	0.01
家政、物业、维修等居民服务业	其他	0.07	0.03
金融、信息、研发、咨询等现代服务业	其他	0.05	0.00
教育、水电、医疗等公共服务业	其他	0.05	0.00

单位所有制与正确率的方差分析结果显示，被试所在单位的所有制和正确率之间的差异显著（$F=6.45$，$p<0.001$）（如表 2.40 所示）。

表 2.40 单位所有制和正确率方差分析（n=2958）

变异来源	SS	df	MS	F	p
组间	3.66	7	0.38	6.45	0.00
组内	173.65	2950	0.06		

事后多重比较结果显示：国有企业职工的正确率与集体企业和私营企业职工之间差异显著，相较于集体企业和私营企业，国有企业职工的正确率较高（$p<0.001$）；集体企业的职工的正确率与外商投资企业（$p<0.001$）、澳台投资企业（$p<0.05$）和个体户职工（$p<0.05$）之间差异显著，外商投资企业、港澳台投资企业和个体户职工的正确率较高（$p<0.001$）；外商投资企业职工的正确率与私营企业职工的正确率之间差异显著，外商投资企业的职工的正确率比私营企业职工的正确率高（$p<0.001$）（如表 2.41 所示）。

表 2.41 单位所有制和正确率事后多重比较分析（n=2958）

单位所有制		t	p
国有及国有控股企业	集体企业	−0.09	0.00
	私营企业	−0.06	0.00
	其他	−0.05	0.01
集体企业	外商投资企业	0.09	0.00
	港澳台投资企业	0.10	0.01

单位所有制		t	p
	个体户	0.06	0.03
外商投资企业	私营企业	−0.06	0.00
	其他	−0.05	0.03

在调查过程中，每个被试了解《劳动合同法》的渠道不同，23.9%的被试通过电视、报纸等媒体了解到《劳动合同法》，24.8%的被试通过网络了解，6.1%的被试通过老乡、朋友了解，11%的被试通过同事来了解，13.6%的被试通过企业和单位人事部门了解《劳动合同法》的基本情况，4%的被试通过工会了解，5%的被试通过政府劳动部门了解，9.6%的被试通过书籍了解，还有2.0%的被试通过其他途径了解到《劳动合同法》的基本情况（如表2.42所示）。

表 2.42　了解《劳动合同法》的渠道统计分析（多选，$n=2981$）

渠道	n	$\%$
电视、报纸等媒体	1642	23.9
网络	1703	24.8
老乡、朋友	420	6.1
同事	753	11.0
企业或单位人事部门	934	13.6
工会	272	4.0
政府劳动部门	346	5.0
书籍	656	9.6
其他	134	2.0

在所有被试中，有49.9%的被试认为《劳动合同法》得到有效实施或者得不到有效实施的最重要因素是政府，有32.4%的被试认为最重要的因素是企业，有2.8%的被试认为最重要的因素是工会，还有5.4%的被试认为最重要的因素是工人自己（如表2.43所示）。

表 2.43　《劳动合同法》得不到实施重要因素统计分析（多选，$n=2719$）

因素	n	%
政府	1496	49.9
企业	972	32.4
工会	85	2.8
工人自己	162	5.4

在所有被试中，有 16.9% 的被试认为《劳动合同法》得到有效实施或者得不到有效实施的次重要因素是政府，有 40.1% 的被试认为次重要因素是企业，有 12.4% 的被试认为次重要因素是工会，有 20.6% 的被试认为次重要因素是工人自己（如表 2.44 所示）。

表 2.44　《劳动合同法》得不到实施次重要因素统计分析（多选，$n=2714$）

因素	n	%
政府	508	16.9
企业	1202	40.1
工会	373	12.4
工人自己	617	20.6

在所有被试中有 40.7% 的被试认为《劳动合同法》实施的主要作用是维护劳动者合法权益，5.2% 的被试认为《劳动合同法》实施的主要作用是保护企业的利益，36% 的被试认为《劳动合同法》实施的主要作用是同时保护劳动者和企业利益，1.5% 的被试认为《劳动合同法》实施的主要作用是维护政府利益，4.8% 的被试认为《劳动合同法》实施的主要作用是维护社会稳定，2.4% 的被试认为《劳动合同法》的实施看不出有什么具体作用（如表 2.45 所示）。

表 2.45　《劳动合同法》实施主要作用统计分析（$n=2719$）

作用	n	%
维护劳动者合法权益	1222	40.7
保护企业的利益	156	5.2
同时保护劳动者和企业利益	1080	36.0
维护政府利益	45	1.5
维护社会稳定	144	4.8
看不出有什么作用	72	2.4

通过对文化程度和看条文认真程度的方差研究结果发现，文化程度和看条文认真程度之间存在显著差异（F=5.03，p<0.001）（如表 2.46 所示）。

表 2.46 文化程度和看条文认真程度方差分析 （n=2995）

变异来源	SS	df	MS	F	p
组间	19.71	6	3.29	5.03	0.00
组内	1953.05	2988	0.65		

通过事后多重比较得出，初中文化程度与中专等文化程度在认真程度上差异显著（p<0.05），在看《劳动合同法》时，中专等文化程度的被试比初中文化程度的被试更认真，大专文化程度的被试比初中文化程度的被试更认真，本科文化程度的被试比初中文化程度的被试看得认真，研究生及以上学历的被试没有初中文化程度的被试看得认真（如表 2.47 所示）。

表 2.47 文化程度和看条文认真程度事后多重比较分析 （n=2995）

文化程度		t	p
初中	中专/技校/职高	0.37	0.03 **
	大专	0.36	0.01
	本科	0.40	0.00
	研究生及以上	−0.35	0.02

通过单位行业类型与看条文的认真程度的方差分析，得出单位行业与认真程度之间存在显著相关（F=8.44，p<0.001）（如表 2.48 所示）。

表 2.48 单位行业和看条文认真程度方差分析 （n=2995）

变异来源	SS	df	MS	F	p
组间	43.68	8	5.46	8.44	0.00
组内	1931.95	2986	0.65		

事后多重比较得出结果显示，制造业与教育、水电、医疗等公共服务业差异显著（p<0.001）（如表 2.49 所示）。

表 2.49　单位行业和看条文认真程度事后多重比较分析（n=2995）

单位行业		T	p
制造业	住宿、餐饮业	-0.37	0.054
	教育、水电、医疗等公共服务业	-0.28	0.00
	其他	0.05	0.00

单位所有制和看条文认真程度的方差分析得出，单位所有制与看条文认真程度之间存在显著差异（F=10.41，p<0.001）（如表 2.50 所示）。

表 2.50　单位所有制和看条文认真程度方差分析（n=2995）

变异来源	SS	df	MS	F	p
组间	47.09	7	6.73	10.41	0.00
组内	1927.54	2982	0.65		

事后多重比较结果显示，国有及国有控股企业与港澳台投资企业、外商投资企业之间差异显著（p<0.001），港澳台投资企业和外商投资企业的被试比国有企业的被试更认真；外资企业和私营企业差异显著（p<0.05），私营企业的被试比外资企业的被试更认真；外资企业与个体户之间差异显著（p<0.001），个体户比外资企业的被试更认真；港澳台企业与集体企业和私营企业之间差异显著（p<0.05），港澳台企业的被试比私营企业和集体企业的被试更认真；港澳台企业和个体户之间差异显著（p<0.001），港澳台企业的被试比个体户认真（如表 2.51 所示）。

表 2.51　单位所有制和看条文认真程度事后多重比较分析（n=2995）

单位所有制		T	p
国有及国有控股企业	外商投资企业	0.30	0.00
	港澳台投资企业	0.56	0.00
外商投资企业	私营企业	-0.23	0.04
	个体户	-0.43	0.00
	其他	-0.33	0.01
	不清楚	-0.61	0.00
港澳台投资企业	集体企业	-0.54	0.01
	私营企业	-0.49	0.01

续表

单位所有制		T	p
	个体户	−0.69	0.00
	其他	−0.60	0.00
	不清楚	−0.87	0.00
私营企业	不清楚	−0.39	0.01

通过行业类型和影响状况的方差分析结果，得出行业类型和影响状况之间差异显著（$F = 13.93$，$p < 0.001$）（如表 2.52 所示）。

表 2.52 行业类型和影响状况方差分析（$n = 2722$）

变异来源	SS	df	MS	F	p
组间	67.11	8	8.39	13.93	0.00
组内	1633.84	2713	0.60		

从行业类型和影响状况之间的事后多重比较结果得出，制造业与住宿、餐饮业与教育、水电、医疗等公共服务业之间差异显著（$p < 0.001$），《劳动合同法》在制造业比在住宿、餐饮业与教育、水电、医疗等公共服务业的影响力大（如表 2.53 所示）。

表 2.53 行业类型和影响状况方差分析事后多重比较分析（$n = 2722$）

行业类型		T	p
制造业	住宿、餐饮业	−0.48	0.00
	教育、水电、医疗等公共服务业	−0.32	0.00
	其他	−0.43	0.00
建筑业	其他	−0.23	0.02
金融、信息、研发、咨询等现代服务业	其他	−0.26	0.00

行业类型和影响状况的方差分析结果显示，行业类型和影响状况之间差异显著（$F = 13.93$，$p < 0.001$）（如表 2.54 所示）。

表 2.54 行业类型和影响状况方差分析（$n = 2722$）

变异来源	SS	df	MS	F	p
组间	67.11	8	8.39	13.93	0.00

变异来源	SS	df	MS	F	p
组内	1633.84	2713	0.60		

根据事后多重比较结果可知，制造业与住宿、餐饮业与教育、水电、医疗等公共服务业之间差异显著（$p<0.001$），《劳动合同法》对制造业的影响力高于住宿、餐饮业与教育、水电、医疗等公共服务业（如表 2.55 所示）。

表 2.55　行业类型和影响状况方差分析事后多重比较分析（$n=2722$）

行业类型		t	p
制造业	住宿、餐饮业	-0.48	0.00
	教育、水电、医疗等公共服务业	-0.32	0.00
	其他	-0.43	0.00
建筑业	其他	-0.23	0.02
金融、信息、研发、咨询等现代服务业	其他	-0.26	0.00

在所有被试中，有 79% 的被试认为订立书面劳动合同有必要，有 6.3% 的被试认为是否订立书面劳动合同无所谓，有 2% 的被试认为没有必要订立书面劳动合同（如表 2.56 所示）。

表 2.56　订立书面劳动合同必要性统计分析（$n=2719$）

必要性	频数	百分比%
有必要	2371	79.0
无所谓	190	6.3
没有必要	59	2.0
说不清	99	3.3

第三节　职工对《劳动合同法》实际实施情况的反馈

本节主要分析职工在工作过程中所了解的《劳动合同法》实际实施情况。主要包括劳动合同的签订与实施情况以及职工对《劳动合同法》实施效果的判断。

一、劳动合同的签订与实施情况

根据调查研究，在所有的被试中有 23.9%已经签订书面劳动合同，有 24.8%没有签订书面劳动合同（如表 2.57 所示）。

表 2.57　签订书面劳动合同的情况统计分析（$n=1792$）

渠道	n	%
已经签了	651	23.9
没有签	675	24.8
不清楚	166	6.1
其他	300	11.0

在所有的被试调查研究中发现，有 64.3%的被试在就职时由企业先提出签书面劳动合同，有 6.1%的被试在就职时由自己先提出签订合同，有 2.1%的被试在就职时由工会提出签订合同（如表 2.58 所示）。

表 2.58　主动签订书面劳动合同者统计分析（$n=2367$）

合同者	n	%
企业先提出的	1931	64.3
自己先提出的	183	6.1
工会提出的	64	2.1
不清楚	91	3.0
其他	98	3.3

在所有没有签订书面劳动合同的被试中，2.7%的被试是由于企业不签，有 2.5%的被试是由于不敢向单位提出来，1.4%的被试是由于自己不想签，有 6.7%的被试是由于企业和自己都没有提出来，所以没有签合同（如表 2.59 所示）。

表 2.59　没有签订书面劳动合同原因统计分析（$n=613$）

合同原因	n	%
您提出来签，但企业不签	80	2.7
您想签，但不敢向单位提出来	75	2.5
企业提出来签，您不想签	41	1.4
企业和您都没有提出来	201	6.7
其他	216	7.2

在所有签订合同的被试中，有 12.1% 的被试和企业签订了 1 年及 1 年以下劳动合同，有 33.8% 的被试和企业签订了 2~3 年的合同，有 12.4% 的被试和企业签订了 4~6 年的合同，有 4% 的被试和企业签订了 7 年及 7 年以上的合同，有 13.9% 的被试和企业签订的是无固定期限的合同，0.8% 的被试与企业签订的是完成一定工作任务期限的合同（如表 2.60 所示）。

表 2.60　劳动合同期限统计分析（$n=2311$）

合同期限	n	%
1 年及 1 年以下	363	12.1
2~3 年	1015	33.8
4~6 年	373	12.4
7 年及 7 年以上	119	4.0
无固定期限	418	13.9
完成一定工作任务为期限	23	0.8

在所有被试中有 72.2% 的被试是自己签订劳动合同，有 1.7% 的被试由别人代签，0.8% 的被试的劳动合同由企业让别人代签，有 0.8% 的被试不知道是谁签的，0.3% 的被试没有签订劳动合同（如表 2.61 所示）。

表 2.61　劳动合同签字统计分析（$n=2306$）

合同签字情况	n	%
您自己签的字	2168	72.2
您请别人代签的	51	1.7
企业让别人代您签的	24	0.8
不知道是谁签的	24	0.8
您没有签订劳动合同	10	0.3
其他	29	1.0

在所有被试中，有 25.1% 的被试认为劳动合同双方平等，有 41% 的被试认为劳动合同法双方基本平等，有 9.2% 的被试认为劳动合同法双方有些不平等，有 1.8% 的被试认为劳动合同法双方不平等（如表 2.62 所示）。

表 2.62 对合同内容情况评价统计分析 (n = 2311)

合同评价情况	n	%
双方平等	752	25.1
基本平等	1229	41.0
有些不平等	277	9.2
不平等	53	1.8

在所有被试中，有 60.0% 的被试拥有劳动合同，有 16.9% 的被试没有劳动合同（如表 2.63 所示）。

表 2.63 是否拥有劳动合同情况评价统计分析 (n = 2306)

是否拥有劳动合同	n	%
是	1799	60.0
否	507	16.9

在所有被试中，有 19.1% 的被试得到了工会的帮助，有 56.9% 的被试没有得到工会的帮助（如表 2.64 所示）。

表 2.64 是否得到工会帮助情况评价统计分析 (n = 2279)

是否得到工会帮助	n	%
是	572	19.1
否	1707	56.9

在所有被试中，有 44.7% 的被试工作时间与劳动合同签订的工作时间一致，有 18% 的被试工作时间比合同时间更长，有 1.7% 的被试工作时间比合同时间更短，有 8.7% 的被试的工作时间与合同时间不一致（如表 2.65 所示）。

表 2.65 工作时间情况统计分析 (n = 2297)

工作时间情况	n	%
一致	1341	44.7
不一致，比合同更长	541	18.0
不一致，比合同更短	51	1.7
有时更长，有时更短	262	8.7
其他	102	3.4

在所有被试中，有54.9%的被试缴纳社会保险的金额与劳动合同签订的内容一致，有4.8%的被试缴纳的金额比合同更多，有4.8%的被试缴纳的金额比合同更少，有2.3%的被试没有缴纳保险（如表2.66所示）。相关实证研究表明，农民工群体经济承受力不足、对社会保险可持续性的预期不确定、对未来保险关系能否顺利转续持怀疑态度，这些非理性预期因素均是其不愿意参加社会保险的因素。

表2.66 缴纳社会保险情况统计分析（$n=2308$）

缴纳社会保险情况	n	%
一致	1648	54.9
比合同更多	143	4.8
比合同更少	143	4.8
没有缴纳	68	2.3
不知道	306	10.2

单位行业类型和保险缴纳情况的方差分析显示单位行业类型和保险缴纳情况之间差异显著（$F=2.84$，$p<0.001$）（如表2.67所示）。

表2.67 单位行业类型和合同保险一致情况方差分析（$n=2308$）

变异来源	SS	df	MS	F	p
组间	46.62	8	5.83	2.84	0.00
组内	4716.11	2299	2.05		

事后多重比较显示，其他行业类型与制造业、零售业、邮政业、现代服务业、公共服务业差异显著（$p<0.05$）（如表2.68所示）。

表2.68 单位行业类型和合同保险一致情况多重比较分析（$n=2308$）

单位类型		T	p
制造业	其他	−0.37	0.00
批发、零售业	其他	−0.40	0.01
金融、信息、研发、咨询等现代服务业	其他	−0.32	0.00
教育、水电、医疗等公共服务业	其他	−0.26	0.01

学历和签订合同与否的方差分析的结果显示，学历与签订合同的情况之间

差异显著（$F = 19.29$，$p < 0.001$）（如表 2.69 所示）。

表 2.69　学历和签订合同情况方差分析（$n = 2721$）

变异来源	SS	Df	MS	F	p
组间	43.20	6	7.20	19.29	0.00
组内	1012.81	2714	0.37		

通过事后多重比较结果得出，相较于初中、高中、中专、大专、本科、研究生及以上学历，小学学历的被试签订合同显著较少（$p < 0.05$）；相较于高中、中专、大专、本科、研究生及以上学历，初中学历的被试签订合同的显著较少（$p < 0.001$）；相较于中专、大专、本科、研究生及以上学历，高中学历的被试签订合同的显著较少（$p < 0.01$）（如表 2.70 所示）。

表 2.70　学历和签订合同情况多重比较分析（$n = 2721$）

学历		t	p
小学及小学以下	初中	0.37	0.03
	高中	0.61	0.00
	中专/技校/职高	0.77	0.00
	大专	0.82	0.00
	本科	0.87	0.00
	研究生及以上	0.87	0.00
初中	高中	0.24	0.00
	中专/技校/职高	0.40	0.00
	大专	0.45	0.00
	本科	0.50	0.00
	研究生及以上	0.50	0.00
高中	中专/技校/职高	0.16	0.01
	大专	0.22	0.00
	本科	0.27	0.00
	研究生及以上	0.27	0.00

户籍情况和签订合同的 t 检验结果显示，汉族与少数民族的差异显著（$F = 1142.45$，$p < 0.001$），汉族比少数民族签订合同的人数显著较多（如表 2.71 所示）。

表 2.71　户籍和签订合同情况 t 检验统计分析 （$n=2716$）

	t	df	P
汉族	-6.94	1142.45	0.00
少数民族			

在所有被试中，有 54% 的被试曾经变更过劳动合同，有 12.3% 的被试没有变更过劳动合同（如表 2.72 所示）。

表 2.72　变更劳动合同书面记载统计分析 （$n=2714$）

书面记载情况	n	%
是	1622	54.0
否	369	12.3
不清楚	723	24.1

在所有被试中，有 53.7% 的被试持有变更劳动合同，有 12.6% 的被试没有持有变更劳动合同，还有 24.1% 的被试不清楚是否持有变更劳动合同（如表 2.73 所示）。

表 2.73　劳动者持有变更劳动合同情况统计分析 （$n=2714$）

持有情况	n	%
是	1612	53.7
否	379	12.6
不清楚	723	24.1

在所有被试中，有 55.2% 的单位在解除合同时与职工协商，有 13.8% 的单位没有和职工协商，还有 21.7% 的被试不清楚（如表 2.74 所示）。

表 2.74　用人单位解除合同与职工协商情况统计分析 （$n=2720$）

协商情况	n	%
是	1657	55.2
否	413	13.8
不清楚	650	21.7

在所有被试中，有 34.5% 的被试认为单位在解除劳动合同时通知了工会，有 17.2% 的被试认为没有通知工会，还有 38.9% 的被试不清楚（如表 2.75 所示）。

表 2.75　解除劳动合同理由通知工会情况统计分析 （$n=2720$）

通知情况	n	$\%$
是	1036	34.5
否	517	17.2
不清楚	1167	38.9

根据所有被试的反映，有 42.5% 的用人单位在解除劳动合同前会提前向工会或全体职工说明情况，有 14.2% 的用人单位不会提前向工会或全体职工说明情况，还有 34% 的被试不清楚情况（如表 2.76 所示）。

表 2.76　解除劳动合同是否提前向工会或者全体职工说明情况统计分析 （$n=2723$）

说明情况	n	$\%$
是	1275	42.5
否	427	14.2
不清楚	1021	34.0

根据所有被试的反映，有 33.7% 的单位派遣工享有与用工单位劳动者同工同酬权利，有 17.3% 的单位派遣工不享有与用工单位劳动者同工同酬权利，还有 39.6% 的被试不清楚情况（如表 2.77 所示）。

表 2.77　派遣工享有与用工单位劳动者同工同酬权利情况统计分析 （$n=2717$）

权利情况	n	$\%$
享有	1010	33.7
不享有	520	17.3
不清楚	1187	39.6

根据所有被试的反映，有 39.1% 的单位许诺有年终奖，有 41.4% 的单位没有许诺年终奖（如表 2.78 所示）。

表 2.78　企业是否许诺年终奖情况统计分析 （$n=2415$）

	n	$\%$
有	1174	39.1
没有	1241	41.4

在所有被试中，有 30% 的被试反映企业将年终奖或其他形式的奖励措施写

进了劳动合同中，有26.6%的被试反映企业没有将年终奖或其他形式的奖励措施写进劳动合同中（如表2.79所示）。

表2.79 奖励措施是否写进劳动合同情况统计分析（$n=1699$）

	n	$\%$
有	901	30.0
没有	798	26.6

根据被试反映的情况，有7.9%的单位兑现了劳动合同上的激励措施，有25.4%的单位基本兑现了，有6.8%的单位有时兑现，有2%的单位没有兑现，有1.4%的单位完全没有兑现。这说明多数职工认为企业还是基本兑现了其激励承诺（如表2.80所示）。

表2.80 承诺兑现情况统计分析（$n=1304$）

	n	$\%$
完全兑现	236	7.9
基本兑现	762	25.4
有时兑现	203	6.8
基本没兑现	61	2.0
完全没兑现	42	1.4

二、职工对《劳动合同法》实施效果的判断

《劳动合同法》实施之后，企业职工本身又是如何看待这一法律的结果呢？问卷中特意设置了相关问题，在此扼要分析如下。

在所有被试中，有0.9%的被试对企业极不忠诚，有8.3%的被试对企业极度忠诚，有7.6%的被试对企业偏向不忠诚，有61%的被试对企业偏向忠诚，还有12.6%的被试对企业较为中立（如表2.81所示）。

表2.81 忠诚度得分情况描述统计分析（$n=2713$）

	n	$\%$
0	26	0.9
1	30	1.0

	n	%
2	38	1.3
3	99	3.3
4	61	2.0
5	377	12.6
6	364	12.1
7	496	16.5
8	731	24.4
9	241	8.0
10	250	8.3

备注：最低分 0 表示极不忠诚，最高分 10 表示极度忠诚。

在企业实施《劳动合同法》后，有 50.3% 的被试对企业的忠诚度或认同感提高了，有 4.8% 的被试对企业的忠诚度或认同感降低了，还有 33.6% 的被试对企业的认同感或忠诚度没有变化（如表 2.82 所示）。

表 2.82　《劳动合同法》实施后，忠诚度或认同感变化情况统计分析（n=2662）

	n	%
提高了	1509	50.3
降低了	145	4.8
没有变化	1008	33.6

在对所有被试的调查研究中，发现 18.4% 的被试对《劳动合同法》的实施很有信心，有 34.8% 的被试对实施比较有信心，有 25.9% 的被试对实施的信心一般，8.8% 的被试对《劳动合同法》的实施不太有信心，2.7% 的被试对《劳动合同法》的实施完全没有信心（如表 2.83 所示）。

表 2.83　《劳动合同法》有效实施信心统计分析（n=2721）

信心	n	%
很有信心	553	18.4
比较有信心	1045	34.8
一般	777	25.9

信心	n	%
不太有信心	264	8.8
完全没有信心	82	2.7

在对所有被试的调查研究中发现，有8%的被试认为《劳动合同法》的实施增加了很多人工成本，有37.7%的被试认为《劳动合同法》的实施稍微增加了人工成本，有21.8%的被试认为《劳动合同法》的实施没有增加人工成本，另外有2.5%的被试认为《劳动合同法》的实施减少了企业的人工成本（如表2.84所示）。

表2.84　《劳动合同法》实施成本问题统计分析（n=2722）

成本	n	%
增加了很多	241	8.0
稍有增加	1132	37.7
没有增加	654	21.8
减少了企业成本	76	2.5
说不清	619	20.6

在对所有被试的调查中，发现7.3%的被试对《劳动合同法》的实施不满意，有12.1%的被试对《劳动合同法》的实施不太满意，有42.2%的被试认为《劳动合同法》的实施情况一般，有29.1%的被试对《劳动合同法》的实施情况感到满意（如表2.85所示）。

表2.85　《劳动合同法》实施状况满意度统计分析（n=2720）

满意度	n	%
不满意	218	7.3
不太满意	362	12.1
一般	1265	42.2
比较满意	754	25.1
非常满意	121	4.0

在对所有被试的调查研究中发现，有8.1%的被试对《劳动合同法》执法状况不满意，有15.2%的被试对《劳动合同法》执法状况不太满意，有39.6%的被试认为《劳动合同法》执法状况一般，有27.8%的被试对《劳动合同法》执法状况满意（如表2.86所示）。

表 2.86　《劳动合同法》执法状况满意度统计分析（$n=2720$）

满意度	n	%
不满意	243	8.1
不太满意	455	15.2
一般	1188	39.6
比较满意	668	22.3
非常满意	166	5.5

　　在对所有被试的研究调查结果发现，7.8%的被试对企业遵守《劳动合同法》状况不满意，14.9%的被试对企业遵守《劳动合同法》状况不太满意，38.4%的被试认为企业遵守《劳动合同法》状况一般，29.6%的被试对企业遵守《劳动合同法》状况感到满意（如表2.87所示）。

表 2.87　企业遵守《劳动合同法》状况满意度统计分析（$n=2721$）

满意度	n	%
不满意	235	7.8
不太满意	446	14.9
一般	1153	38.4
比较满意	698	23.3
非常满意	189	6.3

　　在对所有被试的调查研究中发现，10%的被试对工会实施《劳动合同法》状况感到不满意，15.6%的被试对工会实施《劳动合同法》状况感到不太满意，38.4%的被试觉得工会实施《劳动合同法》状况一般，26.6%的被试对工会实施《劳动合同法》状况感到满意（如表2.88所示）。

表 2.88　工会实施《劳动合同法》状况满意度统计分析（$n=2719$）

满意度	n	%
不满意	301	10.0
不太满意	467	15.6
一般	1153	38.4
比较满意	646	21.5
非常满意	152	5.1

　　综合以上分析可知，职工对于《劳动合同法》的执行效果存在较多的疑虑，其整体满意度较低。这与之前诸多研究的结果是相吻合的。

第三章

企业管理者的劳资潜规则研究

本章内容源自自编问卷中企业管理者卷（B卷）的数据分析，主要包括企业基本情况分析、单位对《劳动合同法》的认知情况分析以及单位对《劳动合同法》实际实施情况的反馈。在第一节基本情况分析中，介绍了管理者卷调查内容、单位基本情况统计分析信息。在单位对《劳动合同法》的认知情况分析中，主要分析了用人单位劳动合同签订情况、用人单位劳动争议发生情况、《劳动合同法》实施效果情况。劳动合同签订情况主要调查与劳动合同签订相关的一些问题。用人单位劳动争议发生情况主要调查争议发生的现状与解决方案等。实施效果情况主要从多方面来评估《劳动合同法》实施效果。

第一节　基本情况分析

本节主要介绍了管理者卷所调查的内容以及单位基本情况信息。管理者所调查的内容主要包括三部分。单位基本情况信息主要是企业的基本情况。

一、管理者卷的调查内容

管理者卷主要面向单位的管理人员发放。该问卷共包括三个部分。问卷的第一部分为样本所在单位的基本情况。通过这一部分可以了解样本所在单位的所有制类型、所属类型、成立时间、销售渠道、单位规模、办公地点、单位运营情况、工会情况、招聘情况、劳动标准、劳动纠纷、单位与职工相互满意程度等多方面的信息。这些信息可以使我们对本次样本的代表程度有一个初步的了解，也能够了解样本所在单位的基本情况。问卷的第二部分为单位对《劳动合同法》的了解情况。题项的设置包括是否认真看过《劳动合同法》、《劳动合同法》对单位的影响、《劳动合同法》对谁有利、《劳动合同法》的作用、订立书面劳动合同是否必要、单位对违约金的承受情况、《劳动合同法》提高了单位哪些方面的人工成本、影响劳动合同签订的因素、影响《劳动合同法》实施的因素、对《劳动合同法》实施的信心、劳动合同执行过程中是否存在潜规则、单位《劳动合同法》实施的满意程度和对《劳动合同法》具体条文的理解等。通过该部分问卷所获得的信息，可以从多方面来把握样本所在单位对《劳动合同法》的了解情况，并以样本作为管理者的视角来主观判断单位对《劳动合同法》的认识。问卷的第三部分为《劳动合同法》实施情况问卷。本部分主要是想了解单位实施《劳动合同法》的客观情况，主要包括签订合同比例、是否为集体合同、对《劳动合同法》的宣传情况、制定规则制度的程序、是否与全体职工或职工代表讨论、《劳动合同法》对招聘的影响、薪资调整有关信息、缴纳社保情况、试用期情况、工会在签订劳动合同中的作用、劳动合同中包含的条款、合同类型对职工积极性的影响、劳动合同对劳动争议的影响、劳动合同遵守情况、派遣工和劳务工情况、劳动合同的解除和变更等方面的信息，也包括调查对象对《劳动合同法》中职工忠诚度的影响因素的主观判断、对单位规则制度是否合理的主观判断和调查对象愿意签几年的合同等主观题项。问卷的第二部分目的是获得样本所在单位对《劳动合同法》了解情况的信息，而第三部分重点了解《劳动合同法》在样本单位的具体实施情况和实施过程中遇到的问题。

本问卷共 78 个题项，其中问卷第一部分 25 题，第二部分 19 题，第三部分 34 题，部分题项中又包括若干子题项，所以整个问卷所包含的信息量较大，能够较为全面地了解单位的基本情况和单位对《劳动合同法》的了解和实施情况。本次调查共回收有效问卷 748 份，其中大部分问卷作答较为认真，但也有个别题项调查对象漏选，所以本研究中所列的百分比为有效数据百分比。

二、用人单位的基本情况

经统计分析与整理，本次调查的所有调查对象的单位基本情况资料如表 3.1 所示。

表 3.1　单位所属类型统计分析表（$n=748$）

单位所属类型	n	%
制造业	338	45.2
建筑业	59	7.9
住宿、餐饮业	35	4.7

续表

单位所属类型	n	%
批发、零售业	67	9.0
交通、运输、邮政业	39	5.2
家政、物业、维修等居民服务业	14	1.9
金融、信息、研发、咨询等现代服务业	89	11.9
教育、水电、医疗等公共服务业	48	6.4
其他	59	7.9

从表 3.1 中可以看出，本次调查的样本所在单位大多为制造业，占比 45.2%，其次是金融、信息、研发、咨询等现代服务业和批发、零售业，分别占比 11.9% 和 9%。其他各类也都在本次的调查中占一定比例，但都不到 10%。而家政、物业、维修等居民服务业最少，为 1.9%。该数据说明本次调查的对象包括各行各业，样本具有一定的代表性。

从表 3.2 可以看出，本次调查的样本大多数为私营企业，占比 51.1%，其次为国有及国有控股企业，占比 22.7%，外商投资企业占比 11.8%。其他类型如集体企业、港澳台投资企业和个体户也都占一定比例，但都不超过 10%。此外还包括其他类型的所有制单位和 2 个样本不清楚自己单位的所有制类型。这说明大部分调查对象对自己单位的所有制类型比较了解，而且本次调查的样本中也涵盖来自各种类型的所有制单位。

表 3.2 单位所有制情况统计分析表 (n=748)

单位所有制类型	n	%
国有及国有控股企业	170	22.7
集体企业	48	6.4
外商投资企业	88	11.8
港澳台投资企业	24	3.2
私营企业	382	51.1
个体户	20	2.7
不清楚	2	0.3
其他	14	1.9

从单位的成立年代来看，有 49.7% 的调查对象所在单位是 2000 年以后成立

的，2000 年以前成立的单位大多也是在 1980 年后成立的。这说明本次调查对象的单位基本上是中华人民共和国成立后成立的，尤其是在改革开放以后成立的单位所占比重最大。总体来看调查对象所在单位成立的时间分布比较均匀，既有成立不到 5 年的新单位，也有 30 年以上历史的老单位（如表 3.3 所示）。

表 3.3　单位成立时间统计分析表（$n=740$）

成立时间	n	%
1949 年以前	9	1.2
1949—1980	63	8.5
1981—2000	300	40.5
2001—2015	368	49.7

本次调查对象所在单位的营销渠道以内销为主，也有 43.1% 的单位既内销也外销，只做外销的单位只占 11.2%（如表 3.4 所示）。

表 3.4　单位近两年营销渠道统计分析表（$n=642$）

营销渠道	n	%
内销	293	45.6
外销	72	11.2
既内销也外销	277	43.1

从单位规模上来看，既有不到 100 人的小单位，也有超过 500 人的大单位，而且各人数组分布较均匀，说明该调查样本可以很好地反映不同规模单位的实际情况（如表 3.5 所示）。

表 3.5　单位职工数统计分析表（$n=745$）

单位职工数	n	%
100 人及以下	187	25.1
101~300 人	219	29.4
301~500 人	132	17.7
500 人以上	207	27.8

本次调查样本所在单位的办公环境主要为办公室、工厂和写字楼，所占比例分别为 66.8%、41.2% 和 38.1%。但也有工地、实验室和其他办公地点，这也说明了本次调查样本来源的全面性（如表 3.6 所示）。

表 3.6　单位办公环境统计分析表（多选，*n*=748）

办公环境	*n*	%
办公室	500	66.8
写字楼	285	38.1
工厂	308	41.2
建筑工地	62	8.3
实验室	58	7.8
其他	28	3.7

　　本次调查对象所在单位大部分运营情况较好，所占比例为 60.9%，运营情况一般的占 26.7%。说明本次调查对象所在单位都处在正常运营或继续发展的阶段。这也代表了大部分单位的现状（如表 3.7 所示）。

表 3.7　单位运营情况统计分析表（*n*=645）

单位运营情况	*n*	%
很不好	6	0.9
不太好	31	4.8
一般	172	26.7
较好	393	60.9
非常好	43	6.7

　　所调查的样本所在单位大部分都设有工会，工会大多是 2001 年以后成立的，也有 27.8% 的调查对象所在单位没有工会。工会成员所占比例出现两极化，有 48.6% 的单位工会成员所占比例在 70% 以上，但也有 37.2% 的单位工会成员所占比例小于 50%。大部分工会在解决劳资纠纷时具有一定的作用或作用很大，所占比例为 61.6%，但也有 21.3% 的单位工会发挥作用很少或根本起不到解决劳资纠纷的作用（如表 3.8 至表 3.10 所示）。

表 3.8　工会成立时间统计分析表（*n*=715）

工会成立时间	*n*	%
没有工会	199	27.8
1949 年以前	4	0.6
1949—1980	37	5.2

工会成立时间	n	%
1981—2000	160	22.4
2001—2015	315	44.1

表 3.9 工会成员所占比例统计分析表 ($n=728$)

工会成员所占比例	n	%
大于90%	175	24.0
70%~90%	179	24.6
50%~70%	133	18.3
小于50%	241	37.2

表 3.10 工会在解决劳资纠纷时发挥的作用 ($n=737$)

工会在解决劳资纠纷时发挥的作用	n	%
很大作用	161	21.8
有一些作用	294	39.8
作用一般	125	16.9
很少发挥作用	75	10.2
完全不发挥作用	82	11.1

从职工的招聘渠道来看，校园招聘是最主要的渠道，占到66.8%；劳务派遣、熟人介绍和中介介绍等多种渠道也成为职工招聘渠道的常用方式，在单位招聘过程中所占比例都超过了45%。临时雇佣的职工所占比例相对较少，但也有28.2%的单位存在临时雇佣的职工。单位招聘要求的学历主要为本科以上，所占比例为38%，其次为大专，占25%，对研究生及以上学历要求非常少，只占到3.5%。说明大专及本科仍然是现在单位招聘的主要学历门槛。除具有特殊要求的单位外，一般单位不会将学历门槛设为研究生。单位招聘的频率主要是半年至1年一次，也有部分单位1~2年一次，但2年以上一次的单位非常少。这也和每年高校毕业生为一年一届及就业市场定期举办的招聘会有关。从招聘的职业类型来看，单位主要招聘专业技术人员、销售人员、生产工人和基层、中层管理人员，其他类型人员招聘需求较少。其中专业技术人员所占百分比为68.6%，说明单位对专业人才的需求量较大。单位在招聘中，最主要考虑的因素就是个人能力（91.4%）和工作经验（85%），其次才是学历背景和个人品

格，这说明单位在招聘中还是非常务实的，选人直接与经济利益挂钩，首先考虑能力和工作经验，然后才是学历，而个性品质、对单位的忠诚度和要求待遇等方面次之。调查对象对现在就业形式的判断呈现正态分布，总体来看，就业研究和乐观的态度基本持平，持就业严峻态度的调查对象略多（如表3.11至表3.16所示）。

表3.11 单位职工来源统计分析表（多选，$n=748$）

职工来源	n	$\%$
校园招聘	500	66.8
劳务派遣	338	45.2
熟人介绍	340	45.5
中介介绍	337	45.1
临时雇佣	211	28.2
其他	129	17.2

表3.12 单位对职工文化程度的要求统计分析表（$n=747$）

对文化程度的要求	n	$\%$
小学及小学以下	2	0.3
初中	51	6.8
高中	66	8.8
中专/技校/职高	131	17.5
大专	187	25.0
本科	284	38.0
研究生及以上	26	3.5

表3.13 单位招聘的频率统计分析表（$n=747$）

招聘频率	n	$\%$
3个月至半年	152	20.3
半年至1年	315	42.1
1年至2年	218	29.1
2年以上	62	8.3

表 3.14　单位招聘的主要职务统计分析表（多选，$n=748$）

招聘的主要职务	n	$\%$
生产工人	366	48.9
销售人员	381	50.9
专业技术人员	513	68.6
科研人员	166	22.2
基层、中层管理人员	316	42.2
后勤服务人员	195	26.1
其他	9	1.2

表 3.15　单位招聘时考虑的因素统计分析表（多选，$n=748$）

招聘时考虑的因素	n	$\%$
学历背景	557	74.5
个人能力	684	91.4
工作经验	636	85.0
个性品质	503	67.2
对工作单位的忠诚	452	60.4
要求薪资及待遇	377	50.4
其他	197	26.3

表 3.16　调查对象对现在就业形式的判断统计分析表（$n=645$）

对现在就业形式的判断	n	$\%$
非常严峻	59	9.1
较为严峻	178	27.6
还行	194	30.1
较为乐观	165	25.6
非常乐观	49	7.6

　　本次调查还考察了样本所在单位通过社会责任标准的情况。国际通用的社会责任标准为 SA8000。SA8000 是一种以保护劳动环境和条件、劳工权利等为主要内容的新兴管理标准体系。它与 ISO9000 质量管理体系、ISO14000 环境管理体系一样，是一套由第三方机构认证审核的标准，是世界上第一个关于社会责

任的国际标准。它通过确保供应商所供应的产品符合社会责任标准的要求，保护劳动者的基本权益。它规定了企业应承担的社会责任，对职工工作环境、健康与安全、培训、薪酬、工会权利等具体问题规定了最低标准。从表 3.17 中的数据可以看出，50.7%的单位通过了 SA8000 标准，但是也有 27.9%的单位没有通过该认证，15.6%的单位正在申请。

表 3.17 单位通过劳动标准、社会责任标准认证情况统计分析表 （n=745）

通过劳动标准、社会责任标准认证情况	n	%
未通过	208	27.9
通过 SA8000	378	50.7
正在申请	116	15.6
通过其他同类认证	43	5.8

最近一年内与职工没有发生合同纠纷的单位所占比例为 59.4%。这说明虽然合同纠纷的情况所占比例不到一半，但也应该注意到，近一年中出现过合同纠纷的单位占 40.6%，也不算少数，从发生过纠纷的类型来看，单位与职工的纠纷主要是口头冲突，并通过书面方式或工会协调的方式积极寻求解决的途径。只有 24.2%解决无效并到法院打官司。与工会协调相比，单位更多采用的是与职工直接协调的方式来解决纠纷，但直接与职工协调和工会协调仍然是解决劳动纠纷的两种主要的方式。最近三个月没有辞退职工的公司所占比例为 54.4%，说明辞退职工在样本所在单位中也算是一种比较普遍的现象（如表 3.18 至表 3.21 所示）。

表 3.18 单位近一年是否与职工有合同纠纷统计分析表 （n=748）

是否有合同纠纷	n	%
有	304	40.6
没有	444	59.4

表 3.19 单位与职工发生过冲突形式统计分析表 （多选，n748）

单位与职工发生过哪种形式的冲突	n	%
口头冲突	479	64.1
与职工书面交涉	456	61.3
托人找关系协调	303	40.7

续表

单位与职工发生过哪种形式的冲突	n	%
单位内部的群体性抗争	249	33.4
由单位工会协调	380	51.0
职工上访	247	33.2
劳动仲裁	308	41.3
到法院打官司	180	24.2
其他	172	26.8

表 3.20 单位发生纠纷的解决方式统计分析表 (n = 745)

发生纠纷的解决方式	n	%
单位与职工直接协调	464	62.3
通过工会协调解决	223	29.9
诉诸法律	39	5.2
其他	19	2.6

表 3.21 单位最近三个月是否辞退过职工统计分析表 (n = 743)

最近三个月是否辞退过职工	n	%
辞退过	339	45.6
没有辞退过	404	54.4

在单位与职工相互满意程度的数据中可以看出，数据整体比较一致，也就是单位对职工的工作状态和对职工本人及职工对单位的满意程度大部分是较为满意的。但本次调查的对象中，也存在部分单位职工和单位之间互不满意的现象，工作气氛比较紧张（如表 3.22 至表 3.24 所示）。

表 3.22 单位对职工整体工作状况满意程度统计分析表 (n = 643)

对职工整体工作状况满意程度	n	%
很不满意	5	0.8
不太满意	33	5.1
一般	169	26.3
较为满意	392	61.0
非常满意	44	6.8

表 3. 23　单位对职工整体满意程度统计分析表（*n* = 643）

对职工整体满意程度	*n*	%
很不满意	6	0. 9
不太满意	41	6. 4
一般	148	23. 0
较为满意	377	58. 6
非常满意	71	11. 0

表 3. 24　职工对单位满意程度统计分析表（*n* = 644）

职工对单位满意程度	*n*	%
很不满意	6	0. 9
不太满意	58	9. 0
一般	200	31. 1
较为满意	343	53. 3
非常满意	37	5. 7

　　通过以上对单位基本资料的分析可以了解本次调查对象所在单位的基本情况，从总体上多角度地了解现在单位的一些基本信息。该部分资料不仅可以使我们对各单位的基本情况有一个了解，还可以将其作为进一步深入分析的分类变量进行统计上的处理。

第二节　用人单位的《劳动合同法》实施情况

　　本节主要包括用人单位劳动合同签订情况、用人单位劳动争议发生情况、《劳动合同法》实施效果情况。劳动合同签订情况主要调查与劳动合同签订相关的一些问题。用人单位劳动争议发生情况主要调查争议发生的现状与解决方案等。实施效果情况主要从多方面来评估《劳动合同法》实施效果。

一、用人单位的劳动合同签订情况

　　经统计分析与整理，本次调查对象所在单位对《劳动合同法》的实施情况资料如下。

从表 3.25 可以看出，本次研究的调查对象所在单位劳动合同签订率较高，有 39.5% 的单位劳动合同签订率达到了 100%，还有 29.1% 的单位签订率达到了 90%，也就是说大部分的单位劳动合同签订率较高。该数据可以反映现在劳动合同签订的现状，在一定程度上也说明了《劳动合同法》执行效果较好。签订的劳动合同中，48% 是集体合同（如表 3.26 所示）。

表 3.25　书面劳动合同签订率的统计分析表（$n=643$）

书面劳动合同签订率	n	%
100%	254	39.5
90% 左右	187	29.1
80% 左右	91	14.2
70% 左右	58	9.0
60% 左右	27	4.2
50% 及以下	26	4.0

表 3.26　签订集体合同比例的统计分析表（$n=642$）

是否签订了集体合同	n	%
签订	308	48.0
未签订	242	37.7
不知道	92	14.3

对《劳动合同法》的宣传，各单位之间差异较大。33.1% 的单位主动进行宣传，所占比例最高；23.9% 的单位是在职工提出后才进行宣传；20% 的单位是由工会负责宣传；还有 23% 的单位一般不宣传《劳动合同法》。总体来看宣传力度不够（如表 3.27 所示）。

表 3.27　对《劳动合同法》宣传情况的统计分析表（$n=644$）

是否对全体职工进行《劳动合同法》宣传教育	n	%
单位主动进行	213	33.1
职工提出才进行说明解释	154	23.9
单位工会进行这类活动	129	20.0
一般不进行此类活动	148	23.0

从表 3.28 可以看出，55.3% 的单位在制定、修改或者决定直接涉及劳动者

切身利益的规章制度或者重大事项时的程序时由用人单位管理层订立并公布，这一比例占了大多数，说明是一种普遍现象；42.7%的单位是管理层提出草案，经职工代表大会或全体职工讨论后，协商订立。

表 3.28 制定规章程序的统计分析表（n=642）

制定、修改或者决定直接涉及劳动者切身利益的规章制度或者重大事项时的程序	n	%
用人单位管理层订立并公布	356	55.3
管理层提出草案，经职工代表大会或全体职工讨论后，协商订立	275	42.7
其他	11	1.7

从表 3.29 可以看出，在确定劳动定额时，64.1%的单位是经过职代会或全体职工讨论来确定的，但也有 35.9%的单位并没有这样做。

表 3.29 劳动定额的确定是否经过职代会或全体职工讨论的统计分析表（n=644）

劳动定额的确定是否经过职代会或全体职工的讨论	n	%
是	413	64.1
不是	231	35.9

表 3.30 反映的是《劳动合同法》对招聘中各方面的影响。总体来看，《劳动合同法》的实施对招聘影响较大，最高的题项存在影响的比例达到了 87%，最低的也达到了 44%。从具体影响的方面来看，影响最大的是"对应聘者的考察更加严格，要求更高"和"更注重对单位招聘人员的培训"，影响最小的是"减少对 35 岁以上女工的考虑"和"减少对已婚未育女工的考虑"。从该表我们可以获得的信息是，《劳动合同法》在提高劳动者质量和要求方面影响较普遍，而在对女工的年龄和生育的限制上影响不是很普遍。

表 3.30 《劳动合同法》对招聘影响的统计分析表（n=644）

题 项	是的百分比%	否的百分比%
对应聘者的考察更加严格，要求更高	87.0	13.0
更注重对单位招聘人员的培训	81.2	18.8
减少对已婚未育女工的考虑	47.5	52.5
减少对 35 岁以上女工的考虑	44.0	56.0
考虑应聘者的户籍所在地	55.5	44.5

题　　项	是的百分比%	否的百分比%
《劳动合同法》的签订与职工到单位正式任职仍存在一定时间差	67.7	32.3

从表 3.31 可以看出，75.1%的单位对薪资调整是有明文规定的。而 32.1%的单位薪资调整的覆盖率为 5%~15%，说明只能惠及小部分人群。19.8%的单位薪资调整的覆盖率为 15%~35%（如表 3.32 所示）。

表 3.31　薪资调整是否有成文规定的统计分析表（$n=643$）

薪资调整是否有明确的成文规定	n	%
是	483	75.1
否	160	24.9

表 3.32　每年薪资调整覆盖率的统计分析表（$n=644$）

每年薪资调整的覆盖率	n	%
0~5%	89	13.8
5%~15%	207	32.1
15%~35%	128	19.8
35%~55%	59	9.1
55%~75%	74	11.5
75%~95%	40	6.2
95%~100%	47	7.3

从表 3.33 可以看出，38.4%的单位为职工缴纳社会保险的比例为 100%，所占比例最大；17.1%的单位缴纳社保比例为 81%~90%，13.5%的单位缴纳社保比例为 71%~80%；该数据说明单位为职工缴纳社会保险比例总体较高，但也存在缴纳保险比例不高甚至不缴纳社保的单位。

表 3.33　为职工缴纳社保情况的统计分析表（$n=644$）

为职工缴纳社会保险比例	n	%
100%	247	38.4
81%~90%	110	17.1
71%~80%	87	13.5

为职工缴纳社会保险比例	n	%
61%~70%	55	8.5
51%~60%	64	9.9
41%~50%	22	3.4
31%~40%	29	4.5
21%~30%	5	0.8
11%~20%	10	1.6
1%~10%	7	1.1
0	8	1.2

　　72.6%的单位试用期包含在合同期限内，也就是说这些单位在试用期就已经和劳动者签订了合同；但是也有27.4%的单位在试用期没有和劳动者签订合同，在试用期结束后才与劳动者签合同（如表3.34所示）。

表3.34　试用期是否包含在合同期限内情况的统计分析表（n=644）

试用期是否包含在合同期限内	n	%
是	468	72.6
不是	176	27.4

　　从表3.35可以看出，总体来看单位工会具有一定的作用，但在组织文体旅游活动和发福利方面的作用大于帮助职工维护权利。在所有的工会作用中，在帮助职工维权方面具有很强作用的比例最低，只有32.3%；而在帮助职工维权和帮助单位发展生存两个方面工会没有起到作用的相对比例最高，分别为17.2%和17.4%。这在一定程度上能够说明工会存在的问题。从表3.36可以看出，在职工签订劳动合同的过程中，49.8%的单位工会能够为职工提供帮助，但是也存在37.5%的单位工会没有在职工签订劳动合同的时候为职工提供帮助。结合这两个题项的数据可以说明，工会在更好地维护劳动者权利方面做得还很不够。

表 3.35　工会作用情况的统计分析表（$n=639$）

工会作用方面	有很强作用（%）	有一点作用（%）	没有作用（%）	不清楚（%）
组织文体旅游活动	43.7	41.4	10.3	10.3
发福利	42.6	40.4	13.0	4.1
帮助职工维权	32.3	44.7	17.2	5.7
维护单位利益	37.3	42.2	13.9	6.5
帮助单位发展生产	32.5	42.9	17.4	7.2

表 3.36　工会是否帮助职工签订劳动合同情况的统计分析表（$n=644$）

职工在签订劳动合同时，是否得到过工会的帮助	n	%
得到过	320	49.8
没有得到过	241	37.5
不知道	82	12.8

从表 3.37 可以看出，在单位与劳动者签订劳动合同时，大部分的合同中包含工作地点、工作岗位、劳动纪律、违约金、培训和缴纳社保等条款。其中最普遍存在的是劳动纪律条款和缴纳社会保障条款，在调查对象单位中所占比例分别为 77.3% 和 75%，这也说明了这两个方面是单位和劳动者最关心的问题。单位需要通过合同来保证劳动者能够按照劳动纪律来完成工作，其中包括对迟到早退、请假和旷工的具体要求和处理办法，劳动者需要单位按时缴纳社会保险，以保证自己的利益。所以从这点来看，劳动合同确实能够反映用人单位和劳动者双方的要求。

表 3.37　劳动合同中包含条款情况的统计分析表（$n=644$）

题项	有	没有	不知道	其他
工作地点内容的条款	70.3	20.5	7.6	1.6
可以调动劳动者工作岗位的条款	67.1	19.4	12.4	1.1
劳动纪律条款	77.3	12.0	9.5	1.2
单位提供专项培训费用的违约金条款	54.3	31.2	12.2	2.3
其他理由的违约金条款	57.3	26.2	14.2	2.3
缴纳社会保险的条款	75.0	16.0	7.6	1.4

从表 3.38 呈现的数据可以看出，52.9%的"无固定期限劳动合同"的劳动者与其他"有固定期限劳动合同"的职工在积极性上一样，没有区别。这说明是否有固定期限的劳动合同这个因素在一定程度上不影响劳动者的积极性。除没有区别的比例外，28.7%的单位中"无固定期限劳动合同"的劳动者表现得更努力，表现更好；7.6%的单位中"无固定期限劳动合同"劳动者没有压力和动力，工作拖沓，效率下降，说明"无固定期限劳动合同"对劳动者的影响，积极作用更大一些。

表 3.38　"无固定期限劳动合同"对职工积极性的影响的统计分析表（*n*=645）

签订"无固定期限劳动合同"的职工的状态如何	*n*	*%*
工作更努力，表现更好	185	28.7
与签订"有固定期限劳动合同"职工一样，没有区别	341	52.9
没有压力和动力，工作拖沓，效率下降	49	7.6
本单位没有"无固定期限"职工	70	10.9

二、用人单位的劳动争议发生情况

作为用人单位，不论是否签订劳动合同，均有可能发生劳动争议。以下是具体分析。

从表 3.39 中的数据可以看出，66.8%的单位没有因为《劳动合同法》有关条款而发生劳动争议，存在因《劳动合同法》实施而产生劳动争议情况的单位占 33.2%。在因实施《劳动合同法》而发生劳动争议的单位中，其产生的原因也包括许多方面（如表 3.40 所示）。其中占比例最大的原因为工资报酬，占到 33.2%，其次为劳动合同解除，占到 20.1%。由其他原因引起的劳动争议也存在，如劳动安全健康、劳动合同终止、社会保险等，但相对较少。其中最少的为劳动合同签订，只占 1.5%，说明因签订劳动合同而产生的劳动争议非常少。

表 3.39　发生劳动争议情况的统计分析表（*n*=643）

是否因《劳动合同法》有关条款而发生过劳动争议	*n*	*%*
没有	430	66.8
有	213	33.2

表 3.40　因实施《劳动合同法》而发生劳动争议原因的统计分析表（n=287）

因实施《劳动合同法》而发生劳动争议的原因	n	%
工资报酬	96	33.2
社会保险	32	11.2
劳动安全健康	46	15.9
劳动合同终止	30	10.4
劳动合同解除	58	20.1
劳动合同签订	4	1.5
其他	21	7.2

从表 3.41 可以看出，在签订劳动合同后，55.7%的单位中没有出现违约现象。在违约情况的比例中，单位违约比劳动者违约所占比例更大。

表 3.41　劳动合同遵守情况的统计分析表（n=643）

签订劳动合同之后，劳动合同是否得到了遵守	n	%
单位有违约	172	26.7
劳动者有违约	100	15.5
都没有违约	359	55.7
其他	13	2.0

从表 3.42 呈现的数据中可以看出，77.2%的单位有变更或解除、终止劳动合同的经历，说明变更或解除、终止劳动合同在单位中是比较普遍的现象。在变更劳动合同时，81.6%的劳动者能够与用人单位协商；76%的变更的劳动合同有书面记载，并且劳动者与用人单位各自持有一份变更后的劳动合同文本，这说明大部分的单位在变更劳动合同过程中做得比较规范。76.2%的单位在解除劳动合同时能够与职工协商，但是在单位单方解除劳动合同，事先将理由通知职代会或者工会的单位比例有所下降，为58.2%，这也能够从侧面反映单位对职代会或者工会不太重视，许多职代会或者工会没有起到其真正的作用。在辞退职工时，76.5%的单位能够提前三十日向工会或者上级领导说明。与单位相比，劳动者的行为更没有约束，52.5%的劳动者试图单方解除劳动合同过程中未提前三十日通知单位负责人或工会，或者未经协商一致，就自行离职。劳动者试图单方解除劳动合同过程中提出辞职申请，未审批通过即自行离职的比例为48.6%。36.7%的劳动者在试图单方解除劳动合同过程中在离职前未履行工

作交接的义务或擅自带走单位资料及机密，说明劳动者在离职过程中做出有害单位的行为仍然存在，但是总体所占比例不到一半。整体分析该数据，虽然在劳动者离职的过程中仍然存在许多问题，但总体上单位和劳动者双方都做得比较规范，大部分能够做到和平解除合同。

表 3.42 解除、终止劳动合同情况的统计分析表 （n=645）

题项	是 （%）	否 （%）	不清楚 （%）
是否有变更或解除、终止劳动合同的经历	77.2	22.8	0
变更劳动合同时，劳动者是否与用人单位协商	81.6	10.0	8.4
变更的劳动合同是否经书面记载	76.0	16.0	18.0
变更劳动合同后，劳动者与用人单位是否各自持有一份变更后的劳动合同文本	76.0	16.0	18.0
单位解除劳动合同时是否与职工协商	76.2	16.5	7.2
单位单方解除劳动合同，是否事先将理由通知职代会或者工会	58.2	29.3	12.4
职工辞职时，是否提前三十日向工会或者上级领导说明	76.5	15.1	8.4
劳动者试图单方解除劳动合同过程中是否未提前三十日通知单位负责人或工会，或者未经协商一致，就自行离职	52.5	37.7	9.7
劳动者试图单方解除劳动合同过程中是否提出辞职申请，但未审批通过即自行离职	48.6	43.6	7.8
劳动者试图单方解除劳动合同过程中是否在离职前未履行工作交接的义务或擅自带走单位资料及机密	36.7	49.8	13.5

从表 3.43 可以看出，当单位权益因劳动者单方面解除劳动合同受到侵害时，作为管理者主要求助的部门有三个，按比例大小排序分别为部门负责人（占 31.8%）、该劳动者（占 27.4%）、工会（占 23.3%）。而求助于其他部门的情况比较少见，除非极个别的特殊事件。这也说明大部分的管理者采用的是直接沟通的方式来解决这一问题。

表 3.43 违约求助部门情况的统计分析表 （*n* = 645）

单位权益因劳动者单方面解除劳动合同受到侵害，您首先找谁	n	%
该劳动者	177	27.4
部门负责人	205	31.8
工会	150	23.3
律师	54	8.4
政府	27	4.2
媒体	6	0.9
谁也不找，单位承受损失	21	3.3
朋友等私人关系	4	0.6
其他	1	0.2

从表 3.44 可以看出，57.5% 的单位曾经自主变更工资发放方式或者调整工资。这说明变更工资发放方式或者调整工资是在单位中存在的一种比较普遍的现象。

表 3.44 单位变更工资情况的统计分析表 （*n* = 644）

单位是否曾自主变更工资发放方式或者调整工资	n	%
曾经有过	370	57.5
从未有过	203	31.5
不清楚	71	11.0

从表 3.45 可以看出，将年终奖或其他形式的激励措施写入劳动合同的单位与没写入劳动合同的单位基本持平，所占比例分别为 56.5% 和 43.5%，写入劳动合同的单位略多。

表 3.45 将年终奖等激励措施写进合同情况的统计分析表 （*n* = 642）

单位进行年终奖或其他形式的激励措施有没有写入劳动合同	n	%
有	363	56.5
没有	279	43.5

从表 3.46 呈现的数据可以知道，大部分的单位都存在劳务派遣工，由本单位派遣到其他单位的劳务派遣工和由其他单位派遣到本单位的劳务派遣工存在的比例基本相同，分别为 37.6% 和 39.5%。

表 3.46　是否有劳务派遣工情况的统计分析表（n = 638）

单位是否有劳务派遣工	n	%
有，本单位派遣到其他单位的	240	37.6
有，其他单位派遣到本单位的	252	39.5
不清楚	146	22.9

从表 3.47 可以看出，76.5% 的单位会给劳务工加班费、绩效奖金；73.9% 的单位提供给劳务工与工作岗位相关的福利待遇；59.8% 的单位劳务工与用工单位的劳动者同工同酬，该比例虽然超过一半，但是与其他待遇相比较低，说明还是有许多单位没有实现对劳务工与用工单位的劳动者同工同酬；62.7% 的单位连续用工的，实行正常的工资调整机制；45.1% 的单位劳务工参加了本单位工会，46.9% 的单位劳务工参加了劳务公司工会，这两项数据说明劳务工参加工会比例整体较低，不足 50%，这一情况可能说明劳务工没有得到工会劳动者权益的支持，或者是工会本身没有起到应起的作用，劳务工认为没有必要参加。

表 3.47　单位对待劳务工情况的统计分析表（n = 643）

题项	是（%）	否（%）	不清楚（%）
给劳务工加班费、绩效奖金	76.5	15.2	8.3
提供给劳务工与工作岗位相关的福利待遇	73.9	15.9	10.2
劳务工与用工单位的劳动者同工同酬	59.8	26.9	13.3
连续用工的，实行正常的工资调整机制	62.7	24.6	12.7
劳务工参加了本单位工会	45.1	38.3	16.6
劳务工参加了劳务公司工会	46.9	28.7	24.3

三、用人单位对《劳动合同法》实施效果的判断

经统计分析与整理，本次调查对象所在单位对《劳动合同法》的了解情况资料如下。

从该题项的调查结果（如表 3.48 所示）可以看出，有 40.1% 的调查对象认真看过《劳动合同法》，有 43.2% 的调查对象看过一点，说明绝大部分的调查对象对《劳动合同法》有一定的了解。因为调查对象是单位的管理人员，所以对《劳动合同法》比较熟悉，这也符合我们调查之前的预期。这在一定程度上也说明了《劳

动合同法》还是非常普及的，大部分的单位对该法具有一定的了解。

表3.48 认真看过《劳动合同法》条文情况的统计分析表（n=748）

您是否较为认真看过《劳动合同法》的条文	n	%
认真看过	300	40.1
看过一点	323	43.2
听说过，没有看过	118	15.8
没听说过，也没看过	7	0.9

从表3.49可以看出，大部分的调查对象认为《劳动合同法》对单位和个人是有影响的，占到67.4%，说明该法的存在具有一定的效力。

表3.49 《劳动合同法》对单位和个人的影响的统计分析表（n=645）

对单位和个人的影响	n	%
有影响	435	67.4
无影响	173	26.8
不清楚	37	5.7

从表3.50中可以看出，63.4%的调查对象认为《劳动合同法》对单位职工的管理是有利的，能够促进单位职工管理更规范，但也有26.5%的调查对象持相反意见，认为《劳动合同法》使单位人工管理成本增加了。因为本题项是多项选择题，所以也有部分调查对象认为《劳动合同法》既有有利的一面，也有不利的一面。认为该法没有影响的调查对象占22.7%，这与上一题的结果吻合。只有1.3%的调查对象认为该法不论长期还是短期对单位职工的管理都是不利的。

表3.50 《劳动合同法》对单位职工管理的影响的统计分析表（多选，n=748）

对单位职工管理的影响	n	%
有有利的影响，促进单位职工管理更规范	474	63.4
有不利的影响，使单位人工管理成本增加	198	26.5
不论有利还是不利，基本没有影响	170	22.7
短期内没有不利影响，但长期有不利影响	98	13.1
短期内有不利影响，但长期是有利的	120	16.0
长期和短期都是不利的	10	1.3

从表3.51中可以看出，68.6%的调查对象认为《劳动合同法》有利于构建长期稳定和谐的劳动关系；62.6%的调查对象认为《劳动合同法》有利于保护劳动者的合法权益，增强单位的凝聚力；53.5%的调查对象认为《劳动合同法》有利于营造单位之间公平合理的竞争环境。这三个方面的有利影响都超过了50%。

表3.51 《劳动合同法》对单位的有利影响的统计分析表（多选，$n=748$）

《劳动合同法》对单位有哪些有利影响	n	%
有利于保护劳动者的合法权益，增强单位的凝聚力	468	62.6
有利于构建长期稳定和谐的劳动关系	513	68.6
有利于营造单位之间公平合理的竞争环境	400	53.5
有利于单位更新技术装备，促进单位升级	197	26.3
有利于规范单位用工，提高劳动管理水平	314	42.0
其他	15	2.0

从表3.52可以看出，74.8%的调查对象认为《劳动合同法》加重了单位的法律责任，73.4%的调查对象认为增加了单位的用工成本，64.8%的调查对象认为增加了人力资源管理难度。结合《劳动合同法》对单位的不利影响和有利影响这两个表格的数据可以发现，调查对象认为不利影响的百分比普遍高于有利影响。这也说明更多的调查对象认为《劳动合同法》对单位的不利影响更大。

表3.52 《劳动合同法》对单位的不利影响的统计分析表（多选，$n=748$）

《劳动合同法》对单位有哪些不利影响	n	%
增加单位的用工成本	549	73.4
加重法律责任	460	74.8
增加人力资源管理难度	485	64.8
影响单位的用工灵活性	384	51.3
其他	23	3.0

从表3.53可以看出，46.7%的调查对象认为《劳动合同法》对劳资双方都有利，19.3%的调查对象认为对劳资政三方都有利。对比对职工、单位和政府三方单一有利的选项可以发现，20.2%的调查对象认为《劳动合同法》对职工有利，所占比重最高。其次才是认为对用人单位有利的9.8%和对政府有利的2.9%。

表 3.53 《劳动合同法》对谁有利的统计分析表（n=746）

您认为，总体上，《劳动合同法》对谁更有利？	n	%
职工	151	20.2
用人单位	73	9.8
劳资双方都有利	349	46.7
政府	22	2.9
对劳资政三方都有利	144	19.3
对劳资政三方都没有利	7	0.9

从表 3.54 可以看出，54.1%的调查对象认为《劳动合同法》能够保护劳动者和单位双方的利益。除此之外，如果必须从保护单位利益和维护劳动者利益中二选一的话，大部分的被试认为《劳动合同法》是用来维护劳动者利益的，只有 2.8%的调查对象认为《劳动合同法》保护单位的利益。

表 3.54 《劳动合同法》实施的主要作用的统计分析表（n=643）

《劳动合同法》实施的主要作用	n	%
维护劳动者合法权益	227	35.2
保护单位的利益	18	2.8
同时保护劳动者和企业利益	349	54.1
维护政府利益	12	1.9
维护社会稳定	30	4.7
看不出有什么作用	7	1.1

从表 3.55 中可以看出，86%的调查对象认为订立书面劳动合同是非常有必要的，也有 10.7%的调查对象认为是否订立书面的劳动合同无所谓。

表 3.55 订立书面劳动合同是否有必要的统计分析表（n=645）

订立书面劳动合同是否有必要	n	%
有必要	555	86.0
无所谓	69	10.7
没有必要	15	2.3
说不清	6	0.9

从表 3.56 中可以看出，48.9%的调查对象所在单位可以承受违约金带来的

经济负担，但也有34%的调查对象认为违约金给单位的经济带来一定的负担。这说明违约金对单位在经济上还是存在一定影响的。

表3.56　单位对违约金的负担情况的统计分析表（$n=642$）

《劳动合同法》规定的违约金对您单位来说	n	$\%$
负担过重	26	4.0
有一定负担	219	34.0
可以承受	315	48.9
对单位影响极小	82	12.7

从表3.57可以看出，63.6%的调查对象认为《劳动合同法》的签订对单位单方面违约有一定的制约。这可以说明《劳动合同法》的效力以及其对单位的影响。

表3.57　《劳动合同法》对单位单方面违约制约程度统计分析表（$n=643$）

《劳动合同法》的签订对单位单方面违约的制约程度	n	$\%$
很大	112	17.4
有一定制约	410	63.6
一般	99	15.3
几乎没有影响	22	3.4

从表3.58可以看出，81.4%的调查对象认为《劳动合同法》的实施提高了人均人工成本。其中25.9%的调查对象认为人工成本提高了3%~5%，20%的调查对象认为人工成本提高了6%~8%。该结果说明大部分管理者认为《劳动合同法》提高了单位的人工成本，提高的程度大约在8%以内。

表3.58　《劳动合同法》实施对提高人工成本的统计分析表（$n=644$）

《劳动合同法》的实施是否提高了人均人工成本	n	$\%$
没有提高	64	9.9
提高了3%以下	71	11.0
提高了3%~5%	167	25.9
提高了6%~8%	129	20.0
提高了9%~14%	94	14.6
提高了14%~19%	38	5.9

《劳动合同法》的实施是否提高了人均人工成本	n	%
提高了 20%~25%	10	1.6
提高了 26%~30%	9	1.4
提高了 30%以上	6	.9
说不清	56	8.7

从表 3.59 可以看出，管理者认为提高的成本主要是单位为职工缴纳的社会保险，其次为加班费、福利和工资。这些都是《劳动合同法》中所规定的对劳动者的经济保障。其中只有 13.2%的调查对象认为在培训方面提高了人工成本，是所有选项中占比最少的，这说明单位很少在培训方面给工人投资。这也说明了存在一定的潜规则。

表 3.59　提高成本方面的统计分析表（多选，n=748）

如果提高了人工成本，主要体现在哪些方面	n	%
工资	299	40.0
加班费	313	41.8
社会保险	342	45.7
福利	308	41.2
人工管理成本	264	35.3
培训	99	13.2
奖金	114	15.2
支付的经济补偿金	202	27.0
其他	12	1.6

从表 3.60 可以看出，影响《劳动合同法》签订的因素，66.3%的调查对象认为是行业内规范欠缺，在所有选项中所占比重最大；65.9%的调查对象认为是劳资双方达成特定协议；61.4%的调查对象认为是单位成本负担。这三个因素都超过了 60%，是影响《劳动合同法》签订的三大因素。

表 3.60 影响《劳动合同法》签订因素的统计分析表（多选，$n=748$）

哪些方面会影响《劳动合同法》的签订	n	$\%$
单位的成本负担	459	61.4
行业内规范欠缺	496	66.3
劳资双方达成特定协议	493	65.9
职工因个人原因不想签订劳动合同	320	42.8
可不签订劳动合同（如返聘等）	140	18.7

从表 3.61 中可以看出，48.6%的调查对象认为影响《劳动合同法》有效实施的首要因素是单位，32.6%的调查对象认为首要影响因素是政府，只有 8.7%的调查对象认为影响《劳动合同法》有效实施的首要因素是职工自己。这说明了职工在《劳动合同法》实施过程中所起的作用非常有限。

表 3.61 影响《劳动合同法》能否有效实施的首要因素的统计分析表（$n=644$）

影响《劳动合同法》能否有效实施的首要因素	n	$\%$
政府	210	32.6
单位	313	48.6
工会	65	10.1
职工自己	56	8.7

从表 3.62 中可以看出，35.1%的调查对象认为影响《劳动合同法》有效实施的次要因素是单位，单位仍然排在影响因素的第一位。但是认为职工自己作为影响《劳动合同法》有效实施的次要因素的所占比例有了大幅度提升，已经占到 26.8%，排在第二位。这只能说明有些调查对象认为职工也会影响《劳动合同法》有效实施，但其不可能作为影响的首要因素。结合影响《劳动合同法》有效实施的首要因素和次要因素的结果可以看出，大部分的调查对象认为影响《劳动合同法》有效实施的因素首先是单位和政府，其次才是职工和工会。

表 3.62 影响《劳动合同法》能否有效实施的次要因素的统计分析表（$n=640$）

影响《劳动合同法》能否有效实施的次要因素	n	$\%$
政府	137	21.4
单位	225	35.1
工会	106	16.5
职工自己	172	26.8

从表 3.63 中可以看出，54.4%的调查对象对《劳动合同法》的实施比较有信心，20.3%的调查对象信心一般，还有 18.2%的调查对象很有信心。这说明管理者对《劳动合同法》实施的态度总体比较乐观。

表 3.63 对《劳动合同法》实施的信心的统计分析表（$n=643$）

对《劳动合同法》实施的信心	n	$\%$
很有信心	117	18.2
比较有信心	351	54.4
一般	131	20.3
不太有信心	39	6.0
完全没有信心	5	0.9

本研究的核心内容就是单位在合同执行过程中的"潜规则"问题。从表 3.64 中可以看出，只有 5.4%的调查对象认为在合同执行过程中不存在"潜规则"现象。这也在一定程度上说明了潜规则的普遍性，只是存在的多少问题。在潜规则存在多少方面，基本符合正态分布，认为存在中等程度潜规则的人数最多，占到 57.4%，认为潜规则存在很多的占 13%，认为存在很少的占 24.2%。

表 3.64 单位在合同执行过程中是否存在"潜规则"的统计分析表（$n=645$）

单位在合同执行过程中是否存在一定的"潜规则"	n	$\%$
存在很多	84	13.0
存在一些	370	57.4
很少	156	24.2
完全没有	35	5.4

从表 3.65 可以看出，61.1%的调查对象认为潜规则的存在是对单位一方有利的，还有 22.4%的调查对象认为对双方都有利，只有 16.5%的调查对象认为潜规则的存在对职工有利。表 3.64 和表 3.65 可以说明，单位在签订合同中的"潜规则"现象比较普遍，而潜规则主要是对单位有利。

表 3.65 单位"潜规则"有利方的统计分析表（$n=638$）

单位"潜规则"的存在总体来说对哪一方更有利	n	$\%$
对单位	390	61.1
对职工	105	16.5
对双方都有利	143	22.4

从表 3.66 至表 3.69 这几个对《劳动合同法》实施满意度的表中可以看出，调查对象对《劳动合同法》各方面实施情况都比较满意。其中对单位遵守《劳动合同法》情况的满意度最高，非常满意占 20.7%，比较满意占 44.4%，合计占 65.1%；对劳动部门对《劳动合同法》的执法情况满意度最低，非常满意占 16.9%，比较满意占 33.5%，合计占 50.4%；对工会实施情况和《劳动合同法》实施情况的合计满意度分别为 57.7% 和 61.8%。所有的满意度都达到 50% 以上。

表 3.66 对《劳动合同法》实施情况满意度的统计分析表（$n = 642$）

《劳动合同法》实施状况	n	$\%$
不满意	18	2.8
不太满意	45	7.0
一般	181	28.1
比较满意	350	54.3
非常满意	48	7.5

表 3.67 对劳动部门执法情况满意度的统计分析表（$n = 642$）

劳动部门对《劳动合同法》的执法状况	n	$\%$
不满意	28	4.3
不太满意	84	13.0
一般	205	31.8
比较满意	216	33.5
非常满意	109	16.9

表 3.68 对单位遵守《劳动合同法》情况满意度的统计分析表（$n = 644$）

单位遵守《劳动合同法》状况	n	$\%$
不满意	20	3.1
不太满意	45	7.0
一般	160	24.8
比较满意	286	44.4
非常满意	133	20.7

表 3.69 对工会在实施《劳动合同法》情况满意度的统计分析表（n=641）

工会在实施《劳动合同法》中的状况	n	%
不满意	41	6.4
不太满意	48	7.5
一般	181	28.1
比较满意	266	41.4
非常满意	105	16.3

从表 3.70 可以看出，《劳动合同法》对大部分的单位职工忠诚度的提高还是有作用的。60.3%的单位因为单位实施《劳动合同法》而使劳动者对单位的忠诚度提高了。这也说明了《劳动合同法》对单位有利的一面。

表 3.70 劳动者忠诚度情况的统计分析表（n=642）

因为单位实施《劳动合同法》而使劳动者对单位的忠诚度	n	%
提高了	387	60.3
降低了	85	13.2
没有变化	170	26.5

从表 3.71 可以看出，从劳动管理者的角度，单位愿意与劳动者签订中长期的合同，41.1%的单位愿意与劳动者签订合同的年限为 2~3 年，也有 26.6%的单位比较稳定，更愿意与劳动者签订 4~6 年的合同。愿意与劳动者签 1 年以下或 7 年以上的单位都相对较少，也很少有单位以任务为期限来签订劳动合同。

表 3.71 单位愿意与劳动者签合同年限的统计分析表（n=644）

单位愿意与劳动者签订几年的劳动合同	n	%
1 年及 1 年以下	43	6.7
2~3 年	265	41.1
4~6 年	171	26.6
7~9 年	32	5.0
10 年及 10 年以上	73	11.3
无固定期	53	8.2
以完成一定的工作任务为期限	7	1.1

从表 3.72 可以看出，57.4%的管理者认为单位的劳动规章制度全部或大部

分是合理的，39.8%的管理者认为单位的劳动规章制度部分是合理的，只有2.8%的管理者认为单位的劳动规章制度基本不合理。这说明从劳动者的角度来看，单位的规章制度总体来说非常合理。

表3.72　判断劳动规章制度是否合理情况的统计分析表（$n=643$）

您认为您单位的劳动规章制度是否合理	n	$\%$
全部或大部分合理	369	57.4
部分合理	256	39.8
基本不合理	18	2.8

从表3.73至表3.75可以看出，不同行业的单位对职工的工作状态满意度、整体满意度和职工对单位的满意度存在显著差异。进一步进行两两分析发现，满意度最高的是制造业。满意度最低的是批发、零售业和家政、物业、维修等居民服务业。满意度最高的制造业在三种满意度中都是最高的，对职工的工作状态满意度最低的是家政、物业、维修等居民服务业；而单位对职工整体满意度和职工对单位的满意度最低的却是批发、零售业。这说明工作的性质在一定程度上会影响单位和职工之间的相互满意程度。

表3.73　不同行业单位对职工工作状况满意度的方差分析表（$n=644$）

变异来源	SS	df	MS	F	P
组间	14.721	8	1.840	3.772	0.000
组内	309.282	634	0.488		

表3.74　不同行业单位对职工整体满意度的方差分析表（$n=644$）

变异来源	SS	df	MS	F	P
组间	15.558	8	1.945	3.308	0.001
组内	372.719	634	0.588		

表3.75　不同行业单位职工对单位满意度的方差分析表（$n=644$）

变异来源	SS	df	MS	F	P
组间	16.725	8	2.091	3.595	0.000
组内	369.304	635	0.582		

从表3.76可以看出，不同行业的单位存在"潜规则"现象的程度存在显著差异。存在潜规则最多的行业是住宿、餐饮业，存在潜规则最少的行业是金融、

信息、研发、咨询等现代服务业。该结果说明在职工流动较大的行业潜规则存在得也更加普遍，而在相对稳定正规的行业，"潜规则"现象存在较少。

表 3.76　不同行业单位存在"潜规则"现象的方差分析表（$n = 644$）

变异来源	SS	df	MS	F	P
组间	11.197	8	1.400	2.637	0.008
组内	337.541	636	0.531		

从表 3.77 可以看出，不同行业对《劳动合同法》执行情况的满意度存在显著差异。其中金融、信息、研发、咨询等现代服务业对《劳动合同法》的执行情况最满意，住宿、餐饮业对《劳动合同法》的执行情况最不满意。该题项与上一题项结合可以说明，存在"潜规则"现象越多的行业同时也是对劳动合同越不满意的行业。这两个题项相互验证，进一步说明了该测验的准确性，也说明了"潜规则"现象与对《劳动合同法》执行程度之间的关系。

此外，管理者对《劳动合同法》内容了解程度测试的正确率不存在显著差异。

表 3.77　不同行业对《劳动合同法》执行情况满意度的方差分析表（$n = 644$）

变异来源	SS	df	MS	F	P
组间	13.796	8	1.724	2.471	0.012
组内	442.395	634	0.698		

从表 3.78 可以看出，不同所有制类型单位对职工工作状况满意度存在显著差异。其中满意度最高的是港澳台投资单位，满意度最低的是个体户。这可能是因为港澳台投资单位多为大公司，大公司人员较多，职工整体素质较高；而个体户人员较少，管理者能够经常注意到职工的表现，并且职工流动性大，整体素质较低。

表 3.78　不同所有制类型单位对职工工作状况满意度的方差分析表（$n = 644$）

变异来源	SS	df	MS	F	P
组间	6.817	5	1.363	2.781	0.017
组内	308.354	629	0.490		

从表 3.79 可以看出，不同所有制类型单位的"潜规则"现象存在显著差异。通过两两分析可知，其中国有及国有控股单位存在的"潜规则"现象最少，

个体户存在的"潜规则"现象最多。这说明较正规的单位存在潜规则少,而个体户在执行《劳动合同法》时大多采取对单位有利的方式,存在大量"潜规则"现象。

表 3.79　不同所有制类型单位存在"潜规则"现象的方差分析表

变异来源	SS	df	MS	F	P
组间	8.867	5	1.773	3.364	0.005
组内	332.669	631	0.527		

从表 3.80 可以看出,不同所有制类型单位对《劳动合同法》执行情况满意度存在显著差异。通过两两对比可知,其中集体单位对《劳动合同法》执行情况满意度最高,个体户对《劳动合同法》执行情况满意度最低。这也说明越正规的单位在对《劳动合同法》执行时越严格,而个体户在执行《劳动合同法》过程中存在大量的"潜规则"现象。

其他方面,如不同所有制类型单位对职工整体满意程度、职工对单位满意程度和管理者对《劳动合同法》内容了解程度测试的正确率都不存在显著差异。

表 3.80　不同所有制类型单位对《劳动合同法》执行情况满意度的方差分析表（n=644）

变异来源	SS	df	MS	F	P
组间	19.758	5	3.952	5.871	0.000
组内	424.044	630	0.673		

从表 3.81 至表 3.83 可以看出,不同销售渠道的单位对职工的工作状态满意度、整体满意度和职工对单位的满意度存在显著差异。进一步进行两两分析发现,既内销也外销的单位的三种满意度都是最高的,外销单位三种满意度都是最低的。这说明不同销售渠道的单位与职工之间的满意度存在差异。

其他方面,如不同销售渠道单位存在的"潜规则"现象、对《劳动合同法》实施的满意度和对《劳动合同法》内容了解程度测试的正确率都不存在显著差异。

表 3.81　不同销售渠道单位对职工工作状况满意度的方差分析表（n=644）

变异来源	SS	df	MS	F	P
组间	5.931	2	2.965	5.982	0.003
组内	315.763	637	0.496		

表 3.82　不同销售渠道单位对职工整体满意度的方差分析表（$n = 644$）

变异来源	SS	df	MS	F	P
组间	4.087	2	2.043	3.456	0.032
组内	376.607	637	0.591		

表 3.83　不同销售渠道单位职工对单位满意度的方差分析表（$n = 644$）

变异来源	SS	df	MS	F	P
组间	5.476	2	2.738	4.60	0.10
组内	379.760	638	0.595		

从表 3.84 中可以看出，有工会的单位与没有工会的单位在单位与职工相互满意度方面存在显著差异。有工会的单位三个方面的满意度都显著高于没有工会的单位。在对《劳动合同法》实施的满意度上，也是有工会的单位实施的满意度更高。而在对《劳动合同法》测验正确率上，仍是有工会的单位测验的正确率更高。也许是因为工会在调节单位和职工之间关系、对实施《劳动合同法》和对《劳动合同法》的宣传和学习上能起到一定的作用；也可能是有工会的单位大多为比较正规的单位，而这些正规单位在单位与职工相互之间的满意度、对实施《劳动合同法》和对《劳动合同法》的宣传和学习上也更加重视。

此外，是否有工会在单位存在"潜规则"现象上无显著差异。

表 3.84　是否有工会单位在各题项上差异的 t 检验统计表（$n = 644$）

题项	无工会	有工会	t	P
单位对职工工作状态满意度	3.44±0.80	3.76±0.66	4.46	0.000
单位对职工整体满意度	3.4±0.81	3.81±0.75	4.80	0.000
职工对单位满意度	3.2±0.76	3.64±0.76	5.45	0.000
对《劳动合同法》实施的满意度	3.4±0.92	3.62±0.81	2.39	0.018
《劳动合同法》测验正确率	0.5±0.23	0.62±0.22	2.69	0.007

从表 3.85 至表 3.87 可以看出，通过不同社会责任标准的单位对职工的工作状态满意度、整体满意度和职工对单位的满意度存在显著差异。进一步进行两两分析发现，通过 SA8000 标准的单位的三种满意度都是最高的，没有通过任何社会责任标准的单位三种满意度都是最低的。这说明是否通过社会责任标准对单位与职工之间的满意度存在一定的影响。

表 3.85　通过不同社会责任标准的单位对职工工作状况满意度的方差分析表

（n=644）

变异来源	SS	df	MS	F	P
组间	18.515	3	6.172	12.892	0.000
组内	304.460	636	0.479		

表 3.86　通过不同社会责任标准的单位对职工整体满意度的方差分析表

（n=644）

变异来源	SS	df	MS	F	P
组间	22.158	3	7.386	12.838	0.000
组内	365.891	636	0.575		

表 3.87　通过不同社会责任标准的单位职工对单位满意度的方差分析表

（n=644）

变异来源	SS	df	MS	F	P
组间	23.769	3	7.923	13.965	0.000
组内	361.386	637	0.567		

从表 3.88 可以看出，通过不同社会责任标准的单位对《劳动合同法》内容了解程度测试正确率存在显著差异。进一步进行两两分析可知，通过 SA8000 标准的单位对《劳动合同法》内容了解程度测试正确率是最高的，没有通过任何社会责任标准的单位对《劳动合同法》内容了解程度测试正确率是最低的。这可以说明通过 SA8000 的单位对学习与宣传《劳动合同法》更加重视，所以测验分数较高。

其他方面，如通过不同社会责任标准的单位存在的"潜规则"现象和对《劳动合同法》实施的满意度都不存在显著差异。

表 3.88　通过不同社会责任标准的单位对《劳动合同法》内容

了解程度测试正确率的方差分析表　（n=644）

变异来源	SS	df	MS	F	P
组间	11.202	3	3.734	5.359	0.001
组内	443.203	636	0.697		

从表 3.89 可以看出，近一年存在过劳动合同纠纷的单位和没有存在过劳动

合同纠纷的单位在单位对职工工作状态满意度、单位对职工整体满意度、职工对单位满意度和存在"潜规则"现象方面都存在显著差异。总体来看，近一年不存在劳动合同纠纷的单位各种满意度更高，而且存在的"潜规则"现象也更少。这说明单位与职工之间的满意度与是否存在劳动纠纷之间是有一定关联的，满意度高的单位，单位与职工之间关系更好，相互之间的满意度也更高。没有劳动纠纷的单位，往往也是在规章制度方面做得更好，更具凝聚力，不需要在解决问题的时候使用"潜规则"，所以"潜规则"的现象也更少。

此外，在其他方面，如对《劳动合同法》实施的满意度和对《劳动合同法》内容了解程度测试的正确率都不存在显著差异。

表 3.89　近一年是否存在劳动合同纠纷在各题项上差异的 t 检验统计表

（$n=644$）

题项	存在过	不存在	t	p
单位对职工工作状态满意度	3.56±0.74	3.77±0.67	3.68	0.000
单位对职工整体满意度	3.65±0.87	3.78±0.70	2.01	0.045
职工对单位满意度	3.42±0.81	3.62±0.74	3.23	0.001
存在"潜规则"现象	2.15±0.71	2.27±0.75	2.07	0.039

从表 3.90 可以看出，最近一年辞退过职工的单位和没有辞退过职工的单位在单位对职工工作状态满意度和职工对单位满意度上都存在显著差异。没有辞退过职工的单位这两项满意度更高，说明没有辞退过职工的单位职工与单位之间关系更好，相互信任，也说明辞退职工这件事会对职工的满意度产生影响。

此外，在其他方面，如单位对职工整体满意度、是否存在"潜规则"现象、对《劳动合同法》实施的满意度和对《劳动合同法》内容了解程度测试的正确率都不存在显著差异。

表 3.90　近一年是否辞退过职工在各题项上差异的 t 检验统计表 （$n=644$）

题项	辞退过	没有辞退	t	p
单位对职工工作状态满意度	3.56±0.76	3.78±0.64	3.89	0.000
职工对单位满意度	3.40±0.81	3.66±0.73	4.19	0.000

从表 3.91 可以看出，《劳动合同法》宣传方式不同的单位存在的"潜规则"现象存在显著差异。通过两两对比可以看出，"潜规则"现象最少的单位主动进行《劳动合同法》的宣传，而存在"潜规则"现象最多的单位只有在

职工要求的情况下才进行宣传。这可以说明，那些在对《劳动合同法》宣传比较被动的单位往往更多地存在"潜规则"现象，所以不主动进行《劳动合同法》的宣传也是其不想让职工了解保护自己的法律条款，从而方便单位实行有利于单位利益的"潜规则"。从这也可以看出，《劳动合同法》的宣传与"潜规则"现象是相对应的，《劳动合同法》宣传越主动的单位其"潜规则"现象也越少发生。

表 3.91　《劳动合同法》宣传方式不同的单位"潜规则"现象的方差分析表（$n=644$）

变异来源	SS	df	MS	F	P
组间	9.334	3	3.111	5.877	0.001
组内	338.795	640	0.529		

从表 3.92 可以看出，《劳动合同法》宣传方式不同的单位在对《劳动合同法》了解程度的测试中其正确率也存在显著差异。其中主动宣传《劳动合同法》的单位测验正确率最高，在职工要求时才宣传的单位正确率最低。从这个数据可以看出，主动宣传的单位对《劳动合同法》比较重视，其管理人员也对法律法规比较熟悉，说明主动宣传确实对职工了解《劳动合同法》具有显著的效果。而在职工要求时被动宣传的单位其本身对《劳动合同法》不够重视，所以其管理人员也不熟悉相应的法律法规，在测试中的正确率最低，说明被动宣传的效果不好。

表 3.92　《劳动合同法》宣传方式不同的单位《劳动合同法》测试正确率的方差分析表（$n=644$）

变异来源	SS	df	MS	F	p
组间	1.492	3	0.497	10.859	0.000
组内	28.898	631	0.046		

从表 3.93 可以看出，《劳动合同法》宣传方式不同的单位在对《劳动合同法》执行满意度方面存在显著差异。主动进行宣传的单位对《劳动合同法》执行满意度最高，而一般不进行宣传的单位对《劳动合同法》执行的满意度最低。这说明宣传《劳动合同法》与对《劳动合同法》执行的满意度存在一定的关系。

表3.93 《劳动合同法》宣传方式不同的单位对《劳动合同法》
执行满意度的方差分析表（$n=644$）

变异来源	SS	df	MS	F	p
组间	76.285	3	25.428	42.756	0.000
组内	379.438	638	0.595		

以上几个表格都说明，能够主动宣传《劳动合同法》的单位在法律法规的了解和执行方面效果都显著好于被动宣传或没有进行宣传的单位，其存在的"潜规则"现象也更少，能够对职工的合法权利给予一定的保障。此外，在其他方面，如单位对职工工作状态的满意程度、对职工整体的满意程度和职工对单位的满意程度方面，宣传方式不同的单位之间不存在显著差异。

从表3.94可以看出，在劳动定额问题上能够与职代会或全体职工讨论的单位对《劳动合同法》实施的满意度和《劳动合同法》测验正确率显著高于没有与职代会或全体职工讨论的单位。与职代会或全体职工讨论的单位更加民主，能够按照法律程序来办事，这些单位《劳动合同法》测验正确率高，说明他们平时注意宣传与学习《劳动合同法》，在《劳动合同法》实施的过程中也更加严格，所以整体来看职工对《劳动合同法》实施的满意度也更高。

此外，在其他反面，如单位对职工工作状态的满意程度、对职工整体的满意程度、职工对单位的满意程度和单位存在的"潜规则"现象等方面，劳动定额的确定经过讨论和不经过讨论的单位不存在显著差异。

表3.94 劳动定额的确定是否经过讨论在各题项上差异的 t 检验统计表
（$n=644$）

题项	经过	没有经过	t	p
对《劳动合同法》实施的满意度	3.85±0.70	3.08±0.85	11.53	0.000
《劳动合同法》测验正确率	0.62±0.22	0.58±0.22	2.21	0.028

从表3.95可以看出，因《劳动合同法》发生过劳动争议的单位存在的"潜规则"现象显著高于没有发生过劳动争议的单位。这也许是因为在劳动争议的过程中，单位开始不按正常法规程序处理，而是采用对单位有利的"潜规则"。该结果可以说明，"潜规则"现象在一定程度上是伴随劳动争议而存在的。

此外，在其他反面，如单位对职工工作状态的满意程度、对职工整体的满意程度、职工对单位的满意程度、单位对《劳动合同法》实施的满意度和《劳动合同法》测验正确率等方面，因《劳动合同法》存在劳动争议的单位和不存在劳动争议的单位之间不存在显著差异。

表 3.95　是否因《劳动合同法》发生过劳动争议在"潜规则"现象上
差异的 t 检验统计表（ $n = 644$ ）

没有劳动争议	存在劳动争议	t	p
2.33±0.75	2.00±0.66	5.62	0.000

　　从表 3.96 可以看出，存在过变更或解除劳动合同经历的单位与没有存在过变更或解除劳动合同经历的单位之间在单位对职工工作状态满意度、存在"潜规则"现象、对《劳动合同法》实施的满意度和《劳动合同法》测验正确率等方面都存在显著差异。存在过变更或解除劳动合同经历的单位，其单位对职工工作状态的满意程度显著高于没有变更或解除劳动合同经历的单位。这看起来有点不合理，但也可能是因为单位将不满意的职工辞退了，所以对剩下的职工工作状态满意度较高。存在过变更或解除劳动合同经历的单位存在的"潜规则"现象显著高于没有变更或解除劳动合同经历的单位。这个结果再一次印证了"潜规则"现象往往与劳动合同解除变更等需要《劳动合同法》执行的时候相关联。存在过变更或解除劳动合同经历的单位对《劳动合同法》实施的满意度显著高于没有变更或解除劳动合同经历的单位，其《劳动合同法》测验正确率也更高。该结果说明，存在过变更或解除劳动合同经历的单位在变更或解除劳动合同时需要执行《劳动合同法》，而执行的前提是先要了解，尤其是单位的管理人员。所以存在过变更或解除劳动合同单位的管理人员对《劳动合同法》实施的满意度和测验的正确率都更高。

　　此外，在其他方面，如单位对职工的整体满意程度和职工对单位的满意程度方面不存在显著差异。

表 3.96　是否存在变更或解除劳动合同经历在各题项上差异的 t 检验统计表
（ $n = 644$ ）

题项	存在过	不存在	t	p
单位对职工工作状态满意度	3.71±0.70	3.57±0.73	2.16	0.031
存在"潜规则"现象	2.18±0.72	2.36±0.78	2.54	0.012
对《劳动合同法》实施的满意度	3.61±0.82	3.43±0.91	2.23	0.026
《劳动合同法》测验正确率	0.62±0.21	0.56±0.25	2.69	0.008

从表 3.97 可以看出，将激励措施写进劳动合同的单位存在"潜规则"现象显著高于没有将激励措施写进劳动合同的单位。这虽然存在显著差异，但是两组的差异并不是特别大，只在 0.039 的水平上存在显著差异。也许这差异来自将激励措施写进劳动合同的单位为了单位利益而不想执行合同中的激励措施时使用了对单位有利的潜规则。将激励措施写进劳动合同的单位对《劳动合同法》实施的满意度显著高于没有将激励措施写进劳动合同的单位。这说明将激励措施写进劳动合同的单位在实施《劳动合同法》时比没有将激励措施写进劳动合同的单位更能严格执行。

此外，在其他方面，如单位对职工工作状态的满意程度、对职工整体的满意程度、职工对单位的满意程度和《劳动合同法》测验正确率等方面不存在显著差异。

表 3.97　激励措施是否写进劳动合同在各题项上差异的 t 检验统计表（$n=644$）

题项	有	没有	t	p
存在"潜规则"现象	2.17±0.72	2.29±0.75	2.07	0.039
对《劳动合同法》实施的满意度	3.82±0.77	3.24±0.82	9.24	0.000

从表 3.98 中可以看出，对于解除劳动合同时是否与职工协商，不同的单位在存在"潜规则"现象、对《劳动合同法》实施的满意度和《劳动合同法》测验正确率方面存在显著差异。解除劳动合同时与职工协商的单位存在的"潜规则"现象显著低于解除劳动合同时不与职工协商的单位，但在对《劳动合同法》实施的满意度和《劳动合同法》测验正确率上都显著高于解除劳动合同时不与职工协商的单位。说明解除劳动合同时与职工协商的单位比较民主，能够更好地尊重职工，对《劳动合同法》的宣传和执行都更加严格，因此，"潜规则"现象也较少。

此外，在其他方面，如单位对职工工作状态的满意程度、对职工整体的满意程度和职工对单位的满意程度等方面都不存在显著差异。

表 3.98　解除劳动合同时是否与职工协商在各题项上差异的 t 检验统计表（$n=644$）

题项	是	否	t	p
存在"潜规则"现象	2.2±0.76	2.06±0.63	3.12	0.002
对《劳动合同法》实施的满意度	3.7±0.76	3.17±0.88	5.85	0.000
《劳动合同法》测验正确率	0.64±0.21	0.49±0.21	6.79	0.000

从表 3.99 中可以看出，单位单方解除劳动合同，是否事先将理由通知职代会或者工会在对《劳动合同法》实施的满意度和《劳动合同法》测验正确率方面都存在显著差异。单方解除劳动合同事先将理由通知职代会或者工会的单位在《劳动合同法》测验正确率和对《劳动合同法》实施的满意度方面都显著高于没有事先将理由通知职代会或者工会的单位。这说明单方解除劳动合同事先将理由通知职代会或者工会的单位对《劳动合同法》的宣传更加普及，管理者能够了解法律法规的基本内容。在实施《劳动合同法》过程中，单方解除劳动合同事先将理由通知职代会或者工会的单位的管理者的满意度也更高。

此外，在其他方面，如单位对职工工作状态的满意程度、对职工整体的满意程度、职工对单位的满意程度和存在"潜规则"现象等不存在显著差异。

表 3.99　单位解除合同前是否将理由通知职代会或者工会在各题项上
差异的 t 检验统计表 （$n=644$）

题项	是	否	t	p
对《劳动合同法》实施的满意度	3.8±0.66	3.16±0.89	9.96	0.000
《劳动合同法》测验正确率	0.6±0.22	0.57±0.21	3.39	0.001

从表 3.100 中可以看出，职工辞职时，是否提前三十日向工会或者上级领导说明在存在"潜规则"现象、对《劳动合同法》实施的满意度和《劳动合同法》测验正确率方面均存在显著差异。职工辞职时提前三十日向工会或者上级领导说明的单位存在"潜规则"现象显著低于没有提前三十日向工会或者上级领导说明的单位。职工辞职时提前三十日向工会或者上级领导说明的单位在对《劳动合同法》实施的满意度和《劳动合同法》测验正确率方面更高。这说明这些单位对《劳动合同法》的宣传力度更大，执行也更加严格。在这种氛围下，职工了解《劳动合同法》，因此在辞职时会按照法律法规提前三十日向工会或者上级领导说明。该数据充分说明《劳动合同法》对单位和劳动者双方都起到了一定的保护作用。严格执行《劳动合同法》的单位，其"潜规则"现象往往也更少。

此外，在其他方面，如单位对职工工作状态的满意程度、对职工整体的满意程度和职工对单位的满意程度等方面不存在显著差异。

表 3.100　职工辞职时是否提前说明在各题项上差异的 t 检验统计表（$n=644$）

题项	是	否	t	P
存在"潜规则"现象	2.26±0.77	2.10±0.64	2.14	0.034
对《劳动合同法》实施的满意度	3.66±0.80	3.29±0.87	4.07	0.000
《劳动合同法》测验正确率	0.64±0.21	0.52±0.21	4.68	0.000

第四章

大学生对《劳动合同法》的认知情况

大学生群体是就业市场的后备军。随着我国市场经济的快速发展和高等学校教育体制改革的不断深入，大学毕业生的数量大规模增加，给当前毕业生就业带来了巨大的压力，就业问题成为社会公众关注的焦点。大学毕业生择业中的劳动合同意识对于维护大学生的合法权益具有十分重大的意义，同时也成为建设和谐校园和社会主义和谐社会的重要组成部分。大学生在就业过程中经常遭遇各种侵害自己合法权益的行为，主要表现在就业陷阱和就业歧视，这说明大学生的法律意识相对比较淡薄，尤其是劳动合同意识。本章将通过对大学生的《劳动合同法》认知情况的探究，来思考大学生，尤其是应届大学毕业生对劳动合同的意识，从而提高就业率。本章中的大学生包括全日制大学中的高职、大专、本科、硕士和博士。

第一节　基本情况分析

本节主要介绍了大学生卷所调查的内容以及学生基本情况信息。

一、学生卷的基本调查内容

大学生问卷主要面向在校大学生发放。该问卷共包括两个部分。

问卷的第一部分为样本大学生的基本情况。通过这一部分可以了解样本性别、出生年月、学历、学校所在地、学位类型、职业意向、找工作途径、对于劳动合同培训意向等多方面的信息。这些信息可以使我们对本次样本的代表程度有一个初步的了解，也能够了解样本的基本情况。

问卷的第二部分为大学生对《劳动合同法》的了解情况。题项的设置包括是否认真看过《劳动合同法》、《劳动合同法》了解渠道、《劳动合同法》履行情况、《劳动合同法》的作用、订立书面劳动合同是否必要、影响《劳动合同法》实施的因素、对《劳动合同法》实施的信心、《劳动合同法》实施成本情况和对《劳动合同法》具体条文的理解等。通过该部分问卷所获得的信息，可以从多方面来把握大学生《劳动合同法》的了解情况，并从样本作为在校大学生的视角来主观判断大学生对《劳动合同法》的认识。

问卷的第一部分目的是获得样本的基本信息，而第二部分重点了解样本对《劳动合作法》了解情况的信息。本问卷共 36 个题项，其中问卷第一部分 8 题，第二部分 28 题，部分题项中又包括若干子题项，所以整个问卷所包含的信息量较大，能够较为全面地了解大学生的基本情况和大学生对《劳动合同法》的了解情况。本次调查共回收有效问卷 4682 份。其中大部分问卷作答较为认真，但也有个别题项调查对象漏选，所以本研究中所列的百分比为有效数据百分比。

二、样本基本情况

经过统计分析与整理，本次调查的所有大学生的基本人口统计学分类如下。

参加本次研究的被试的人数一共 5000 名。从表 4.1 可以看出，共回收问卷4700 份，其中有效问卷 4680 份（99.6%）。被调查对象均为在校大学生。男女比例基本持平，其中男性占 44.9%，女性占 55.1%。年龄在 19~38 岁，平均31 岁。

表 4.1　样本性别描述统计分析（$n=4680$）

性别	n	$\%$
男	2100	44.9
女	2580	55.1

被试学历分层如下：应届专科毕业生 20.5%，非应届毕业的在读专科生8.9%，应届本科毕业生 38.0%，非应届毕业的在读本科生 24.6%，应届硕士毕业生 3.9%，非应届毕业的在读硕士生 3.3%，应届博士毕业生 0.2%，非应届毕业的在读博士生 0.4%（如表 4.2 所示）。

表 4.2　样本学历描述统计分析（$n=4668$）

学历	n	$\%$
应届专科毕业生	959	20.5
非应届毕业的在读专科生	415	8.9

续表

学历	n	%
应届本科毕业生	1779	38.0
非应届毕业的在读本科生	1153	24.6
应届硕士毕业生	181	3.9
非应届毕业的在读硕士生	155	3.3
应届博士毕业生	8	0.2
非应届毕业的在读博士生	18	0.4

被试学位情况如下：哲学 1.3%，经济学 13.0%，法学 14.7%，教育学 5.4%，文学 8.8%，历史学 0.9%，理学 12.6%，工学 18.1%，农学 0.9%，医学 3.7%，管理学 11.1%，艺术学 9.5%（如表4.3所示）。

表4.3 样本学位描述统计分析（$n=4669$）

学历	n	%
哲学	56	1.3
经济学	609	13.0
法学	686	14.7
教育学	254	5.4
文学	410	8.8
历史学	44	0.9
理学	588	12.6
工学	846	18.1
农学	41	0.9
医学	172	3.7
管理学	519	11.1
艺术学	444	9.5

被试职业意向情况如下：国内读研、博、博后占 18.3%，出国留学占 6.2%，政府机关占 8.5%，事业单位（教育、科技、文化、卫生等）占 14.4%，国有企业占 11.6%，外资企业占 11.0%，中外合资企业占 6.4%，大型民营企业占 8.0%，中小型民营企业占 4.9%，自由职业（无单位/自雇）占 4.2%，自主创业占 5.6%，其他占 1.0%（如表4.4所示）。

表 4.4 职业意向描述统计分析（n = 4227）

职业意向	n	%
国内读研/博/博士后	1805	18.3
出国留学	614	6.2
政府机关	836	8.5
事业单位（教育、科技、文化、卫生等）	1417	14.4
国有企业	1147	11.6
外资企业	1081	11.0
中外合资企业	632	6.4
大型民营企业	789	8.0
中小型民营企业	481	4.9
自由职业（无单位/自雇）	410	4.2
自主创业	553	5.6
其他	102	1.0

被试找工作途径情况如下：校园招聘会 35.6%，通过实习创造就业机会 19.8%，主动到用人单位推销自己 11.4%，利用网络或其他媒体求职 18.1%，通过熟人、亲朋和家长等社会关系 10.6%，其他 4.5%（如表 4.5 所示）。

表 4.5 找工作途径描述统计分析（n = 4682）

途径	n	%
校园招聘会	1669	35.6
通过实习创造就业机会	926	19.8
主动到用人单位推销自己	533	11.4
利用网络或其他媒体求职	846	18.1
通过熟人、亲朋和家长等社会关系	498	10.6
其他	210	4.5

被试对于是否开展培训的态度 3.0% 认为完全没必要，6.6% 认为基本没必要，11.5% 认为不好说，45.5% 认为有一定必要，33.3% 认为非常有必要（如表 4.6 所示）。

表 4.6　开展培训描述统计分析（n=4677）

途径	n	%
完全没必要	142	3.0
基本没必要	311	6.6
不好说	537	11.5
有一定必要	2129	45.5
非常有必要	1558	33.3

第二节　大学生对《劳动合同法》的认知情况及比较分析

本节对大学卷的主要结果进行概括，并与前面的职工卷与管理者卷结果进行比较分析。

一、大学生对《劳动合同法》的认知情况

由表 4.7 可知，对于被试看条文认真程度，5.4%的被试表示认真看过，33.6%的被试看过一点，54.3%的被试表示听说过没有看过，7.6%的被试表示没听说过也没看过。

表 4.7　看条文认真程度统计分析（n=4629）

程度	n	%
认真看过	252	5.4
看过一点	1571	33.6
听说过没有看过	2499	53.4
没听说过也没看过	357	7.6

由表 4.8 可知，经过 t 检验，被试的性别与开展培训意向存在显著差异，女性比男性更加有意向开展培训（$t=-5.972$，$p<0.001$）。

表4.8 性别和开展培训意向 t 检验统计分析（n=4676）

	t	df	p
男	−5.972	4088.17	0.00
女			

从表4.9可以看出，通过方差分析得出学历与培训意向之间差异显著。（F=5.63，p<0.001）

表4.9 学历和开展培训意向方差分析（n=4676）

变异来源	SS	df	MS	F	p
组间	38.61	7	5.52	5.63	0.00
组内	4566.31	4657	0.98		

从表4.10可以看出，通过事后多重比较分析得出应届专科毕业生与应届本科毕业生在培训意向方面差异显著（p<0.001），应届本科毕业生更倾向于培训，应届专科毕业生与非应届毕业的在读本科生之间在培训意向方面的差异显著（p<0.05），非应届毕业的在读本科生更倾向于培训。

表4.10 学历和开展培训意向事后多重比较分析（n=4676）

		t	p
应届专科毕业生	应届本科毕业生	−0.23	0.00
	非应届毕业的在读本科生	−0.19	0.01

从表4.11可以看出，通过方差分析得出学位与培训意向之间差异显著。（F=4.42，p<0.001）

表4.11 学位和开展培训意向方差分析（n=4676）

变异来源	SS	df	MS	F	p
组间	47.68	11	4.35	4.42	0.00
组内	4568.17	4657	0.98		

由表4.12可以看出，通过事后多重比较分析得出：在培训意向方面，哲学与经济学之间存在显著差异（p<0.001），经济学更倾向于参加培训；哲学与法学之间存在显著差异（p<0.001），法学更倾向于参加培训；哲学与教育学之间存在显著差异（p<0.001），教育学更倾向于参加培训；哲学与文学之间存在显著差异（p<0.001），文学更倾向于参加培训；哲学与理学之间存在显著差异（p

<0.001)，理学更倾向于参加培训；哲学与工学之间存在显著差异（p<0.001），工学更倾向于参加培训；哲学与医学之间存在显著差异（p<0.001），医学更倾向于参加培训；哲学与管理学之间存在显著差异（p<0.001），管理学更倾向于参加培训；哲学与艺术学之间差异显著（p<0.001），艺术学更倾向于参加培训；经济学与教育学之间存在显著差异（p<0.001），教育学更倾向于参加培训；经济学与医学之间存在显著差异（p<0.001），医学更倾向于参加培训；经济学与管理学之间差异显著（p<0.001），管理学更倾向于参加培训；法学与教育学之间差异显著（p<0.001），教育学更倾向于参加培训；法学与理学之间差异显著（p<0.001），理学更倾向于参加培训；法学与医学之间存在显著差异（p<0.001），医学更倾向于参加培训；法学与管理学之间差异显著（p<0.001），管理学更倾向于参加培训；教育学与工学之间差异显著（p<0.001），教育学更倾向于参加培训；教育学与农学之间差异显著（p<0.001），教育学更倾向于参加培训；教育学与艺术学之间差异显著（p<0.05），教育学更倾向于参加培训；文学与医学之间差异显著，医学更倾向于参加培训；文学与管理学之间差异显著（p<0.05），管理学更倾向于参加培训；理学与农学之间差异显著，理学更倾向于参加培训；理学与医学之间差异显著（p<0.001），医学更倾向于参加培训；工学与医学之间差异显著，医学更倾向于参加培训；工学与管理学之间差异显著（p<0.001），管理学更倾向于参加培训；农学与医学之间差异显著，医学更倾向于参加培训；农学与管理学之间差异显著（p<0.001），管理学更倾向于参加培训；艺术学与医学之间差异显著，医学更倾向于参加培训；艺术学与管理学之间差异显著（p<0.001），管理学更倾向于参加培训。

表 4.12　专业和开展培训意向事后多重比较分析（n=4676）

学科		t	p
哲学	经济学	−0.37	0.00
	法学	−0.35	0.01
	教育学	−0.55	0.00
	文学	−0.40	0.00
	理学	−0.46	0.00
	工学	−0.38	0.00
	医学	−0.63	0.00
	管理学	−0.57	0.00
	艺术学	−0.37	0.00

学科		t	p
经济学	教育学	−0.17	0.01
	医学	−0.27	0.00
	管理学	−0.20	0.00
法学	教育学	−0.20	0.00
	理学	−0.12	0.03
	医学	−0.29	0.00
	管理学	−0.23	0.00
教育学	工学	0.17	0.02
	农学	0.42	0.01
	艺术学	0.19	0.02
文学	医学	−0.23	0.04
	管理学	−0.17	0.05
理学	农学	0.33	0.00
	医学	−0.17	0.00
工学	医学	−0.25	0.00
	管理学	−0.19	0.00
农学	医学	−0.50	0.00
	管理学	−0.44	0.00
医学	艺术学	0.27	0.00
管理学	艺术学	0.21	0.00

由表4.13可知，通过 t 检验发现被试在看法律条文认真程度方面，性别不存在显著差异（$t=-1.779$，$p>0.05$）。

表4.13 性别和看条文认真程度 t 检验统计分析（$n=4676$）

	t	df	p
男	−1.799	4308.292	0.07
女			

由表4.14可知，通过相关分析发现，被试职业意向与看条文认真程度存在显著相关（$r=0.103$，$p>0.001$）。

表4.14 职业意向和看条文认真程度相关统计分析（$n=4676$）

	r	p
职业意向	0.103	0.00
看文认真程度		

　　由表4.15可知，通过方差分析得知学历和看条文认真程度之间存在显著差异（$F=17.16$，$p<0.001$）。

表4.15　学历和看条文认真程度方差分析（$n=4666$）

变异来源	SS	df	MS	F	p
组间	57.65	7	8.26	17.16	0.00
组内	2235.79	4658	0.48		

　　由表4.16可知，通过事后检验：应届专科毕业生与非应届毕业的在读硕士生之间存在显著差异（$p<0.001$），非应届毕业的在读硕士生看《劳动合同法》条文更加不认真；非应届毕业的在读专科生与非应届毕业的在读硕士生及应届的硕士毕业生之间存在显著差异（$p<0.001$），非应届毕业的在读专科生看《劳动合同法》条文更加不认真；应届本科毕业生与非应届毕业的在读本科生及非应届毕业的在读硕士生之间存在显著差异（$p<0.001$），非应届毕业的在读本科生看《劳动合同法》条文更加不认真；非应届毕业的在读本科生与应届硕士毕业生之间存在显著差异（$p<0.001$），应届的硕士毕业生看《劳动合同法》条文更加不认真；非应届毕业的在读本科生与非应届毕业的在读硕士生之间存在显著差异（$p<0.001$），非应届毕业的在读本科生看《劳动合同法》条文更加不认真；非应届毕业的在读硕士生与非应届毕业的在读博士生之间存在显著差异（$p<0.05$），非应届毕业的在读博士生看《劳动合同法》条文更加不认真。

表4.16　学历和看文认真程度状况事后多重比较分析（$n=4666$）

学历		t	p
应届专科毕业生	非应届毕业的在读硕士生	−0.44	0.00
	不清楚	−0.46	0.00
非应届毕业的在读专科生	应届硕士毕业生	0.26	0.01
	非应届毕业的在读硕士生	0.52	0.00
应届本科毕业生	非应届毕业的在读本科生	−0.15	0.00
	非应届毕业的在读硕士生	−0.40	0.00
非应届毕业的在读本科生	应届硕士毕业生	−0.30	0.00
	非应届毕业的在读硕士生	0.55	0.00
非应届毕业的在读硕士生	非应届毕业的在读博士生	−0.70	0.02

　　由表4.17可知，被试在《劳动合同法》了解渠道方面，电视/电脑等媒体

占 19.7%，网络占 22.9%，老乡、朋友占 4.4%，同学占 5.8%，企业或单位人事部门占 12.5%，工会占 0.6%，政府劳动部门占 6.0%，书籍占 15.1%，学校占 13.0%。其中，通过网络了解《劳动合同法》的比例最高，占 22.9%，通过工会了解《劳动合同法》所占比例最少，占 0.6%。

表 4.17 了解渠道描述统计分析（多选，$n=4227$）

了解渠道	n	%
电视/电脑等媒体	2511	19.7
网络	2914	22.9
老乡、朋友	561	4.4
同学	734	5.8
企业或单位人事部门	1593	12.5
工会	72	0.6
政府劳动部门	767	6.0
书籍	1915	15.1
学校	1648	13.0

由表 4.18 可知，《劳动合同法》的颁布对单位或个人的劳动合同的履行状况方面，认为有影响的占 70.2%，认为无影响的占 9.8%，不清楚的占 19.8%。认为《劳动合同法》的颁布对单位或个人的劳动合同的履行状况有影响的占绝大多数。

表 4.18 履行状况对个体影响统计分析（$n=4677$）

影响状况	n	%
有影响	3289	70.2
无影响	460	9.8
不清楚	928	19.8

由表 4.19 可知，在订立劳动合同必要性方面，认为有必要的被试占 73.9%，认为无所谓的被试占 16.2%，认为没有必要的被试占 0.7%。绝大多数人认为订立书面劳动合同有必要。

表 4.19　订立书面劳动合同必要性统计分析（$n=4672$）

必要性	n	%
有必要	3459	73.9
无所谓	759	16.2
没有必要	32	0.7
说不清	422	9.0

由表 4.20 可知，在《劳动合同法》有效实施信心方面，认为很有信心的占 16.7%，比较有信心的占 45.4%，认为一般的占 25.9%，不太有信心的占 9.4%，完全没有信心的占 2.5%。大部分人对于《劳动合同法》的有效实施有信心。

表 4.20　《劳动合同法》有效实施信心统计分析（$n=4680$）

信心	n	%
很有信心	784	16.7
比较有信心	2124	45.4
一般	1212	25.9
不太有信心	441	9.4
完全没有信心	119	2.5

由表 4.21 可知，在《劳动合同法》得不到实施重要原因方面，被试认为是政府原因的占 50.4%，认为是企业原因的占 27.2%，认为是工会原因的占 6.1%，认为是职工自己原因的占 16.3%。大部分被试认为《劳动合同法》得不到实施重要原因是政府。

表 4.21　《劳动合同法》得不到实施重要原因统计分析（$n=4678$）

原因	n	%
政府	2359	50.4
企业	1272	27.2
工会	284	6.1
职工自己	763	16.3

由表 4.22 可知，《劳动合同法》得不到实施的次要原因，被试认为是政府原因的占 16.3%，企业原因的占 36.5%，工会原因的占 10.5%，职工自己原因的占

35.5%。大部分被试认为《劳动合同法》得不到实施次要原因是职工自己。

表 4.22 《劳动合同法》得不到实施次要原因统计分析（$n = 4628$）

原因	n	%
政府	762	16.3
企业	1709	36.5
工会	497	10.5
职工自己	1660	35.5

由表 4.23 可知，《劳动合同法》实施的主要作用，被试认为维护劳动者合法权益的占 42.1%，保护企业利益的占 10.0%，同时保护劳动者和企业利益的占 29.5%，维护政府利益的占 5.4%，维护社会稳定的占 7.2%，看不出作用的占 5.7%。

表 4.23 《劳动合同法》实施主要作用统计分析（$n = 4674$）

作用	n	%
维护劳动者合法权益	1969	42.1
保护企业的利益	470	10.0
同时保护劳动者和企业利益	1380	29.5
维护政府利益	252	5.4
维护社会稳定	338	7.2
看不出作用	265	5.7

由表 4.24 可知，在《劳动合同法》实施成本问题方面，9.1%的被试认为增加了很多，46.5%的被试认为稍有增加，22.2%的被试认为没有增加，2.0%的被试认为减少了企业成本，20.0%的被试认为说不清。

表 4.24 《劳动合同法》实施成本问题统计分析（$n = 4666$）

成本	n	%
增加了很多	424	9.1
稍有增加	2175	46.5
没有增加	1039	22.2
减少了企业成本	92	2.0
说不清	936	20.0

由表 4.25 可知，经过相关分析发现，被试认为培训的必要性与合同履行状况影响之间存在显著负相关（$r=-0.06$，$p<0.001$）。

表 4.25 培训必要性和合同履行状况影响相关统计分析（$n=2721$）

	r	p
培训必要性	-0.06	0.00
合同履行状况影响		

由表 4.26 可知，经过 t 检验分析发现，被试性别与合同履行间存在显著差异（$t=-3$，$p<0.001$），相较于女性，男性更加认为劳动合同履行状况对个人及单位影响大。

表 4.26 性别和合同履行状况 t 检验分析（$n=4675$）

性别	t	df	P
男	-3.00	4606.13	0.00
女			

由表 4.27 可知，经过方差分析发现，学科和认为《劳动合同法》的颁布对单位或个人的影响状况间存在显著差异（$F=2.69$，$p<0.001$）。

表 4.27 学科和合同履行状况影响方差分析（$n=4672$）

变异来源	SS	df	MS	F	P
组间	18.92	11	1.72	2.69	0.00
组内	3004.96	4660	0.65		

由表 4.28 可知，经过事后多重比较分析发现：在学科与认为《劳动合同法》的颁布对您单位或您个人的合同履行状况差异具体分析上，哲学与艺术学之间存在显著差异（$p<0.05$），艺术学认为影响较小；经济学与教育学之间存在显著差异（$p<0.05$），教育学认为影响较小；经济学与农学之间存在显著差异（$p<0.05$），农学认为影响较小；法学与教育学之间存在显著差异（$p<0.05$），教育学认为影响较小；法学与农学之间存在显著差异（$p<0.05$），农学认为影响较小；教育学与文学之间存在显著差异（$p<0.05$），文学认为影响较小；教育学与工学之间存在显著差异（$p<0.05$），教育学认为影响较小；教育与管理学之间存在显著差异（$p<0.001$），教育学认为影响较小；文学与理学之间存在显著差异（$p<0.05$），理学认为影响较小；文学与农学之间存在显著差异（$p<0.05$），

农学认为影响较小；文学与医学之间存在显著差异（$p<0.05$），医学认为影响较小；理学与工学之间存在显著差异（$p<0.05$），理学认为影响较小；理学与农学之间存在显著差异（$p<0.05$），农学认为影响较小；理学与管理学之间存在显著差异（$p<0.001$），理学认为影响较小；工学与农学之间存在显著差异（$p<0.05$），农学认为影响较小；工学与医学之间存在显著差异（$p<0.05$），医学认为影响较小；农学与管理学之间存在显著差异（$p<0.001$），农学认为影响较小；农学与艺术学之间存在显著差异（$p<0.05$），农学认为影响较小；医学与管理学之间存在显著差异（$p<0.05$），医学认为影响较小。

表 4.28 学科和合同履行状况影响状况事后多重比较分析（$n=4672$）

学科		t	P
哲学	艺术学	−0.39	0.02
经济学	教育学	−0.14	0.02
	农学	−0.36	0.03
法学	教育学	−0.12	0.04
	农学	−0.34	0.01
教育学	文学	−0.16	0.02
	工学	0.14	0.01
	管理学	0.20	0.00
文学	理学	−0.10	0.04
	农学	−0.38	0.04
	医学	−0.15	0.04
理学	工学	0.09	0.04
	农学	−0.27	0.04
	管理学	0.15	0.00
工学	农学	−0.36	0.01
	医学	−0.14	0.04
农学	管理学	0.42	0.00
	艺术学	0.33	0.01
医学	管理学	0.20	0.01

由表 4.29 可知，通过事后多重比较发现：在劳动合同履行情况对个人与单

位影响方面，应届专科毕业生与非应届毕业的在读硕士生之间存在显著差异（$p<0.001$），非应届毕业的在读硕士生认为影响更小；应届专科毕业生与应届本科毕业生之间存在显著差异（$p<0.001$），应届本科毕业生认为影响更小；应届专科毕业生与非应届毕业的在读本科生之间存在显著差异（$p<0.001$），应届专科毕业生认为影响更小；应届专科毕业生与非应届毕业的在读专科生之间存在显著差异（$p<0.001$），应届专科毕业生认为影响更小；应届专科毕业生与应届硕士毕业生之间存在显著差异（$p<0.05$），应届硕士毕业生认为影响更小。

表 4.29　学历和劳动合同履行情况事后多重比较分析（$n=4666$）

学历		t	p
应届专科毕业生	非应届毕业的在读硕士生	−0.30	0.00
	应届本科毕业生	−0.24	0.00
	非应届毕业的在读本科生	0.19	0.00
	非应届毕业的在读专科生	0.17	0.00
	应届硕士毕业生	−0.21	0.01

由表 4.30 可知，经过相关分析，培训必要性与签订劳动合同必要性间存在显著负相关（$r=-0.09$，$p<0.001$）。

表 4.30　培训必要性和签订合同必要性相关统计分析（$n=4672$）

	r	p
培训必要性	−0.09	0.00
签订合同必要性		

由表 4.31 可知，经过相关分析，培训必要性与合同实施信心间存在显著负相关（$r=-0.04$，$p<0.001$）。

表 4.31　培训必要性和合同实施信心相关统计分析（$n=4678$）

	r	p
培训必要性	−0.04	0.00
合同实施信心		

由表 4.32 可知，经过 t 检验，被试性别在劳动合同实施信心方面不存在显著差异（$t=-0.49$，$p>0.05$）。

表 4.32　性别和合同实施信心 t 检验分析（$n=4678$）

性别	t	df	p
男	−0.49	4348.19	0.62
女			

由表 4.33 可知，经过方差分析发现，被试学科与劳动合同实施信心方面存在显著差异（$F=3.63$，$p<0.001$）。

表 4.33　学科和合同实施信心方差分析（$n=4672$）

变异来源	SS	df	MS	F	P
组间	35.93	11	3.57	3.63	0.00
组内	4192.88	4658	0.90		

由表 4.34 可知：经过事后多重比较，在合同实施信心方面，哲学和法学之间存在显著差异（$p<0.05$），哲学更加有信心；哲学和教育学之间存在显著差异（$p<0.05$），哲学更加有信心；哲学和艺术学之间存在显著差异（$p<0.05$），哲学更加有信心；经济学与医学之间存在显著差异（$p<0.05$），医学更加有信心；经济学与管理学之间存在显著差异（$p<0.001$），管理学更加有信心；法学与工学之间存在显著差异（$p<0.05$），工学更加有信心；法学与医学之间存在显著差异（$p<0.05$），医学更加有信心；法学与管理学之间存在显著差异（$p<0.001$），管理学更加有信心；教育学与工学之间存在显著差异（$p<0.05$），工学更加有信心；教育学与医学之间存在显著差异（$p<0.05$），医学更加有信心；教育学与管理学之间存在显著差异（$p<0.001$），管理学更加有信心；文学与管理学之间存在显著差异（$p<0.05$），管理学更加有信心；历史学与管理学之间存在显著差异（$p<0.05$），管理学更加有信心；理学与医学之间存在显著差异（$p<0.05$），医学更加有信心；理学与管理学之间存在显著差异（$p<0.001$），管理学更加有信心；工学与艺术学之间存在显著差异（$p<0.001$），工学更加有信心；医学与艺术学之间存在显著差异（$p<0.001$），医学更加有信心；管理学与艺术学之间存在显著差异（$p<0.001$），管理学更加有信心。

表 4.34　学科和合同实施信心事后多重比较分析（n=4672）

学科		t	p
哲学	法学	-0.26	0.04
	教育学	-0.32	0.02
	艺术学	-0.33	0.01
经济学	医学	0.19	0.02
	管理学	0.19	0.00
法学	工学	0.11	0.03
	医学	0.20	0.01
	管理学	0.21	0.00
教育学	工学	0.16	0.02
	医学	0.26	0.01
	管理学	0.27	0.00
文学	管理学	0.16	0.01
历史学	管理学	0.32	0.03
理学	医学	0.18	0.03
	管理学	0.18	0.00
工学	艺术学	-0.18	0.00
医学	艺术学	-0.27	0.00
管理学	艺术学	-0.28	0.00

由表 4.35 可知，经过 t 检验分析，被试性别在劳动合同作用方面不存在显著差异（$t=-1.63$，$p>0.05$）。

表 4.35　性别和合同作用 t 检验分析（n=4672）

性别	t	df	p
男	-1.63	4670	0.10
女			

由表 4.36 可知，经过相关分析，培训必要性与合同作用间存在显著负相关

（$r=-0.06$，$p<0.001$）。

表 4.36　培训必要性和合同作用相关统计分析（$n=4672$）

	r	p
培训必要性	-0.06	0.00
合同作用		

由表 4.37 可知，经过方差分析，被试学科与签订劳动合同必要性间存在显著差异（$F=2.39$，$p<0.05$）。

表 4.37　学科和签订合同必要性方差分析（$n=4672$）

变异来源	SS	df	MS	F	p
组间	60.26	11	5.48	2.39	0.01
组内	10716.52	4652	2.30		

由表 4.38 可知，经过事后多重比较分析得知：签订劳动合同的必要性方面，经济学与管理学之间存在显著差异（$p<0.05$），管理学认为更有必要；法学与历史学之间存在显著差异（$p<0.05$），历史学认为更有必要；法学与管理学之间存在显著差异（$p<0.001$），管理学认为更有必要；教育学与历史学之间存在显著差异（$p<0.05$），历史学认为更有必要；教育学与医学之间存在显著差异（$p<0.05$），医学认为更有必要；教育学与管理学之间存在显著差异（$p<0.001$），管理学认为更有必要；文学与管理学之间存在显著差异（$p<0.05$），管理学认为更有必要；历史学与艺术学之间存在显著差异（$p<0.05$），历史学认为更有必要；理学与管理学之间存在显著差异（$p<0.05$），管理学认为更有必要；工学与管理学之间存在显著差异（$p<0.05$），管理学认为更有必要；工学与艺术学之间存在显著差异（$p<0.05$），工学认为更有必要；医学与艺术学之间存在显著差异（$p<0.05$），医学认为更有必要；管理学与艺术学之间存在显著差异（$p<0.001$），管理学认为更有必要。

表 4.38　学科和签订合同必要性事后多重比较分析（$n=4672$）

学科		t	p
经济学	管理学	0.20	0.03
法学	历史学	0.50	0.04
	管理学	0.30	0.00

学科		t	p
教育学	历史学	0.57	0.02
	医学	0.30	0.05
	管理学	0.38	0.00
文学	管理学	0.24	0.02
历史学	艺术学	−0.57	0.02
理学	管理学	0.21	0.02
工学	管理学	0.18	0.03
	艺术学	−0.20	0.03
医学	艺术学	−0.30	0.03
管理学	艺术学	−0.37	0.00

由表 4.39 可知，经过 t 检验分析，被试性别在劳动合同作用方面不存在显著差异（$t = -1.63$，$p > 0.05$）。

表 4.39　性别和劳动合同作用 t 检验分析（$n = 4664$）

性别	t	df	p
男	0.29	4662	0.78
女			

由表 4.40 可知，经过相关分析，被试认为培训必要性与劳动合同作用存在显著正相关（$r = 0.04$，$p < 0.001$）。

表 4.40　培训必要性和合同作用相关统计分析（$n = 4664$）

	r	p
培训必要性	0.04	0.00
成本		

由表 4.41 可知，经过方差分析，被试学科与认为实施劳动合同增加成本间存在显著差异（$F = 2.85$，$p < 0.001$）。

表 4.41 学科和增加成本方差分析（$n=4664$）

变异来源	SS	df	MS	F	P
组间	49.95	11	4.54	2.85	0.00
组内	7394.90	4644	1.59		

由表 4.42 可知，经过事后多重比较分析得知：在认为实施劳动合同增加成本方面，哲学与教育学之间存在显著差异（$p<0.05$），哲学认为增加了成本；哲学与历史学之间存在显著差异（$p<0.05$），哲学认为增加了成本；哲学与理学之间存在显著差异（$p<0.05$），哲学认为增加了成本；哲学与医学之间存在显著差异（$p<0.001$），哲学认为增加了成本；哲学与管理学之间存在显著差异（$p<0.05$），哲学认为增加了成本；经济学与理学之间存在显著差异（$p<0.05$），经济学认为增加了成本；经济学与医学之间存在显著差异（$p<0.05$），经济学认为增加了成本；经济学与管理学之间存在显著差异（$p<0.05$），经济学认为增加了成本；法学与教育学之间存在显著差异（$p<0.05$），法学认为增加了成本；法学与理学之间存在显著差异（$p<0.05$），法学认为增加了成本；法学与医学之间存在显著差异（$p<0.001$），法学认为增加了成本；文学与医学之间存在显著差异（$p<0.001$），文学认为增加了成本；理学与医学之间存在显著差异（$p<0.05$），理学认为增加了成本；工学与医学之间存在显著差异（$p<0.001$），工学认为增加了成本；医学与管理学之间存在显著差异（$p<0.05$），管理学认为增加了成本；医学与艺术学之间存在显著差异（$p<0.05$），艺术学认为增加了成本。

表 4.42 学科和增加成本事后多重比较分析（$n=4664$）

学科		t	p
哲学	教育学	-0.48	0.01
	历史学	-0.61	0.02
	理学	-0.42	0.02
	医学	-0.65	0.00
	管理学	-0.38	0.03
经济学	教育学	-0.25	0.01
	理学	-0.19	0.01
	医学	-0.43	0.00

续表

学科		t	p
	管理学	-0.16	0.04
法学	教育学	-0.22	0.02
	理学	-0.16	0.03
	医学	-0.40	0.00
文学	医学	-0.33	0.00
理学	医学	-0.24	0.03
工学	医学	-0.35	0.00
医学	管理学	0.28	0.01
	艺术学	0.32	0.01

通过对有关《劳动合同法》知识答题情况分析，总体正确率达59%。其中第7题与第19题正确率最高，达68%，第2题正确率最低，仅为49%（如表4.43所示）。

表4.43 20个条目的正确率（$n = 4682$）

题目	正确率（%）
1. 单位招用劳动者时，可扣押劳动者居民身份证和其他身份证件	52
2.《劳动合同法》对试用期的长短没有规定	49
3. 企业订立规章制度时，应该经过职工大会讨论	67
4. 签劳动合同时只需签一份，交由企业保存	53
5. 企业超过一个月不与职工签书面劳动合同要支付双倍工资	51
6. 劳动合同到期，企业不再和职工续签，企业每满一年要支付一个月的经济补偿金	52
7. 以欺诈、胁迫的手段或者乘人之危，使对方在违背其真实意思的情况下订立的劳动合同无效或者部分无效	68
8. 劳动者提前三十日以书面形式通知用人单位，可解除劳动合同	60
9. 未依法为劳动者缴纳社会保险费的，劳动者可以解除劳动合同，单位要支付经济补偿金	65
10. 企业转产、重大技术革新或者经营方式调整，经变更劳动合同后，仍需裁减人员的，单位可以裁减人员	51

题目	正确率（%）
11. 裁减人员时，应当优先留用"与本单位订立较长期限的固定期限劳动合同的人员"	53
12. 在本单位连续工作满十五年，且距法定退休年龄不足五年的人员，无过错情况下，用人单位不得解除劳动合同	61
13. 用人单位以暴力、威胁或者非法限制人身自由的手段强迫劳动者劳动的，或者用人单位违章指挥、强令冒险作业危及劳动者人身安全的，劳动者可以立即解除劳动合同，不需事先告知用人单位	51
14. 从事接触职业病危害作业的劳动者未进行离岗前职业健康检查，或者疑似职业病病人在诊断或者医学观察期间的，用人单位不能单方解除劳动合同	64
15. 用人单位的规章制度违反法律、法规的规定，损害劳动者权益的，劳动者可以解除劳动合同，单位要支付经济补偿金	67
16. 劳动者依法解除、终止劳动合同，用人单位扣押劳动者档案或者其他物品的应依照规定受到处罚	65
17. 企业职工一方与用人单位可以订立劳动安全卫生、女职工权益保护、工资调整机制等专项集体合同	61
18. 被派遣劳动者享有与用工单位的劳动者同工同酬的权利	61
19. 用人单位劳动条件恶劣、环境污染严重，对劳动者身心健康造成严重损害的，应当承担赔偿责任	68
20.《劳动合同法》施行前已建立劳动关系，尚未订立书面劳动合同的，应当自《劳动合同法》施行之日起一个月内订立	60

由表 4.44 可知，经过方差分析可知，被试学历与正确率之间存在显著差异（$F = 5.38$，$p < 0.001$）。

表 4.44 学历和正确率方差分析（$n = 4620$）

变异来源	SS	df	MS	F	P
组间	1.71	7	0.24	5.38	0.00
组内	209.22	4612	0.05		

由表 4.45 可知，经过事后多重比较分析：在《劳动合同法》相关题目答题

正确率方面，应届的专科毕业生与应届的本科毕业生之间存在显著差异（$p<0.001$），应届毕业的专科生正确率更高；应届的专科毕业生与非应届毕业的在读本科生之间存在显著差异（$p<0.001$），应届毕业的专科生正确率更高；非应届毕业的在读专科生与应届博士毕业生之间存在显著差异（$p<0.05$），应届博士生正确率更高；应届本科毕业生与非应届毕业的在读硕士生之间存在显著差异（$p<0.001$），非应届毕业的在读硕士生正确率更高；应届本科毕业生与应届博士毕业生之间存在显著差异（$p<0.05$），应届毕业的博士生正确率更高；非应届毕业的在读本科生与非应届毕业的在读硕士生之间存在显著差异（$p<0.001$），非应届毕业的在读硕士生正确率更高；非应届毕业的在读本科生与应届博士毕业生之间存在显著差异（$p<0.05$），应届毕业的博士生正确率更高；应届的硕士毕业生与非应届毕业的在读硕士生之间存在显著差异（$p<0.05$），非应届毕业的在读硕士生正确率更高；应届的硕士毕业生与应届的博士毕业生之间存在显著差异（$p<0.05$），应届毕业的博士生正确率更高。

表 4.45　学历和正确率事后多重比较分析（$n=4620$）

学历		t	p
应届专科毕业生	应届本科毕业生	0.04	0.00
	非应届毕业的在读本科生	0.04	0.00
非应届毕业的在读专科生	应届博士毕业生	−0.16	0.04
应届本科毕业生	非应届毕业的在读硕士生	−0.05	0.00
	应届博士毕业生	−0.20	0.03
非应届毕业的在读本科生	非应届毕业的在读硕士生	−0.05	0.00
	应届博士毕业生	−0.17	0.02
应届硕士毕业生	非应届毕业的在读硕士生	−0.05	0.04
	应届博士毕业生	−0.17	0.03

由表 4.46 可知，经过 t 检验分析得知，性别在关于《劳动合同法》题目答题正确率上存在显著差异（$p<0.05$）。女性较之于男性，答题正确率更高。

表 4.46　性别和正确率 t 检验分析（$n=4675$）

正确率	t	df	p
男	−2.34	4512.42	0.02
女			

由表 4.47 可知，经过方差分析的得知，被试学科与关于劳动合同法题目的正确率之间存在显著差异（$F = 7.68$，$p < 0.001$）。

表 4.47 学科和正确率方差分析（$n = 4624$）

变异来源	SS	df	MS	F	P
组间	3.79	11	0.35	7.68	0.00
组内	207.11	4612	0.05		

由表 4.48 可知，经过事后多重比较分析得知：在关于《劳动合同法》答题正确率方面，哲学与历史学之间存在显著差异（$p < 0.001$），哲学正确率更高；经济学与法学之间存在显著差异（$p < 0.001$），经济学正确率更高；经济学与历史学之间存在显著差异（$p < 0.001$），经济学正确率更高；经济学与工学之间存在显著差异（$p < 0.001$），经济学正确率更高；经济学与管理学之间存在显著差异（$p < 0.05$），经济学正确率更高；经济学与艺术学之间存在显著差异（$p < 0.001$），艺术学正确率更高；法学与教育学之间存在显著差异（$p < 0.05$），教育学正确率更高；法学与历史学之间存在显著差异（$p < 0.05$），法学正确率更高；法学与医学之间存在显著差异（$p < 0.001$），医学正确率更高；法学与艺术学之间存在显著差异（$p < 0.001$），艺术学正确率更高；法学与工学之间存在显著差异（$p < 0.001$），工学正确率更高；教育学与工学之间存在显著差异（$p < 0.05$），教育学正确率更高；教育学与管理学之间存在显著差异（$p < 0.001$），教育学正确率更高；教育学与艺术学之间存在显著差异（$p < 0.05$），艺术学正确率更高；文学与历史学之间存在显著差异（$p < 0.001$），文学正确率更高；文学与艺术学之间存在显著差异（$p < 0.001$），艺术学正确率更高；历史学与理学之间存在显著差异（$p < 0.001$），理学正确率更高；历史学与工学之间存在显著差异（$p < 0.05$），工学正确率更高；历史学与医学之间存在显著差异（$p < 0.001$），医学正确率更高；历史学与管理学之间存在显著差异（$p < 0.05$），管理学正确率更高；历史学与艺术学之间存在显著差异（$p < 0.001$），艺术学正确率更高；理学与艺术学之间存在显著差异（$p < 0.001$），艺术学正确率更高；工学与医学之间存在显著差异（$p < 0.001$），医学正确率更高；工学与艺术学之间存在显著差异（$p < 0.001$），艺术学正确率更高，农学与医学之间存在显著差异（$p < 0.05$），医学正确率更高；农学与艺术学之间存在显著差异（$p < 0.001$），艺术学正确率更高；医学与管理学之间存在显著差异（$p < 0.001$），医学正确率更高；管理学与艺术学之间存在显著差异（$p < 0.001$），艺术学正确率更高。

表 4.48 学科和正确率事后多重比较分析 (n＝4624)

学科		t	p
哲学	历史学	0.13	0.00
经济学	法学	0.04	0.00
	历史学	0.11	0.00
	工学	0.04	0.00
	管理学	0.04	0.01
	艺术学	−0.05	0.00
法学	教育学	−0.04	0.01
	历史学	0.08	0.01
	医学	−0.05	0.00
	艺术学	−0.09	0.00
	工学	−0.12	0.00
教育学	工学	0.04	0.01
	管理学	0.05	0.01
	艺术学	−0.05	0.01
文学	历史学	0.10	0.00
	艺术学	−0.07	0.00
历史学	理学	−0.10	0.00
	工学	−0.08	0.01
	医学	−0.13	0.00
	管理学	−0.08	0.02
	艺术学	−0.17	0.00
理学	艺术学	−0.07	0.00
工学	医学	−0.05	0.00
	艺术学	−0.08	0.00
农学	医学	−0.08	0.04
	艺术学	−0.11	0.00
医学	管理学	0.06	0.00
管理学	艺术学	−0.09	0.00

由表 4.49 可知，通过方差分析，学科类型与《劳动合同法》相关题目正确率之间存在显著差异（$F = 26.14$，$p < 0.001$）。

表 4.49 学科类型和正确率方差分析（$n = 4635$）

变异来源	SS	df	MS	F	P
组间	2.36	2	1.18	26.14	0.00
组内	208.83	4632	0.05		

由表 4.50 可知，经过事后多重比较分析：在《劳动合同法》相关题目正确率上，其他类型专业与法学存在显著差异（$p < 0.001$），其他类型专业相较于法学专业正确率更高；其他类型专业与管理学之间存在显著差异（$p < 0.001$），其他类型专业相较于管理学正确率更低；法学与管理学之间存在显著差异（$p < 0.001$），法学相较于管理学正确率更低。这一点应值得注意，也许是法学学生更多注重理论知识，而管理学学生则更关注实务性的法条。

表 4.50 学科类型和正确率多重比较分析（$n = 4635$）

单位类型		t	p
其他	法学	0.04	0.00
	管理学	−0.04	0.00
法学	管理学	−0.09	0.00

二、与职工卷和管理者卷的比较分析

本部分将结合前两章内容，对职工卷、管理者卷和大学生卷进行综合性的比较分析。

通过方差分析的结果显示，管理者、职工、大学生看条文认真程度存在显著差异（$F = 517.81$，$p < 0.001$）（如表 4.51 所示）。

表 4.51 管理者、职工、大学生看条文认真程度的方差分析（$n = 8424$）

变异来源	SS	df	MS	F	P
组间	576.88	2	288.44	517.81	0.00
	4690.82	8421	0.56		

通过事后多重比较结果显示，职工比管理者更认真地看条文（$p < 0.001$），学生比职工看条文更认真（$p < 0.001$），学生比管理者更认真地看条文（$p <$

0.001）（如表4.52所示）。

表4.52 管理者、职工、大学生看条文认真程度事后多重比较分析（n = 8424）

		t	p
职工	管理者	0.51	0.00*
	学生	−0.35	0.00
管理者	学生	−0.86	0.00

通过职工、管理者和大学生的劳动合同履行状况的方差分析的结果显示，职工，管理者和大学生劳动合同履行状况之间差异显著（$F = 104.95$，$p < 0.001$）（如表4.53所示）。

表4.53 职工、管理者和大学生的劳动合同履行状况方差分析（n = 8046）

变异来源	SS	df	MS	F	P
组间	129.26	2	64.63	104.95	0.00
组内	4953.13	8043	0.62		

通过事后多重比较结果显示，职工比管理者履行合同的状况更好（$p < 0.001$），职工比大学生履行劳动合同的程度更高（$p < 0.001$），管理者比大学生履行劳动合同的程度低（$p < 0.001$）（如表4.54所示）。

表4.54 职工、管理者和大学生的劳动合同履行状况事后多重比较分析（n = 8046）

		t	p
职工	管理者	0.36	0.00*
	大学生	0.25	0.00
管理者	大学生	−0.11	0.00

通过方差分析的结果显示，职工、管理者和大学生之间对订立劳动合同必要性的感知差异显著（$F = 84.29$，$p < 0.001$）（如表4.55所示）。

表4.55 职工、管理者和大学生的感知订立劳动合同必要性方差分析（n = 8424）

变异来源	SS	df	MS	F	P
组间	106.94	2	53.47	84.29	0.00
组内	5096.60	8043	0.63		

通过事后多重比较结果显示，学生觉得订立劳动合同的必要性要比职工的感知要强烈（$p<0.001$），大学生比管理者的感知也要更强烈（$p<0.001$）（如表4.56所示）。

表4.56　职工、管理者和大学生对订立劳动合同必要性的感知事后多重比较分析
（$n=8046$）

		t	p
职工	大学生	−0.23	0.00
管理者	大学生	−0.27	0.00

通过方差分析的结果显示，管理者、职工和大学生关于《劳动合同法》实施信心的感知差异显著（$F=12.99$，$p<0.001$）（如表4.57所示）。

表4.57　管理者、职工和大学生关于《劳动合同法》实施信心的方差分析（$n=8046$）

变异来源	SS	df	MS	F	p
组间	24.02	2	12.01	12.99	0.00
组内	7435.73	8043	0.924		

通过事后多重比较结果显示，关于《劳动合同法》的实施，企业管理者比职工更有信心（$p<0.001$），大学生比企业管理者更有信心（$p<0.001$）（如表4.58所示）。

表4.58　管理者、职工和大学生关于《劳动合同法》实施信心的感知事后多重比较分析
（$n=8046$）

		t	p
职工	企业管理者	−0.21	0.00
企业管理者	大学生	−0.20	0.00

通过方差分析的结果显示，关于《劳动合同法》实施的重要原因，管理者、职工和大学生的归因差异显著（$F=50.83$，$p<0.001$）（如表4.59所示）。

表4.59　管理者、职工和大学生关于《劳动合同法》实施重要原因方差分析
（$n=8041$）

变异来源	SS	df	MS	F	p
组间	128.54	2	64.27	50.83	0.00
组内	10164.49	8038	1.27		

通过事后多重比较结果显示，大学生、管理者与职工的归因差异显著（$p<0.001$）（如表 4.60 所示）。

表 4.60　管理者、职工和大学生关于《劳动合同法》实施重要原因事后多重比较分析（$n=8041$）

		t	p
职工	管理者	-0.32	0.00
	大学生	-0.26	0.00

通过方差分析的结果显示，职工、管理者和大学生关于《劳动合同法》实施次要原因的归因差异显著（$F=38.04$，$p<0.001$）（如表 4.61 所示）。

表 4.61　职工、管理者和大学生关于《劳动合同法》实施次要原因的归因方差分析（$n=8041$）

变异来源	SS	df	MS	F	p
组间	102.69	2	51.34	38.04	0.00
组内	10769.78	7980	1.35		

通过事后多重比较结果发现，《劳动合同法》实施的次要原因这一问题上的归因，大学生比管理者和职工要显著（$p<0.001$）（如表 4.62 所示）。

表 4.62　职工、管理者和大学生关于《劳动合同法》实施次要原因的归因事后多重比较分析（$n=8041$）

		t	p
职工	大学生	-0.24	0.00
管理者	大学生	-0.18	0.00

通过方差分析的结果显示，职工、管理者和大学生关于《劳动合同法》实施作用的感知差异不显著（$F=0.48$，$p>0.05$）（如表 4.63 所示）。

表 4.63　职工、管理者和大学生关于《劳动合同法》实施作用方差分析（$n=8041$）

变异来源	SS	df	MS	F	p
组间	10.83	2	5.41	0.84	0.43
组内	51977.73	8038	6.47		

通过方差分析的结果显示，职工、管理者和大学生关于《劳动合同法》是否增加企业成本的认知差异显著（$F=276.58$，$p<0.001$）（如表 4.64 所示）。

表 4.64　职工、管理者和大学生关于《劳动合同法》是否增加企业成本的方差分析

($n=8034$)

变异来源	SS	df	MS	F	P
组间	1087.66	2	543.83	276.58	0.00
组内	15790.94	8031	1.97		

通过事后多重比较结果显示，管理者比职工的感知更显著（$p<0.001$），职工比大学生的感知显著（$p<0.001$），管理者比大学生的感知显著（$p<0.001$）（如表 4.65 所示）。

表 4.65　职工、管理者和大学生关于《劳动合同法》是否增加企业成本的事后

多重比较分析（$n=8034$）

		t	p
职工	管理者	-1.26	0.00
	大学生	0.12	0.00
管理者	大学生	1.38	0.00

通过 t 检验结果显示，关于《劳动合同法》实施的满意度状况评价，职工与管理者之间差异显著（$p<0.001$）（如表 4.66 所示）。

表 4.66　管理者和职工关于《劳动合同法》实施状况满意度

t 检验统计分析（$n=3367$）

	t	df	p
职工	-0.49	3365	0.00
管理者			

通过 t 检验的结果显示，关于《劳动合同法》的执法状况的满意度感知，职工和管理者之间差异显著（$p<0.001$）（如表 4.67 所示）。

表 4.67　职工和管理者关于《劳动合同法》执法状况满意度 t 检验统计分析

($n=3367$)

	t	df	p
职工	-0.42	1031.32	0.00
管理者			

通过 t 检验结果显示，职工和管理者关于《劳动合同法》遵守状况的满意

度感知差异显著（$p<0.001$）（如表4.68所示）。

表4.68 职工和管理者关于《劳动合同法》遵守状况满意度 t 检验统计分析

（ $n=3367$ ）

	t	df	p
职工	-0.67	3364	0.00
管理者			

通过 t 检验的结果显示，职工和管理者对于工会在《劳动合同法》实施状况的满意度感知差异显著（$p<0.001$）（如表4.69所示）。

表4.69 管理者和职工对工会在《劳动合同法》实施状况中的满意度

t 检验统计分析（ $n=3367$ ）

	t	df	p
职工	-0.57	948.43	0.00
管理者			

通过 t 检验的结果显示，职工和管理者对《劳动合同法》的遵守情况差异显著（$p<0.001$）（如表4.70所示）。

表4.70 劳动合同遵守情况 t 检验统计分析（ $n=2958$ ）

	t	df	p
职工	0.40	1000.95	0.00
管理者			

通过 t 检验的结果显示，关于是否签订集体合同的情况，职工和管理者的差异显著（$p<0.001$）（如表4.71所示）。

表4.71 是否签订集体合同情况 t 检验统计分析（ $n=3460$ ）

	t	df	p
职工	0.54	1133.73	0.00
管理者			

由表4.72可知，经过 t 检验分析，职工被试与管理者被试在签订劳动合同年限情况上存在显著差异（$p<0.05$）. 职工在签订劳动合同时相较于管理者，更倾向于签订较长年限的劳动合同。

表 4.72　签订劳动合同年限情况 t 检验统计分析（$n=3376$）

	t	df	p
职工	0.19	1172.18	0.01
管理者			

由表 4.73 可知，经过 t 检验分析，职工被试与管理者被试在认为规章制度合理情况方面存在显著差异（$p<0.001$），职工在规章制度合理性方面相较于管理者认为更加不合理。

表 4.73　规章制度合理情况 t 检验统计分析（$n=3354$）

	t	df	p
职工	0.09	1022.65	0.00
管理者			

由表 4.74 可知，经过 t 检验分析，在变更劳动合同时用人单位是否与职工协商上，职工被试与管理者被试存在显著差异（$p<0.001$）。职工被试较之于管理者被试更倾向于认为用人单位未与职工协商。

表 4.74　变更劳动合同时用人单位是否与职工协商 t 检验统计分析

（$n=3361$）

	t	df	p
职工	0.31	3359	0.00
管理者			

由表 4.75 可知，经过 t 检验分析，在变更劳动合同时，是否经书面记载上，职工被试与管理者被试存在显著差异（$p<0.001$）。职工被试较之于管理者被试更倾向于认为用人单位未与职工协商。

表 4.75　变更劳动合同时，是否经书面记载 t 检验统计分析（$n=3360$）

	t	df	p
职工	0.35	1305.72	0.00
管理者			

由表 4.76 可知，经过 t 检验分析，在变更劳动合同后，劳动者是否持有一份变更后的劳动合同上，职工被试与管理者被试存在显著差异（$p<0.001$）。职工被试较之于管理者被试更倾向于认为变更劳动合同后，职工被试未持有变更

后的劳动合同。

表 4.76　变更劳动合同后，劳动者是否持有一份变更后的劳动合同
t 检验统计分析（$n=3360$）

	t	df	P
职工	0.00	1297.55	0.00
管理者			

由表 4.77 可知，经过 t 检验分析，在解除劳动合同与职工协商情况方面，职工被试与管理者被试存在显著差异（$p<0.001$），相较于管理者被试，职工被试更倾向于认为解除劳动合同时并未与管理者协商。

表 4.77　解除劳动合同与职工协商情况 t 检验统计分析（$n=3364$）

	t	df	P
职工	0.31	1294.84	0.00
管理者			

由表 4.78 可知，经过 t 检验分析，在解除劳动合同是否通知工会情况方面，职工被试与管理者被试存在显著差异（$p<0.001$），相较于管理者被试，职工被试更倾向于认为解除劳动合同时并未通知工会。

表 4.78　解除劳动合同是否通知工会情况 t 检验统计分析（$n=3364$）

	t	df	p
职工	0.51	1190.92	0.00
管理者			

由表 4.79 可知，经过 t 检验分析，在企业裁减职工时，是否提前三十日向工会或者全体职工说明情况方面，职工被试与管理者被试存在显著差异（$p<0.001$），相较于管理者被试，职工被试更倾向于认为企业裁减职工时，未提前三十日向工会或者全体职工说明情况。

表 4.79　裁减职工时说明情况 t 检验统计分析（$n=3367$）

	t	Df	p
职工	0.59	1384.906	0.00
管理者			

通过 t 检验的结果显示，职工和管理者对于企业的忠诚度存在显著差异（$p<0.001$），职工比管理者对企业的忠诚度要高（如表4.80所示）。

表 4.80 忠诚度 t 检验统计分析（$n=3306$）

	t	df	p
职工	0.14	1032.22	0.00
管理者			

第五章

劳资潜规则的成因：基于制造业企业的分析

本章通过考察员工与管理者对于特定条款的认知、情感、理解等心理要素，对相应条款在实践中的可行性形成了侧面的补充；通过对潜规则成因的具体分析，挖掘潜规则聚集的用工环节，为对应条款的查漏补缺提供了初步的方向，并为执行过程的监管督察提供了生动的切入点和可行的建议。同时，本章把法律心理学中"法律意识"元素作为核心的观察视角，对拓展潜规则的学术研究也具有一定启示。

第一节　潜规则形成的法律意识视角

在过往的潜规则分析框架中，对于法律心理的研究相对很少。本节试图以法律意识为分析工具和思维原点，分析出一套基于法律化意识的"法律化"惯习，从而推论劳资关系中各类潜规则的成因。

一、法律意识作为潜规则成因的解释路径

法律意识其实更多的是出现在法律心理学研究中的概念。作为研究法律相关心理活动规律的应用社会心理学领域，法律心理学关注的领域相对于传统法学而言，有着不同的侧重点。相较于"本本上的法"（即法律规范与法律体系中规定的主体权利义务）和"现实中的法"（即法律执行过程中发生的偏差与法律效果的评估），法律心理学关注的核心是"观念中的法"，也就是人们头脑中关于法律的理解（王维林，2004）。这种观念中的法，就是"法律意识"（张文显，1988）。

在更明确的学术定义方面，法律意识可以被理解为与群体或个体心理特征相联系的，人们对于法律现象的知识、情感和意志的总和，在内容上可具体表

现为人们对法律规范的知晓、理解和把握，对法律本身和行为的态度和评价，以及对各类法律现象的观点等（郑成良，1999）。

事实上，法律意识在法律心理学领域里，不仅仅是一个概念，还是一整套重要的研究问题。法律心理学是因心理学对司法实践的关注及其对司法制度的影响而诞生的交叉学科，因此，从诞生之初便具有鲜明的应用性和实践性，其生命力也很大程度地体现在对于司法公正的推动上（乐国安，2012）。对此，法律心理学的创始人之一萨利姆有过这样的论述："对于心理学与法律和社会过程相互作用的最基本的一项挑战就是：针对最主要的社会不公正现象能否恰当地运用相关的知识与技能，使得社会的政策和行为能够在深层的意义上更加符合公平、权利和正义。"而在现实生活中，易于体系化论证的法律自身的发展仅仅是实现公平、权利和正义的基本前提，相反，不易量化的法律的执行效果却直接关系到理想的蓝图能否实现。而法律意识正是法律执行效果评价的一个指标：民众有良好的法律意识，通常意味着较好的法律效果，这在诸多实证研究中早已得到了证实。因此，它才会如此频繁地作为测量工具，出现在法律心理学的研究中。

上述的事实给予了我们很大的启发和思考，其中重要的一个问题便是，法律意识作为一种纯粹的心理因素，是如何影响法律的执行效果的？我们设想出了一种可能的解释路径，那就是将法律意识的概念移植到文化心理学的框架之下，将其作为一种特殊的社会意识加以考量：法律意识作为一种心理结构，也可以被理解为一套"法律化"的惯习，即使得社会主体持久稳定地表现出"法律化"的思维方式和行动倾向，从而将法律的要求内化为自我的要求，将法律的需要当成自身的需要，进而在无意识的状态下做出符合法律规范的思考和行动。于是，当他遇到问题的时候，会主动选择与法律规则相符合的路径，主动规避其中的潜规则，而不会审时度势、因地制宜地迎合、利用潜规则；由此，法律效果的提升也就是显而易见的结果。

这样的解释路径，恰好可以为劳资关系潜规则心理性成因的探索提供一个崭新的研究框架：在该框架下，拥有特定法律意识的制造业私企员工和管理者们，在"法律化"惯习的影响下，表现出在不同的情境下遵循《劳动合同法》的规定或转而投向潜规则的特定的思想和行动倾向。换言之，如果劳资关系双方均拥有与潜规则相亲和的法律意识，那么就可以作为潜规则成因的一套有效解释。

那么，剩下的问题便是，法律意识是否真的可以被理解为能够在特定情境下影响社会主体思维方式和行动倾向的"法律化"惯习？我们可以发现二者在某些维度上是有类似之处的。惯习虽然具有即兴生成的能力，但总体而言受限于行动者所处的历史和社会条件，因而具有明显的地域性特征；同样，法律意识作为人们在特定社会条件和社会文化的影响下，自然形成的对于法律的各个维度的体验、观感、态度，也是植根于特定地域之中的。因此，二者都因受制于特定的背景场域，而具有一定的集体性、规律性和文化性，并不等同于个体的行为和现象。此外，在惯习的影响下，社会主体的思考与行动往往是在接受无意识的状态下做出的，而法律意识也具有类似的对行动者的影响力。在下文中，我们将通过对法律意识横向结构的剖析来具体分析这种影响力的来源。

二、法律意识的三大构成要素

作为包括诸多相互关联要素的复杂概念，法律意识并不仅仅具有单一的内涵，而是具有其特定的横向结构。刘旺洪在《法律意识之结构分析》（2001）一文中，针对法律意识的横向结构一致性进行过详细的论述。他认为，法律意识的横向结构是按照人们对于法律现象的主观把握方式来进行划分的，分为法律知识、理想、情感、意志和信仰，知识是对于法律现象最基础的认识水平，理想是对于法律与社会秩序应然状态的理解，情感体现对法律的总体的正面和负面的态度，意志是维护法律、拒绝违法行为的行动倾向，信仰则是在情感和意志基础上将自身行为形塑成与法律要求相一致的深层次心理动机。

可以发现，法律意识横向结构中的上述五个要素涵盖了社会主体对自身和外部环境的考量，描绘出"了解—期待—喜爱—遵守—完全内化"的由"人"到"法律化的人"的发展路径。这与"惯习"作为一种倾向系统、存在方式和习惯性的状态，从产生到最终内化并引导行动者进行实践的过程，具有很大的相似性。而在进一步剖析了上述的部分要素的概念和对行动者的影响机制后，我们清晰地认识到，法律意识也有着塑造"法律化"的思维方式和行动倾向的功能，因而确实可以被理解为惯习本身或至少一种类似于惯习的存在。

由于法律理想和法律信仰对于当前的劳资关系双方而言，都太过脱离其生活实际，因此，在本研究中，我们选取了法律意识横向结构中的另外三项作为劳资关系潜规则心理成因的三个可能的具体方面进行研究，分别是制造业私企员工和管理者对于劳动合同法的法律知识、法律情感和法律意志。

法律知识代表了社会主体对于现行法律内容和特点等方面的了解程度，包括对于法律具体条款的了解，也包括法律价值理念和运作过程的了解。它实际上反映了社会主体对于法律"是什么"的认知情况，具体到《劳动合同法》框架下的劳资关系领域，便主要体现为"我这类情况《劳动合同法》到底管不管"。可想而知，只有当员工和管理者对此做出肯定的理解，《劳动合同法》的应用才得以成为可能，否则，在作为"显规则"的法律被认为"实效"的情况下，其将必然转向使用潜规则来解决自身的问题。

法律情感代表了社会主体对法律的感觉和情绪。如果社会主体十分热爱特定的法律或至少对其抱持积极的情感，那么他会更倾向于在法律框架下思考和行动；反之，人们则会想办法逃离"恶法"，而发展出众多的潜规则。法律情感既受到人们对于法律是不是倾向于保护自身的价值性判断的影响，也受到人们对于法律的具体条款是不是正当合理的规范性判断的影响，同时与基于法律实施效果的经验性判断有关。具体到《劳动合同法》框架下的劳资关系领域来看，员工们可能会因为《劳动合同法》非常偏向于保护自己而对其产生深刻情感，从而主动地遵守其规则行事；而管理者们则可能因为相反的体验而对其进行排斥、规避。

法律意志则代表了社会主体整体上在法律方面的意志品质，它表现为主体在自身权利被侵害时，能够不畏诱惑和胁迫，以法律为武器为权利而斗争，并且在任何情况下都能自发地严格守法和护法的坚定状态，其实质是衡量人们遵守和维护法律的态度会不会因为法律在解决其自身问题方面"是不是最实用"而发生转移。在薄弱的法律意志下，人们很容易因为种种现实的考虑而放弃法律维权，具体到《劳动合同法》框架下的劳资关系领域，便可能会出现员工或管理者由于认为法律作为武器在效率和可靠性等方面表现落后，转而倒向以人情关系或暴力为载体的潜规则。

综上所述，作为法律意识的横向结构中的三个因素，法律知识、法律情感和法律意志共同形塑着社会主体的"法律化"思维方式和行动倾向，并相互影响，不可分割。在下文中，我们就将从这三个维度出发，具体地解释法律意识对于潜规则形成过程的影响机制。

第二节　制造业企业的调查对象基本情况

之所以将研究对象限定为制造业私企，是出于以下三项考虑：第一，制造业是劳动密集型行业，面临更为复杂的劳资关系；第二，私有企业相对于外资企业和国有企业，更有可能因资方强势或管理不严而存在形形色色的潜规则；

第三，在作者的社会网络中，类似的企业和熟识的管理者相对较多，便于研究的开展。本节将分析制造业企业潜规则的表现形式、发生频率和员工与管理者对《劳动合同法》的具体认知情况，运用深度访谈的定性研究方法探究这种认知情况作为潜规则的成因之一，在潜规则的产生、传递、发展、流行等过程中所发生的作用，从而获得关于潜规则如何作为一项非正式制度而发挥相对稳定的结构制约性并保持动态平衡的学理上的认识。

一、问卷调查中的制造业企业调查对象

本节仅选取定量调查中的制造业私企职工及管理者样本用于分析。其中，制造业企业职工样本为318人，管理者样本为202人。表5.1和表5.2分别为受访职工学历和职业、受访管理者所在用人单位的一些基本情况。

表5.1 A卷制造业企业职工人口统计学描述

		全体职工 （n=3001）		制造业企业职工 （n=318）	
		n	%	n	%
性别	男	1493	49.8	181	56.9
	女	1505	50.2	137	43.1
年龄段	20周岁以下	94	3.1	8	2.5
	20~29周岁	1745	58.2	210	66.0
	30~39周岁	742	24.7	79	24.8
	40~49周岁	367	12.2	18	5.7
	50周岁及以上	53	1.8	3	1.0
受教育程度	小学及小学以下	14	0.5	0	0.0
	初中	105	3.5	15	4.7
	高中	187	6.2	39	12.3
	中专/技校/职高	183	6.1	28	8.8
	大专	610	20.4	82	25.8
	本科	1602	53.5	147	46.2
	研究生及以上	295	9.8	7	2.2

		全体职工 （n = 3001）		制造业企业职工 （n = 318）	
		n	%	n	%
职业	生产工人	323	10.8	74	23.3
	后勤服务人员	399	13.3	55	17.4
	专业技术人员	1228	41.0	122	38.5
	科研人员	516	17.2	46	14.5
	基层、中层管理人员	185	6.2	8	2.5
	其他	346	11.5	12	3.8

表5.2　B卷制造业企业管理者的人口统计学描述

		全体受访管理者 （n = 748）		制造业私企管理者 （n = 202）	
		n	%	n	%
单位规模	50 人及以下	116	15.5	15	7.4
	51~100 人	101	13.5	30	14.8
	101~200 人	139	18.6	40	19.8
	201~300 人	80	10.7	36	17.8
	301~400 人	57	7.6	26	12.9
	401~500 人	75	10.0	24	11.9
	501 人及以上	180	24.1	31	15.4
是否通过SA8000	否	208	27.9	42	20.8
	是	378	50.7	101	50.0
	正在申请	116	15.6	50	24.8
	其他同类认证	43	5.8	9	4.5

从上述分布状况中可以看出，本次问卷调查的主要对象相对于下文研究者自行选取的深度访谈受访者而言，显得更为年轻、受教育程度更高、专业技术人员比例更高，且管理者所在用人单位普遍具有更大的规模。这无疑为二手数据反映出的结果对深度访谈受访者是否适用的问题提出了挑战。但基于大规模调查所获得的对于劳资关系潜规则的形式及员工与管理者对于《劳动合同法》

的部分态度, 仍是有着重要参考意义的: 这些结论不仅与定性研究的结论间形成了相互印证, 而且指导着深度访谈的整体方向。

二、制造业企业访谈对象的基本情况

深度访谈采取研究者和受访者一对一访谈的形式, 重点了解以下情况: 受访者所在单位存在的劳资关系潜规则现象, 受访者对于该潜规则的态度和评价, 受访者对于《劳动合同法》的认识、情感和需求, 以及受访者认为上述法律意识会如何影响自身对于潜规则的态度和评价。

访谈对象的基本选取原则是, 首先圈定合适的用人单位, 然后在单位内部各自分别选取员工和管理者接受访问, 即保证员工与管理者之间存在基于工作单位的对应关系。这样可以在对其访谈内容进行相互验证的同时, 根据前一场访谈获取的信息调整后一场访谈的策略, 针对已了解的问题对后一场的受访者进行追问, 尽可能获取 "不同岗位的人" 对 "同一件事" 在认知和理解上的差异, 从而通过访谈实现对于《劳动合同法》相关的潜规则文化心理成因的深度挖掘。

遵循上述原则, 我们首先选定了 6 家与研究者有关联的制造业私营企业: 其中, 某贤实业总公司为研究者父亲的朋友所在企业, 正某阳机械制造有限公司为研究者哥哥所有企业, 某志机械制造有限公司为研究者叔叔所有企业, 某明机械制造有限公司为研究者叔叔的朋友所有企业, 利某公司为研究者同学所在企业, 展某外贸公司则为研究者同学一年前所在企业。受访者所在企业分别位于 RG、WX、SH 三市。各单位在人事构成等方面的基本情况如表 5.3 所示。

表 5.3 深度访谈受访者所在单位基本情况

单位	所属行业	单位所有制	所在地	员工规模	管理者人数
某贤实业总公司	制造业	私营企业	RG 市	56	6
正某阳机械制造有限公司	制造业	私营企业	WX 市	3	1
某明机械制造有限公司	制造业	私营企业	RG 市	15~20	2
某志机械制造有限公司	制造业	私营企业	RG 市	16	4
展某外贸公司	制造业	私营企业	SH 市	34	1
利某公司	制造业	私营企业	SH 市	200+	未知

在选定上述 6 家制造业私企后, 我们先对其中的熟人进行约访, 然后通过滚雪球的方式, 由最开始的受访者依次引见其余受访者。由于需要完成对 10 名管理者的访谈, 而管理者在企业中相对于员工而言, 在数量上处于绝对的少数,

因此选择受访管理者的原则是尽可能对上述企业所有的管理者都进行一轮邀约。最终，除利某公司由于规模较大、难以与管理者建立直接联系外，在其余5家制造业私企均实现了对管理者的深度访谈。

而在10名受访员工的选取方面，为尽可能顺利地实现研究目标，在选择访谈对象的过程中遵循了以下三条原则：首先，对受访员工进行简单的配额，争取在基本特征方面兼顾男女两性、不同年龄段和在本单位的不同工种；其次，进行一些基于特定项目的甄别，如优先邀约曾经经历过纠纷的员工及管理者这类特殊人群，对其进行重点访问；最后，尽管受教育程度被认为是影响法律意识的潜在变量，理论上访谈应涵盖不同受教育程度的人群，但在实际操作中由于受教育程度较低的人群在问题理解和表述方面存在一定困难，因此，作为折中方案，受访者以高中及以上文化程度为主，同时采访2~3名小学及初中文化员工及受访者作为补充。

最终，我们选定了20名制造业私企员工及管理者进行了深度访谈，受访者的基本情况如表5.4所示；在下文中，统一以"地域-姓氏-数字编号"的格式对其访谈内容进行引用。

表5.4 深度访谈受访者个人基本情况

单位	职业	姓名	年龄	性别	受教育程度
某贤实业总公司	管理者	常某	47	男	高中
	管理者	丁某某	52	男	高中
	管理者	蔡某某	40	女	大专
	管理者	陆某	28	女	大专
	电焊工人	冒某某	37	男	高中
	电焊工人	余某某	45	男	初中
正某阳机械制造有限公司	管理者	秦某某	29	男	本科
	销售	李某某	29	女	本科
	后勤人员	郑某	54	女	初中
某明机械制造有限公司	管理者	王某	30	男	本科
	管理者	李某某	42	女	大专
	钳工	于某某	26	男	初中
	钳工	徐某	28	男	高中

单位	职业	姓名	年龄	性别	受教育程度
某志机械制造有限公司	管理者	朱某	55	男	初中
	管理者	赵某某	47	男	大专
	电焊工人	强某某	56	男	高中
	电焊工人	彭某	43	女	高中
展某外贸公司	管理者	汤某某	36	男	本科
	前业务员	黄某某	26	女	本科
利某公司	财务人员	戴某	24	女	本科

其他更多访谈相关内容请见附录 D。

第三节　制造业企业中的劳资关系潜规则形式

本节将从劳动合同订立、劳动合同内容的设置和劳动合同的履行三个方面，对定量调查数据及定性深度访谈过程中反映出的制造业私营企业在劳资关系中存在的潜规则进行梳理和归纳，以期对当前潜规则存在的形式及其外部成因获得一些初步的认识。

一、劳动合同订立："因人而异"与"短工优先"

现行的劳动合同法明确规定：建立劳动关系，应当订立书面的劳动合同。劳动合同作为劳动者和用人单位之间确立劳动关系的重要证据，任何一方不签劳动合同都要承担相应的法律后果。尽管为加大对劳动者权益的保护，在已存在劳动关系但在双方未以书面形式订立劳动合同的情况下，法律规定，除劳动者有其他意思表示外，均视为双方已订立无固定期限劳动合同，并在用人单位和劳动者对是否存在劳动关系有不同理解时，除有相反证明的以外，以有利于劳动者的理解为准，从而大大减轻了在发生劳动关系认定纠纷时，作为相对弱势方的劳动者的举证责任，但用书面订立劳动合同的做法，相对于口头订立和不订立合同而言，无疑可以更大程度地降低劳动者所面临的各项风险。

然而，调查数据的结果显示，尽管绝大多数受访者所在的用人单位按照法律规定，与之签订了书面劳动合同，但仍不能达到百分之百遵守，且签订合同的比例在不同单位所有制和行业类型之间，表现出显著的差异，如表5.5所示。

表5.5　不同单位所有制及行业用人单位与员工签订书面劳动合同的情况

		明确签订书面合同		明确未签订书面合同	
		n	%	n	%
	小计	2235	82.1	345	12.7
	制造业私营企业	252	82.1	45	14.7
单位所有制	国有及国有控股企业	828	90.6	47	5.1
	集体企业	113	77.4	23	15.8
	外商投资企业	188	92.6	9	4.4
	港澳台投资企业	42	93.3	2	4.4
	私营企业	801	80.2	166	16.7
	个体户	49	41.5	55	46.6
行业类型	制造业	547	86.8	63	10.0
	建筑业	157	79.7	30	15.2
	住宿、餐饮业	50	64.1	16	20.5
	批发、零售业	108	70.1	36	23.4
行业类型	交通、运输、邮政业	103	83.7	15	12.2
	家政等居民服务业	40	71.4	15	26.8
	金融等现代服务业	456	88.7	38	7.4
	教育等公共服务业	376	80.3	62	13.3

　　由表5.5可以看出，在劳动合同订立的环节中，不同的单位所有制以及不同类型的行业，其签订书面劳动合同的状况存在较为明显的分化。大多数企业能按照《劳动合同法》的要求进行合同的签订，在参与调查的3000名员工中，有82.1%的受访者明确表示在入职时与企业签订过书面劳动合同；但身处部分特定的所有制单位和行业，仍然可能会导致部分员工面临"无合同可依"的巨大风险：相对于在港澳台投资企业（93.3%）、外商投资企业（92.6%）和国有及国有控股企业（90.6%）工作的员工而言，在私营企业（80.2%）和集体企业（77.4%）工作的员工无法签订书面合同的风险显然更大，而在个体老板处工作的员工，其书面合同签订率甚至不足五成（41.5%）；与此同时，在住宿、餐饮业（64.1%），批发、零售业（70.1%）和家政等居民服务业

（71.4%）等行业工作的员工，书面合同签订率也显著低于金融等现代服务业（88.7%）、制造业（86.8%）和交通、运输、邮政业（83.7%）的员工。总体而言，本研究研究的制造业私营企业员工在书面合同签订率方面处于平均水平（82.1%），距离《劳动合同法》规定的百分百签订书面合同的要求尚有提升的空间。

然而，与不同类型单位间的差异相比，在劳动合同的订立方面还存在一类更为隐性的潜规则，那就是在同一用人单位中"因人而异"的情况。尽管调查数据中缺乏指代"同一"单位的相应变量，但在控制了单位所有制和所在行业类型后，同为在制造业私企工作的员工，其书面合同签订率在一些指标上表现出的显著差异，已经能说明一部分问题，如表5.6所示。

表5.6 制造业私企与不同特征员工签订书面劳动合同的情况（$n=307$）

		明确签订书面合同		明确未签订书面合同	
		n	%	n	%
小计		252	82.1	45	14.7
性别 （$p=0.248$）	男	150	84.3	21	11.8
	女	102	79.1	24	18.6
年龄段 （$p=0.965$）	20 周岁以下	6	75.0	2	25.0
	20~30 周岁	172	83.1	27	13.0
	30~40 岁	59	80.8	12	16.4
	40~50 岁	12	75.0	4	25.0
	50 周岁及以上	3	100.0	0	0.0
受教育程度 （$p=0.153$）	小学及小学以下	0	0.0	0	0.0
	初中	13	92.9	1	7.14
	高中	26	68.4	10	26.32
	中专/技校/职高	24	85.7	4	14.29
	大专	61	78.2	17	21.79
	本科	121	85.2	13	9.15
	研究生及以上	7	100.0	0	0.0

		明确签订书面合同		明确未签订书面合同	
		n	%	n	%
职位 ** ($p=0.009$)	生产工人	54	75.0	11	15.2
	后勤服务人员	38	70.4	14	25.9
	专业技术人员	107	89.2	12	10.0
	科研人员	38	90.5	4	9.5
	基层、中层管理人员	8	100.0	0	0.0
工会 *** ($p=0.000$)	是工会成员	96	93.2	5	4.9
	不是工会成员	146	78.9	32	17.3
工龄 ** ($p=0.005$)	1 年及以下	33	75.0	8	18.2
	1 年以上	219	83.3	37	14.1

注: p 值为 X^2 检验结果, *<0.05, **<0.01, ***<0.001。

可以发现，用于描述"我是谁"的员工特征变量，和用于描述"我在单位是谁"的员工特征变量，在书面合同签订率的卡方检验过程中，表现出截然不同的影响：用人单位并不会因为员工是一位年轻的男性而增加与之签订合同的可能性，拥有较高的受教育程度——通常也意味着具有更完备的法律知识和利用法律自我保护的意识，也不会在签合同这件事上发挥决定性的作用；相反，如果员工是一位专业技术人员（89.2%），或在科室（90.5%）工作，那么其获签书面合同的可能性会较生产工人（75.0%）和后勤服务人员（70.4%）有显著的提高，尤其是在他进入管理层的阶段（100.0%），如果他还恰好参加了工会（93.2%），或有着 1 年以上在本单位的工龄（83.3%），那么他将获得更为明显的书面合同签订方面的优势。上述的结果都指向了一类同一单位中"因人"而决定签订合同与否的潜规则。

事实上，在深度访谈过程中，此类的现象曾多次被受访者提及，并作为劳动合同订立过程中一类典型的潜规则而出现。其产生基础是受国内实体经济增长放缓的宏观环境影响，部分制造业私营企业，尤其是小微企业在经营上面临一定的困难，而作为劳动密集型企业，经营上的压力往往直接投射为人力资源管理上的压力，"今年能不能养活这么多人全看能不能接到这么多单子"，因此，用合同留下"关键人物"而尽力不让合同成为遣散普通员工的障碍，就成为众多管理者的普遍策略。

一位受访的管理人员形象地用"灵活性"的概念对这一现象进行了阐述：

> 很简单的考虑，就是要灵活，有的人，我会希望他能比较稳定，比如说这个技工，因为再换一个人的话，中间的周期可能会比较长。然后一般的工人的话，因为我这边是做机械的来料的代加工，一方面是看我上游的这一块，今年的整体的效益好不好，另外一方面就是看我公司今年的销售做得好不好，到底能谈下来多少单子，所以好的时候和不好的时候差别是比较大的。这个时候肯定不能保证一直能养这么多工人。

> ——RG-W-008，某明机械制造有限公司管理者

另一个原因则来自当前劳动力市场上劳资双方地位的不对等：经济形势下行，求职难度增加，一个饭碗众人抢夺，从而使得管理者具备了"挑人签合同"的谈判资本。这里的"人"可能指具有专业技术的人员，也包括管理者的亲戚或其他关系户，甚至包括"顺眼的人"。在这种情况下，管理者似乎不把签订劳动合同当作法律之必然要求，而作为一种"福利"进行选择性的发放。

> 绝大多数员工还是希望和老板搞好关系的。少数不知道的，我也有办法尽量地不要给我自己找麻烦，那就是我觉得可能比较麻烦的人，直接就不签合同了。

> ——SH-T-009，展某外贸公司管理者

而制造业私企管理者们为了追求用人的灵活性，除了在"签不签"的问题上做文章之外，还在"签多久"的问题上发展出另一套"短工优先"的潜规则，在劳动合同期限方面呈现出明显的短期化特征。

调查数据表明，在制造业私企中员工的合同期限普遍较短，其中有22.7%的员工仅签订了1年及1年以下的短合同，而49.6%的员工合同期限为2~3年。而在不同的职位中，又以生产工人的合同期限相对最短：如表5.7所示，有38.2%的生产工人合同期限在1年及1年以下，在所有职业中比例最高，另有32.7%的工人签有2~3年期的合同。相对于生产工人而言，其他职业的人员拥有长期合同的比例均更高，尤其是专业技术人员。

表5.7　制造业私企不同职业员工劳动合同期限分布情况（$n=255$）

		%					
		1年及1年以下	2~3年	4~6年	7年及7年以上	无固定期限	完成一定任务为期限
职位 ***（$p=0.000$）	生产工人	38.2	32.7	7.3	3.6	16.4	1.8
	后勤服务人员	20.5	53.9	15.4	5.1	5.1	0.0
	专业技术人员	16.7	50.9	19.4	4.6	8.3	0.0
	科研人员	21.1	57.9	13.2	0.0	7.9	0.0
	管理人员	37.5	50.0	0.0	0.0	12.5	0.0
	其他	0.0	85.7	0.0	0.0	14.3	0.0

注：p 值为 X^2 检验结果，* <0.05，**<0.01，*** <0.001。

劳动合同期限是劳动关系当事人双方享有权利和履行义务的时间，劳动合同的短期化影响了劳动者的职业稳定感并增加了由合同到期而产生的生计风险，因此，访谈中的受访者大多希望合同时间延长。但有趣的是，并不是所有受访者都认为短期合同对劳动者而言是一种"不利"，对于部分受访者而言，其职业选择具有很大的以工资为导向的不稳定性，也就是"哪里钱多去哪里"，超出1年的合同期对他们并无价值，而是妨碍了他们的就业决策与流动自由。于是，这部分员工与管理者在对于"灵活"的追求方面反而达成了部分的一致，从而推动了短期合同在当地成为一项普遍的潜规则。

此外，在劳动合同签订过程中，还存在一些程序上的不合法之处，如管理者统一代签合同、拒绝解释及发给员工备份合同等现象，在此不再一一展开。

二、合同内容设置："宽己严人"与"为所欲为"

劳动合同作为劳动者与用人单位之间确立劳动关系，明确双方权利和义务的协议，在依法订立后，即成为具有法律约束力的载体，因此，劳动合同的内容也应该具备权利和义务的统一性和对应性。

然而，由于在当前的实践中，劳动合同的内容大多为用人单位单方或作为主导方加以设置的，因而也成为劳资关系潜规则的重灾区。通过调查数据（如表5.8和表5.9所示），我们发现，仅有24.2%的制造业私企员工认同自己的劳动合同是完全"双方平等的"，而明确表示合同内容"有些不平等"和"不平等"的比例总共达到了18.4%。并且，作为生产工人的制造业私企员工，相对于其他职位员工而言，更倾向于认为合同内容不平等。事实上，在深度访谈中，了解到的情况似乎更糟。

表 5.8　制造业私企员工对劳动合同平等性的看法（$n=256$）

	N	%
双方平等	62	24.2
基本平等	147	57.4
有些不平等	42	16.4
不平等	5	2.0

表 5.9　不同职位制造业私企员工对劳动合同平等性看法的差异

		%	
		双方平等或基本平等	有些不平等或不平等
职位 ** ($P=0.008$)	生产工人	85.1	14.9
	后勤服务人员	89.0	11.0
	专业技术人员	87.7	12.3
职位 ** ($P=0.008$)	科研人员	90.9	9.1
	管理人员	93.0	7.0
	其他	92.2	7.8

注：p 值为 X^2 检验结果，* <0.05， **<0.01， *** <0.001。

追求产生劳动合同内容不平等的原因，用人单位在条款安排方面的"宽己严人"和条款设计方面的"为所欲为"是两个最为主要的方面。

"宽己严人"集中体现在劳动合同对于劳资双方权利与义务篇幅的不对等安排，即用人单位在劳动合同上花费大量的篇幅放置用于约束和规范劳动者行为的条款，片面强调劳动者的义务而有意忽视单位的义务，甚至将劳动合同作为管理劳动者的工具。在访谈中，这样的情况非常常见，制造业私企的受访员工普遍认为，由于合同是管理者订的，且劳动者几乎无法参与合同内容的制定过程，甚至看不到或无法完全理解合同内容，所以管理者"几乎不会写限制他自己的条款"。

本身合同就是老板他们拿出来的，然后就让你在那边签一个字，你又没得可商量，里面的东西他肯定都是规定你要怎么样的，出了事就拿来找你算账。

——RG-Q-018，某志机械制造有限公司电焊工人

　　而关于制造业私企员工劳动合同条款设置情况的调查数据也证实了这一倾向。在表5.10中我们可以看到，设置比例最大的是劳动纪律条款（78.5%），其次为工作地点内容条款（70.7%），而这两项均可以视作是对于劳动者的"指导性"规定。尽管表中条款的设置比例还可能受到该条款是属于必备还是协商约定内容的影响，但同为必备条款的违约金条款，却可能由于对劳资双方均有约束作用，而导致设置比例显著更低（57.3%）。

表5.10　制造业私企员工劳动合同条款设置情况（n=255）

	n	%
有工作地点内容的条款	181	70.7
有可以调动工作岗位的条款	137	53.5
有劳动纪律条款	201	78.5
有单位提供专项培训费用的违约金条款	116	45.3
有其他的违约金条款	146	57.3

　　除了将劳动合同理解为管理工具的错误想法所导致的"严人"倾向外，用人单位在条款上也存在不少"宽己"的现象。这种"宽"常常体现为对自身义务的隐藏。在劳动合同中规避奖金等激励形式就是一个典型的例子，如表5.11所示。

表5.11　制造业私企员工及管理者反映的将奖金等激励形式写入合同的情况

	员工（n=240）		管理者（n=184）	
	n	%	N	%
有	112	46.7	103	56.0
没有	128	53.3	81	44.0

　　可以发现，有接近半数的制造业私企管理者（44.0%）坦言自己并不会将这些激励形式写进合同，而表示合同上没有类似项目的员工的比例则达到了53.3%。在深度访谈中，部分受访管理者认为此类"宽几"纯粹是由于客观情况的限制：由于单位规模较小，盈利能力不稳定，因此很难在基本工资以外的福利方面做到言出必行，为降低风险，所以选择将其从劳动合同上隐去，改为口头承诺的方式。

奖金也就是口头说说的，如果真的要发的话，还是要看到时候这边具体的情况怎么样。万一我写在上面，然后很可能我到时候发不出来，反而是给我自己找麻烦。

——RG-L-020，某明机械制造有限公司管理者

如果说上述的"宽己严人"倾向还只是在《劳动合同法》的框架内对于权利义务避重就轻的一种做法，那么在劳动合同内容设计上的"为所欲为"，就显然是一种违法行为了。深度访谈中我们了解到了各式各样千奇百怪的劳动合同方面的"规定"。有些条款过于强调劳动纪律，而过度限制了劳动者的自由，如规定"在项目进行期间，工人必须吃住在工厂，中途不许外出"；有些条款则是典型的霸王条款，如规定"出了厂门，工人发生的任何伤害均与用人单位无关"。凡此种种，不一而足。

由于管理者对其违法本质也存在部分的知晓，因此，这类的条款大多以"工作纪律""工人须知"或口头告知的方式存在，而基本不采用书面形式。但非书面的形式并不影响其在实际劳动过程中的运作，从而使得其对于劳动者利益的损害并非与其形式一样"务虚"，而是实实在在地存在着。

三、劳动合同执行："合理运作"与"约定俗成"

劳动合同制度实施的监督管理权属于当地的人力资源与社会保障局，并且，在《劳动合同法》实施的监督管理工作中，还应当有企业的主动配合，并听取工会的意见。然而，在实际的运作过程中，政府及工会常常处于缺位的状况，使得企业的自觉性成了劳动合同顺利执行的最重要保证。

表 5.12 即反映了一种有趣的对比：对于制造业私企员工而言，他们似乎怀着一种对于政府作用的高度肯定，有 47.2%的受访员工将其作为《劳动合同法》实施的关键因素看待；但对于与政府打交道更多的管理者而言，这一比例则下降到 23.9%，相反，近半数人（48.9%）认为需要依靠单位自己遵守规定，其中的差异耐人寻味。此外，双方均基本忽略了工会所起的作用。这与访谈中获取的信息不谋而合：《劳动合同法》似乎确实是在一种监管不力的状态下艰难实施着。

表 5.12 制造业私企员工及管理者对于《劳动合同法》实施最重要原因的看法对比

		%			
		政府	单位	工会	工人自己
身份 ***	员工	47.2	40.1	3.3	9.5
(p=0.000)	管理者	23.9	48.9	15.8	11.4

注：p 值为 X^2 检验结果，* <0.05，** <0.01，*** <0.001。

表 5.13 制造业私企员工及管理者对于《劳动合同法》实施次重要原因的看法对比

		%			
		政府	单位	工会	工人自己
身份 ***	员工	24.1	45.3	7.2	23.5
(p=0.000)	管理者	22.8	32.1	17.4	27.7

注：p 值为 X^2 检验结果，* <0.05，** <0.01，*** <0.001。

作为以营利为目的的经济组织，用人单位为了追求利益最大化，会自然而然地努力压低劳动成本，从而总是倾向于使劳动者所获得的报酬与其实际劳动力付出不匹配，有的用人单位甚至拖欠劳动者工资，或拒绝为劳动者缴纳社会保险费用，不为劳动者提供劳动安全卫生条件和劳动保护措施。这些都给劳动合同的执行带来了极大的挑战。

在调查中我们发现，劳动合同的执行分为两个层面：首先是对于作为实体的劳动合同上的"白纸黑字"，用人单位是不是能够一一兑现；其次是对于无论是否以合同形式为载体进行体现，却始终存在着的《劳动合同法》的相关规定，用人单位是不是能够严格遵守。但调查结果是令人遗憾的：对于上述的两个方面，用人单位均各自发展出了一整套潜规则，对于前者，有人把它叫作"合理运作"，而对于后者，管理者则普遍认为是一种"约定俗成"。

"合理运作"方面主要体现为对于员工劳动的过度索取，和对于其应得待遇的巧取豪夺。前者主要体现在用工时间方面。调查数据显示（如表 5.14），有 24.2% 的制造业私企员工认为自己的工作时间比合同更长，而认为比合同更短的仅占 2.3%。其中，受时间剥削最为严重的是生产工人，高达 38.2% 的受访者表示实际工作时间比合同更长（如表 5.15）。而在访谈中，受访员工也普遍表示，"正常来说，合同上如果写了 10 个小时，那么肯定是要做 12 个小时"。

表 5.14　制造业私企员工实际工作时间与劳动合同中约定工作时间对比情况

（ $n = 256$ ）

	n	%
一致	150	58.6
不一致，比合同更长	62	24.2
不一致，比合同更短	6	2.3
有时更长，有时更短	31	12.1
其他	7	2.7

表 5.15　制造业私企不同职业员工实际工作时间与劳动合同中约定工作时间对比情况

		%				
		一致	不一致，比合同更长	不一致，比合同更短	有时更长，有时更短	其他
职位 ** ($p = 0.002$)	生产工人	41.8	38.2	7.3	9.1	3.6
	后勤服务人员	74.4	10.3	2.6	12.8	0.0
	专业技术人员	58.3	22.2	0.9	15.7	2.8
	科研人员	65.8	26.3	0.0	7.9	0.0
	管理人员	75.0	12.5	0.0	12.5	0.0
	其他	42.9	28.6	0.0	0.0	28.6

注：p 值为 X^2 检验结果，* <0.05，** <0.01，*** <0.001。

　　而对于劳动者应得待遇的"巧取豪夺"，则相对具有更丰富的名目和更大的运作空间。习惯性欠薪和克扣奖金是一个方面，"运作"的方式通常是根据单位的财务状况或对其数目，或对其发放时间进行"合理"的调整。而对于劳动合同所明确规定的应缴社会保险，用人单位也有一套自认为合理的手段来运作。

　　在访谈中，很多受访员工提及，管理者不愿意与他们签订劳动合同的原因，除了前文所提及的"用人灵活性"方面的考虑外，不愿意缴纳社会保险是最经常被提及的方面。那么，按照法律规定与员工签订了劳动合同的管理者们，真的会同样遵规守矩地缴纳社会保险吗？答案是否定的。经过"合理运作"，他们发明了一个新的概念——"打包成本"，从员工的工资中克扣一部分，以弥补社会保险方面的"损失"。

　　我想的办法就是我只好把这一块整体的用人成本全部打包算起来。比如说我原来的话，一个人一个月我估计要发给他们大概五千块钱。我把这个数目就当成我请他这个人在我这边工作，我不得不付出的成本。现在我就要把这部分的成本稍微分担一点到我给他交的保险方面了，然后我可能实际上给他的钱要比原来的钱稍微少一点。然后我用这个人的时候，我的总体的成本其实还是保持一个相对的稳定性。

　　　　　　　　　　——WX-Q-015，正某阳机械制造有限公司管理者

　　为了将员工工作时间不断拉长，并对其应得待遇进行"合理运作"，"打折"执行，制造业私企管理者们对于部分并不体现在书面劳动合同上，却又为《劳动合同法》所规定的项目，同样用一套"约定俗成"的办法进行"打折"。这其中最典型的便是在劳动合同解除时关于违约金的运作方式。

　　一种是用人单位单方面解除劳动合同的情况。通过调查数据（如表 5.16），我们可以发现，对于一些处在法定不适用解除劳动合同状况下的员工，部分用人单位依然会出于用人成本的考虑将其开除。而在访谈中涉及的制造业小微企业内部，此类的情况也十分普遍，甚至无须劳动者因患病和怀孕而失去劳动能力，单位自身的经营状况就足以构成裁员的理由。

表 5.16　制造业私企员工所在单位对特定对象解除劳动合同情况（$n=307$）

	n	$\%$
从事接触职业病危害作业的劳动者未进行离岗前职业健康检查，或者疑似职业病病人在诊断或者医学观察期间的	70	22.8
在本单位患职业病或者因工负伤并被确认丧失或者部分丧失劳动能力的	79	25.7
患病或者负伤，在规定的医疗期内的	61	19.9
女职工在孕期、产期、哺乳期的	69	22.5
在本单位连续工作满十五年，且距法定退休年龄不足五年的	62	20.2

　　然而，在类似的裁员中，访谈中接触到的制造业私企管理者却绝少像《劳动合同法》规定的那样，给予员工相应的经济补偿。一种普遍的观念是，由于员工在离职之后一般能"无缝对接"地找到工作，因此从情理上无须补偿；但也有一部分管理者出于对纠纷的担心，而答应"将工人那个月的工资发满"，以示"情谊和安慰"。但这一明显低于法定要求的补偿金额，在执行过程中也存在

约定俗成的"技巧"：

> 还有一些（老板）如果要开人的话，是把那个月的钱都给他直接发了。所以基本上就是月底开人，或者到了年底的时候，如果厂整体不行了，集中地告诉一批人说明年你们就不用来了。

> ——RG-X-007，某明机械制造有限公司钳工

与之相对的情况便是，在实际操作过程中，也会存在员工由于种种原因需要离职的情况，从而给用人单位造成进度和安排方面的负面影响。这时，受访管理者们约定俗成的策略则变成了类似租房市场上的"付一押 N"方式，即如果遇到时间较长、工期又紧的订单，为了保证人员的稳定性，会出现将员工一到三个月不等的工资作为"押金"进行暂缓发放的现象。一旦员工中途离开单位，就相当于自动获得了一笔违约金。而这笔违约金作为劳动者所必须付出的成本，相对于单位解除合同所付出的成本而言，其中所存在的数倍的差值着实让人触目惊心。

通过本节的论述，我们可以发现，在劳动者与用人单位之间围绕着劳动合同的全流程交互过程中，无论是在劳动合同订立环节、劳动合同内容设置环节，还是在劳动合同执行环节，都存在着大量与《劳动合同法》规定不相符合却有效运作着的对资方有利的潜规则。这些潜规则严重损害了劳动者的合法权益，并使得劳资关系更加趋于紧张，从而违背了《劳动合同法》立法的初衷，使其在很多领域没有发挥出应有的作用。因此，了解劳资关系潜规则的成因，从而对其进行有效引导、控制和预防，不仅是一种学术上的探索，也是现实生活中维护社会和谐稳定的需要。

第四节 职工与管理者的法律意识与潜规则形成

上述潜规则的产生，固然与经济下行的宏观背景、用人单位的经营状况、各方监管的力度不够等外部因素均有很大关系，但潜规则作为一类与法律规定不相符合的行事规范，之所以能被社会主体所创造，并被社会主体部分认同而得以较为持久稳定地运行下去，其中一定有着社会主体自身的内部原因。本节即是从劳资关系潜规则的两个参与主体——制造业私企员工和管理者在法律知识、法律情感和法律意志方面的不同表现出发，对以法律意识为核心的社会文

化因素在劳资关系潜规则生成中发挥的作用展开论述。

一、法律知识：员工的真扁平与管理者的伪立体

法律知识是全部法律意识的知识基础和起点。获得法律知识，可以通过专门化系统化的法律学习，也可以通过在特定情境下的观察和行动——如果某一类行为方式没有招致来自法律或社会环境本身的否定性的评价，那么社会主体便会认为该行为方式是受到认可的、"合法"的，在社会上今后类似的情况就应该类似地进行处理；长此以往，上述零星分散的知觉经过积淀和整合，便在个体意识中形成了自身对于法律特征的认识集合，即个体的法律知识。

由此可见，个体法律知识的形成不仅得益于后天的训练，还与个体所处的社会文化环境有关：不同环境所带来的不同的生活经验和思维模式，塑造了个体法律知识的图式，一旦遇到新的未知的知识，同化作用就会驱使个体试图把该信息材料整合到已有的图式当中——在缺乏外部法律训练的情况下，这些图式在很大程度上决定了人们如何看待"法律是什么"和"法律规定了什么"。

正如法律本身是丰富的而多元的，良好的法律知识的图式也应当表现出立体的形态。然而，结合调查数据和深度访谈获得的信息，我们发现，制造业私企员工对于《劳动合同法》的知识呈现鲜明的扁平化特征。这种扁平化特征具体体现在三个维度上：对《劳动合同法》对劳动者保护形态的基础化认知、对劳动合同法框架下劳资关系的单向化认知和对《劳动合同法》效力过程的静态化认知。

我们从调查数据开始对这三个维度进行逐一说明。为测量制造业私企员工对于《劳动合同法》的知识水平，调查问卷中设计了有关《劳动合同法》规定的 20 道判断题，最终受访员工对于所有判断题的平均正确率为 71.4%。各题的正确率如表 5.17 所示。

表 5.17　制造业私企员工对《劳动合同法》相关规定的了解情况（$n=307$）

	了解率（%）
1. 单位招用劳动者时，可扣押劳动者居民身份证和其他身份证件	88.4
2.《劳动合同法》对试用期的长短没有规定	83.3
3. 企业订立规章制度时，应该经过职工大会讨论	67.9
4. 签劳动合同时只需签一份，交由企业保存	88.1

	了解率 （%）
5. 企业超过一个月不与员工签书面劳动合同要支付双倍工资	48.1
6. 劳动合同到期，企业不再和工人续签，企业要支付一年一个月的经济补偿金	44.3
7. 以欺诈、胁迫的手段或者乘人之危，使对方在违背其真实意思的情况下订立的劳动合同无效或者部分无效	82.4
8. 劳动者提前三十日书面形式通知用人单位，可解除劳动合同	79.9
9. 未依法为劳动者缴纳社会保险费的，劳动者可以解除劳动合同，单位要支付经济补偿金	79.1
10. 企业转产、重大技术革新或者经营方式调整，经变更劳动合同后，仍需裁减人员的，单位可以裁减人员	42.1
11. 裁减人员时，应当优先留用"与本单位订立较长期限的固定期限劳动合同的人员"	60.1
12. 在本单位连续工作满十五年，且距法定退休年龄不足五年的人员，无过错情况下，用人单位不得解除劳动合同	75.5
13. 用人单位以暴力、威胁或者非法限制人身自由的手段强迫劳动者劳动的，或者用人单位违章指挥、强令冒险作业危及劳动者人身安全的，劳动者可以立即解除劳动合同，不需事先告知用人单位	60.1
14. 从事接触职业病危害作业的劳动者未进行离岗前职业健康检查，或者疑似职业病病人在诊断或者医学观察期间的，用人单位不能单方解除劳动合同	79.3
15. 用人单位的规章制度违反法律、法规的规定，损害劳动者权益的，劳动者可以解除劳动合同，单位要支付经济补偿金	81.5
16. 劳动者依法解除、终止劳动合同，用人单位扣押劳动者档案或者其他物品的应依照规定受到处罚	78.3
17. 企业职工一方与用人单位可以订立劳动安全卫生、女职工权益保护、工资调整机制等专项集体合同	62.6
18. 被派遣劳动者享有与用工单位的劳动者同工同酬的权利	72.3
19. 用人单位劳动条件恶劣、环境污染严重，对劳动者身心健康造成严重损害的，应当承担赔偿责任	80.2
20. 《劳动合同法》施行前已建立劳动关系，尚未订立书面劳动合同的，应当自《劳动合同法》施行之日起一个月内订立	74.2

从表 5.17 中我们可以初步发现，当条款涉及对劳动者"最低限度"的保障时，大多数受访员工能基于已有的知识对其做出正确的判断，如涉及扣押证件及物品的条文 1（88.4%）和条文 16（78.3%），涉及欺诈、胁迫威胁人身安全的条文 7（82.4%），涉及职业病危害作业的条文 14（79.3%）和涉及恶劣劳动环境的条文 19（80.2%）。此类条款针对的都是对劳动者人身财产安全和身心健康造成直接损害的侵害行为，因此可能得以获得更高的了解率。相对地，涉及女职工权益保护、工资调整机制等"更高要求"的条文 17，其了解率只有62.6%，甚至在条文 13 一项中，尽管用人单位"以暴力、威胁或者非法限制人身自由的手段强迫劳动者劳动，或者违章指挥、强令冒险作业危及劳动者人身安全"的行径已经得到充分的表述，仍有接近 40% 的受访员工错误地认为"劳动者不可以立即解除劳动合同而不告知用人单位"。

上述数据结果似乎表明了制造业私企员工在《劳动合同法》知识上的第一层扁平化特征：他们倾向于忽略《劳动合同法》对于劳动者保护形态的多样性和全面性，而认为它只保护劳动者最基础的权益，这种权益主要具体地表现为按时领取约定数目的工作报酬，以及获得安全和健康方面的基本保障。在深度访谈中，部分受访员工表达了类似的观点。

是啊。这种法律的话，对工人我感觉就是一个基本的作用，保护你能拿到钱，老板不至于太过分。

——RG-Q-018，某志机械制造有限公司电焊工人

要到法律程度解决的，都是特别严重的事情了，感觉是生命安全那种事，防止出什么大事，专门规定一下，保护一下。

——RG-P-019，某志机械制造有限公司电焊工人

那么，这种认知的社会根源在哪里呢？我们发现，受访员工对于《劳动合同法》保护形态的基础化认知，主要源于中国社会在法律和文化范畴里对于劳工艰辛生活状态的纵容与默认。长久以来，中国经济的高速发展都是以牺牲劳动者利益为代价换来的，在前劳动法时代和劳动法时代，单薄的劳动合同制度面对"强资本、弱劳工"的格局是那么无能为力，而烈日下暴晒得黝黑、被生活压弯了背脊的劳工形象却早已深入人心：劳动者生产却无法分享劳动成果的"杨白劳"式悖论固然令人愤懑，但也已为大多数人所接受。正如一名受访者所表述的那样，"大家都知道，工人最苦，工人最累，产的是奶，吃的是草"，拿着"地板工资"、被用人单位拖欠工资等现象在受访制造业私企员工心目中已经

成为常态。因此，大部分员工对于《劳动合同法》的知识和要求，仅停留在"最低限度的保障"的朴素的层面。

扁平化知识的第二个维度是对于《劳动合同法》框架下劳资关系的单向化认知：在被访员工的法律知识体系中，劳动关系是典型的"管理"与"被管理"关系，这导致他们难以接受以劳资双方的"事业共同体"新关系为认知基础的《劳动合同法》中的一系列条款。这类条款将劳动者视为企业利益相关者从而给予其参与企业重大决策的权利，如规定用人单位在制定修改或决定有关劳动报酬等直接涉及劳动者切身利益的规章制度或重大事项时，应当经职工代表大会或全体职工讨论；当用人单位需要进行经济性裁员的时候，听取工会或者职工的意见是必要的法定程序。上表中的条文3"企业订立规章制度时，应该经过职工大会讨论"便是一个鲜明的例子，但如同我们推断的那样，其了解率仅有 67.9%。

造成劳资关系单向化认知的有两种心态。一种是长久以来"劳—资"对立的环境与心理高压下所产生的受压迫者心态，主要表现为对用人单位的不满、缺乏归属感以至于仇恨情绪，在这样的心态下，自然不会认为双方可以和平友好、地位对等地"共商大计"。而另一种则来源于"公私分明"的文化传统，在这种传统下，私人领域和以工作单位为代表的公共领域被清晰地割裂开来，而公共意识的缺失又使得私人利益和公共利益在观念中表现出严重的脱节，正如在单位制的时代人人都想占"公家"的便宜而不把"公家"的事当作自己的事一样。而在私营企业当中，这种"公私分明"的心态进一步演化为"私私分明"，其具体的表现便是认为"企业内部"的规章制度、重大事项尽管涉及自身利益，但毕竟是"别人家"的事，我作为"外人"，又有何权利去进行干涉？

那些东西（相关规定）是人家自己弄的这个单位内部的事情，你让我去讨论，人家也不答应啊，也不合适啊。

——RG-P-019，某志机械制造有限公司电焊工人

而扁平化知识的最后一个维度，则是对《劳动合同法》效力过程的静态化认知。如果根据劳动关系运行的时间顺序把劳动合同的管理分为订立、履行（含变更）、解除（含终止）三个阶段，那么我们会发现《劳动合同法》在订立、解除（含终止）的首尾两阶段均设置了细致、严密的规定，而对于历时最长的履行（含变更）阶段却着墨不多。由此可见，在《劳动合同法》的价值体系中，作为动态过程的劳动者的"进"和"出"，是相对更需要进行规范的，

而作为静态过程的对于劳动合同的"遵守"，反而不是重点的关注对象。这与我们在调查中了解到的受访员工的法律知识大相径庭。

表5.18 中的调查数据显示，多项涉及订立和解除（含终止）劳动合同的条款在了解率方面都表现不佳，如条文 5（48.1%）、条文 6（44.3%）和条文 10（42.1%）。访谈中部分管理者和员工的表述也证实了这一认知状况：在制造业私企员工当中，将"劳动合同法"等同于"劳动合同"的人并不在少数；基于这样的知识，他们描绘出了基于自身理解的《劳动合同法》的主要目的和内容，那就是指导老板和工人如何写合同（当然这个合同上面必须明确写出有多少工资），以及敦促双方都需要按照合同的规定行事。

他（工人）看合同，只觉得是一张纸，规定了其中有什么和没有什么。其他的就没有概念了。

——RG-C-017，某贤实业总公司管理者

我自己的感觉吧，《劳动合同法》就是让这些在外部干活的人，要知道签合同。（除此之外就没有了，是这样吗？）是的，就是要在合同上把这些事情都规定出来，然后防止老板赖账的。

——WX-Z-016，正某阳机械制造有限公司后勤人员

出现这一知识上的偏差，可能跟中国社会私法领域契约精神的缺失有关：人们不关注缔结契约主体的平等地位，不关注双方在此过程中享有的对等的权利和义务，不关注缔约与解约方式的自由，最重要的是，不信任对方信守契约的态度和能力。于是，最终的结果就是，他们只关注"契约"本身。在《劳动合同法》的范畴内，它叫作"合同"，而在传统的民间话语里，它叫作"白纸黑字"。似乎只有将精力完全集中于这一载体，人们才得以安心。

员工们在劳动合同法律知识方面表现出的扁平化特征和由此带来的"无知者好欺"的现实状况，无疑促进了对资方有利的潜规则的发展。那么，潜规则的另一方，"欺人"的管理者们又有着怎样的法律知识呢？

在访谈中，我们发现，制造业私企的管理者们在法律知识的掌握方面，明显强于他们手下的员工。例如，在《劳动合同法》对劳动者的保护形式上，相对于员工"最低保障"的扁平化认识，管理者们的认识确实更加立体：他们知道更多的对劳动者有所倾斜和对用人单位有所限制的条款，当然，出于自保的需要，也对用人单位的合法权利有着相当程度的了解。绝大多数的受访管理者知道签了合同的员工可以享受除工资之外的社会保险和福利待遇，并需要保障

其劳动环境，也不能任意对其进行经济性的解雇而不支付赔偿，这与他们在此前的实践方式相比，无疑对他们提出了更高的要求，以至于有相当一部分人因认为法律具有过度的倾向性，并夹杂着一些对用人单位过于苛刻的规定，而对《劳动合同法》产生了负面的法律情感。关于这一点，在下文的章节中还会有专门的叙述。

追究制造业私企员工和管理者在劳动合同法律知识上差异的成因，关注程度和知识来源是两个很重要的方面。访谈中，我们发现，由于劳资关系直接牵涉一个企业的良性发展，且可能在实践过程中出现种种意想不到的问题，管理者出于希望压缩用人成本、提高管理效率和防范人事纠纷的考虑，一般都会自发学习《劳动合同法》的相关条文。调查数据的结论也印证了这一点：对于普通员工而言，有36.2%的人表示"听说过，没有看过"《劳动合同法》，而这一比例在管理者当中仅为8.0%；相反，有44.6%的管理者表示"认真看过"相关法律，而采取同样做法的员工则仅占21.4%（如表5.18所示）。

表5.18 制造业私企员工及管理者学习《劳动合同法》条文的对比情况

		%			
		认真看过	看过一点	听说过没有看过	没听说过也没看过
身份 *** (p=0.000)	员工	21.4	41.2	36.2	1.3
	管理者	44.6	47.5	8.0	0.0

注：p 值为 X^2 检验结果，＊<0.05，＊＊<0.01，＊＊＊<0.001。

除此之外，双方在《劳动合同法》知识的来源的方面，也存在着较大的不同。调查数据（如表5.19所示）显示，绝大多数制造业私企员工了解《劳动合同法》的途径来自网络（67.0%）、媒体（54.4%）和相邻同事朋友等熟人（49.7%）方面的碎片化知识，而非来自书籍（20.4%）等方面的系统化知识。此外，尽管部分员工会接受专门的外部培训，但这部分培训却主要来自利益相关的企业或单位人事部门（35.9%），而非更为中立的政府劳动部门（14.2%）及工会（9.8%），这进一步阻碍了员工们获得劳动合同法律知识的深度和广度。

表5.19 制造业私企员工了解劳动合同法的途径 （n=318）

	n	%
电视、报纸等媒体	173	54.4
网络	213	67.0

	n	%
老乡、朋友	65	20.4
同事	93	29.3
企业或单位人事部门	114	35.9
工会	31	9.8
政府劳动部门	45	14.2
书籍	65	20.4
其他	2	0.6

相对地，制造业私企管理者们尽管也会通过上述渠道获取法律知识，并同样存在很多认识上的缺漏，但除了自发的系统的学习之外，他们相对于员工而言，增加了一条从过往经验中积累劳动合同法律知识的有效途径。这种途径具体表现为对于自身所经历的种种劳动合同纠纷在原因和对策方面的基于法律规定的反思，以便更好地防患于未然；同时，这类反思也会通过同业管理者所构建的社会网络进行共享，也就是受访者口中所谓的"吸取前人的经验教训"。

老板他们就是专门做这种（人事）工作的，做管理的。你说的这些事情他们肯定都不知道遇过多少了。然后就是遇到一次，总结一次教训，下次的时候，就知道要写上。

——RG-Q-018，某志机械制造有限公司电焊工人

然而，尽管在《劳动合同法》保护形式方面，管理者们的知识呈现出相对立体的状况，但在后两个维度，即对于劳资关系和效力过程的认识上，他们也是片面而扁平的。如果说管理者与受访员工有所不同，那就是这种扁平状态发生的原因存在一定的偏差：后者是真的由于"不懂"，因此只能遵循其所在的社会文化环境的思维模式来产生自己朴素的理解；而前者尽管也有相当一部分人确实是"不懂"，但却在自我理解的过程中带上了强烈的利己印记。

例如，对于《劳动合同法》框架下新型的作为事业共同体的劳资关系，部分受访管理者不仅脑中没有这根"弦"，而且觉得"荒唐"并感到自己的自主权受到了侵犯。他们倾向于认为企业是自己辛苦打拼的结果，是自己的私人财产，员工仅仅是自己暂时雇来的人，不仅没有必要而且不能容忍让他们对"我自己的内部行为""指手画脚"。

就是工人在这里做，然后反正应该发给他的又不会少他的，对吧，这不就结束了吗？那些其他的东西我感觉都不必要再有。现在又不是原来那种单位的时代，你什么东西都和单位有关系。现在这些都是私人的厂，就是一个你过来做东西的这样的简单的关系。

——RG-C-017，某贤实业总公司管理者

同时，在上文的潜规则现状分析中，我们也可以发现，受访的制造业私企管理者同样对于劳动合同签订与解除的首尾两端动态过程的规定没有做到很好的关注与掌握，而是与员工呈现同样的静态化认知，这表现为他们非常关注劳动合同上所写的内容，并从这方面入手，进行纸面上"宽己严人"的安排和纸面外"为所欲为"的设置。绝大多数人甚至认为，这张"纸"本身，而非现实的劳动关系和法律规定，决定了自己与员工之间是否存在着法定的权利与义务，以及这些权利与义务的内涵和外延。因此，他们的另一种策略，便是千方百计地规避与员工签订劳动合同，并由此作为员工是不是"自己这里的人"的唯一依据，对自己应有的责任进行推卸，最终还是为了达成利己的目的。

你没有合同的话，老板就认为你根本就不算是这里的人，对吧。签了合同可以去找他负责，因为有这个东西表明你们之间的关系。但是没有的话，他肯定什么都不承认了。

——RG-P-019，某志机械制造有限公司电焊工人

由此可见，无论是出于真实的无知，还是利己的需要，受访的制造业私企员工与管理者在劳动合同法律知识的理解方面，均呈现出统一的扁平化的特征。"不懂规矩，不成方圆"，法律知识的缺失可谓劳资关系潜规则得以蔓延生长的重要原因。

二、法律情感：员工的伪积极与管理者的真消极

在传统的法学领域，法律长期以来被认为是工具理性的产物，有利于形式正义的实现；然而，实质正义的实现并不完全依赖于工具理性，价值理性在其中也起着一种平衡性的作用：它所追求的终极目标往往取决于法律中主体的情感评定，正如"个案正义"所带来的深远影响。由此，法律情感的概念逐渐为人们所重视。

然而，法律情感并非仅仅作为法律效果的一项评价标准而存在，其对于法

律的执行过程，也发挥着显而易见的影响：法律情感作为社会主体的公民对法律制度、法律现象等与法律有关的所有问题的心理价值体验和主观态度（兰燕燕，2010），社会主体个人与集体的法律情感，常常内化成为文化心理结构的一部分，并导致一些集体无意识的行为方式。在研究中，我们发现，劳动者和管理者对于《劳动合同法》的不同法律情感，正是导致劳资关系潜规则的又一项成因。

价值判断、规范判断和经验判断是影响法律情感产生的三个因素，也即人们认为该部法律总体上是"好的"还是"不好的"，其中的规定是"正当的"还是"不正当的"，以及在法律实行的过程中，其结果是让人"满意的"还是"不满意的"。以下我们将以此为框架，依次分析这三个因素是如何塑造制造业私企员工和管理者对《劳动合同法》的法律情感的，以及这些不同的法律情感将会如何促成劳资关系潜规则的产生。

在价值判断方面，高级的心理价值体验实际上是指人们出于对法律自身理念价值的认同，而产生的对于规范实践行为的自发向往，即通过自己能根据"好法"行事而获得积极的感受。但事实上，在法律知识尚未完全普及、很多人仍是为了生计而忙碌不暇的制造业私企工厂里，似乎很难想象这样"奢侈"的体验。在访谈过程中，我们更多地了解到的是一些初级的价值判断，也就是一个简单的问题：《劳动合同法》是不是有利于我？究其原因在于，法律上的价值判断是随着个体在社会结构中的自我定位而在后天发展出来的，尽管其最终着眼点应当是全社会的整体秩序和利益，但在培养过程中不可避免地包含着对于私域的强烈关注：个人的法律经验和行动多带有利己的倾向，因而其价值判断也随着身份的差异，表现出更多的理性化和功利化特征。简而言之，如果员工和管理者认为《劳动合同法》对自己来说是"有好处的"，那么他们也可能更倾向于对其产生积极的价值判断，即认为这部法律是"好的"。

事实上，《劳动合同法》在过往的理论和实证研究中，被普遍认为是一部保护劳动者合法权益的法律，这项共识也在调查数据中得到了验证。如表 5.20 所示，相对于认为《劳动合同法》实施的主要作用是为了保护单位的利益（员工 5.6%；管理者 1.1%）而言，更多的制造业私企员工和管理者认为它保护的是劳动者（员工 42.0%；管理者 38.6%），或折中地认为它维护了劳动者和单位双方的利益（员工 44.3%；管理者 50.6%）。值得注意的是，制造业私企的管理者相对于员工而言，更不倾向于认为《劳动合同法》保护的是自身单独一方的利益。

表 5.20　制造业私企员工及管理者对于《劳动合同法》实施主要作用的认知对比

		%					
		维护劳动者合法权益	保护单位的利益	劳动者和单位利益都保护	维护政府利益	维护社会稳定	看不出作用
身份 ** (*p*=0.02)	员工	42.0	5.6	44.3	2.6	3.3	2.0
	管理者	38.6	1.1	50.6	2.7	5.4	1.6

注: p 值为 X^2 检验结果, $* < 0.05$, $** < 0.01$, $*** < 0.001$。

此外，单独针对制造业私企管理者的调查表明，大多数受访者认为《劳动合同法》的立法本身就带有倾向性：有超过五分之一的受访者认为这部法律更有利于工人（22.3%），这一比例是认为其更有利于用人单位的受访者的三倍（6.9%）。

表 5.21　制造业私企管理者对于《劳动合同法》立法倾向的认知情况 （$n = 202$）

	n	%
更有利于工人	45	22.3
更有利于用人单位	14	6.9
对劳资双方都有利	109	54.0
更有利于政府	2	1.0
对劳资政三方都有利	29	14.3
对劳资政三方都不利	2	1.0

而在深度访谈中，我们发现，受访者同样秉承类似的带有劳动者倾向性的认识，且这一认识的对比直接导致了部分制造业私企员工和管理者对《劳动合同法》产生了截然不同的价值判断，进而影响到对其的法律情感。对于受访员工而言，尽管有着扁平化的法律知识，但他们普遍认为《劳动合同法》还是对自己的一些基础权益进行了保护，对用人单位形成了一定程度上的约束，因此"有总比没有好"；有趣的是，对于部分受访员工而言，他们产生这样的认识不是因为出于《劳动合同法》立法精神本身的理解（事实上在上文的论述中，我们可以发现，大多数人对于这部法律处于一知半解的状态），而是出于切身关于劳资关系的生活经验，其中最为典型的便是由管理者的规避行为进行反推，从而认为他们所规避的法律一定是对劳动者"更好的"。

老板都极力不做的东西，肯定是对老板不利的东西。工人和老板是有矛盾的，老板巴不得使劲地压榨工人，所以会觉得对他不利。

——WX-L-003，正某阳机械制造有限公司销售

而对于部分受访管理者而言，则认为出台这部法律"对我没有好处"，更有甚者认为《劳动合同法》似乎不再是一部单纯的维护劳资关系的法律，而是披上了"维稳的手段"和"闹事的产物"等复杂的背景，甚至认为其是"压垮实体经济的稻草"。对立法原因的质疑、立法倾向的不满等情绪导致他们认为这不是一部"好法"，从而"不欢迎"这部法，并直接给予了他们不愿意遵守既成的规定而选择采用各式的潜规则以进行规避的强烈动机。

你知道合同法为什么要订吗，就是因为政府想要维稳，你想啊，工人比老板多多了，把工人都安排好了，就稳定了，但是我们这些人的一部分利益就牺牲掉了。所以我肯定个人来说是不怎么赞同这个（法律）。

——RG-D-005，某贤实业总公司管理者

工人去闹事，闹得太多了，所以有了这个法律规定。我感觉太偏向工人，就是感觉劫富济贫那样子。

——RG-C-004，某贤实业总公司管理者

现在设计法律的人根本就不知道我们这些开厂的人有多么困难。这几年经济本身就差，人工方面又要防止来查，还要缴税，让人挺生气的。

——WX-Q-015，正某阳机械制造有限公司管理者

除了价值判断，在对《劳动合同法》的规范判断上，受访的大多数管理者们同样有话要说。"条款对资方非常苛刻""设计对资方极端不公平"成了主要的论调，其中最为他们所不能接受的，是关于有利于劳方的劳动关系认定原则和名目繁多的资方向劳方提供补偿的情形：他们认为上述规定是"不正当"的，并举出了自己的几点理由。

首先是最现实的原因，此类规定会使得企业增加需要"负责任"的风险，并可能承担实实在在的损失。表5.22中的调查数据显示，多数制造业私企员工认为劳动合同法的实施会提高企业的人工成本（58.7%）；而绝大多数制造业私企管理者也认同这一点（86.4%），其中，受访者普遍认知的提高幅度在3%到14%之间（67.9%），涉及具体被提高的成本细项，则分别有社会保险（60.9%）、加班费（54.4%）、工资（50.5%）、福利（47.3%）、人工管理成本（42.9%）和经济补偿金（33.7%）等。

表5.22　制造业私企员工对于《劳动合同法》是否增加企业人工成本的认知情况（n＝307）

	n	%
增加了很多	26	8.5
稍有增加	154	50.2
没有增加	76	24.8
减少了企业成本	10	3.3
说不清	41	13.4

　　而针对访谈中被重点提及的经济补偿金，调查中同样有37.5%的受访者表示对企业造成了负担，其中3.3%的管理者认为负担过重。可以说，受访的制造业私企管理者因为面临损失风险而对法律在规范上做出非正当的判断，认为"法律不应该制造条款损害老板"，还是有据可循且值得部分理解的。

表5.23　制造业私企管理者对于《劳动合同法》提高人工成本的认知情况（n＝184）

		n	%
对人均人工成本的提高幅度	没有提高	17	9.2
	提高了3%以下	17	9.2
	提高了3%～5%	56	30.4
	提高了6%～8%	41	22.3
	提高了9%～14%	28	15.2
	提高了14%～19%	11	6.0
	提高了20%～25%	3	1.6
	提高了26%～30%	2	1.1
	提高了30%以上	1	0.5
对人均人工成本的提高幅度	说不清	8	4.4
	工资	93	50.5
人工成本的具体提高项目	加班费	100	54.4
	社会保险	112	60.9
	福利	87	47.3
	人工管理成本	79	42.9
	培训	28	15.2
	奖金	38	20.7
	支付的经济补偿金	62	33.7
	其他	1	0.5

续表

		n	%
对《劳动合同法》规定的违约金是否造成负担的看法	负担过重	6	3.3
	有一定负担	63	34.2
	可以承受	104	56.5
	对单位影响极小	11	6.0

然而，访谈中群情激愤的制造业私企管理者们对《劳动合同法》做出规范上"不正当"的判断，进而对其进行百般抵制的原因，不仅在于看得见的经济数字，还在于看不见的心理因素。一类心理因素是由于约定俗成的"规矩"被无端打破而产生的极大的不适应感，进而认为国家在缺乏调查了解和实践经验的情况下，利用《劳动合同法》中的一系列规定，试图对在原有民间逻辑下顺畅运转的用工过程进行改写，反而造成了实际操作中的巨大不便，由此在感情上认为法律不公平，规定不合理，对《劳动合同法》持负面的法律情感。

我们一直都是这样子的啊，工人都是你来我往，来一天就做一天，这边没有活儿了就到别的地方去做，有了你哪怕再来。你现在突然说弄出一个要赔钱，那我这边真的没有活儿做了，我防止赔钱，我把你放在这里，大家一起饿死啊。这种的就属于我认为极端不合理的。

——RG-D-005，某贤实业总公司管理者

有的人就是暂时厂里很忙的时候来一下子，然后你和我说，满了一个月还是多长时间，不签合同也算是正式工，那我还要防他一下子。然后我就不要做别的了，忙季的时候来几个人就要专门防止一下。也不知道这个是哪个想到的这种规定。

——RG-Z-012，某志机械制造有限公司管理者

除了上述一类基于现实情况的考量外，另一类心理因素则来自对于法律的更深刻的主动思考。这类思考主要集中在《劳动合同法》下的一系列新规则是否在法理上对劳资双方表现出同等的"友善"。部分反思体现出了作为普通社会成员的企业管理者的基本理念与以法学精英为代表的现代法律理念之间的冲突：前者追求"肉眼可见"的基于经验的"合理性"，是一种单维的、纯粹依赖于行动主体能力与态度的生活化的思考方式，后者则在对于法律原则与法律社会意义有着充分积累的前提下，强调如何运用法律工具，在制度的层面上最大程

度地保护相对弱势者，并实现公平和正义。

来一天算一天的钱，不来了我也不拦着你（工人），你今天不做了明天到别的地方马上就有新的事情做，你又没有损失，为什么要补偿呢？（那万一他们被你开除了之后又要重新花很长时间找到工作呢？）正常来说这个不可能。

——RG-C-004，某贤实业总公司管理者

保护弱者，开公司的不是弱者吗？有很多的麻烦事情。而且不应该是保护对社会贡献大的人？我这个还提供岗位，还上税。（但是你在劳资关系中是强势的。）强势什么，都是自由流动的时代，哪有强势和弱势，就是双向选择。强势是指你卖身过去，老板可以叫强势。

——SH-T-009，展某外贸公司管理者

由此，趋于负面的价值判断和规范判断奠定了制造业私企管理者对于《劳动合同法》在情感上的整体性的负面表现。然而，在上述的论述中，似乎存在着一项逻辑上的缺失之处：这种缺失来自被《劳动合同法》"保护"甚至于"过分保护"的员工。作为员工，面对立法上明确的有利倾向和来自具体条款的贴心的安排，理应对《劳动合同法》抱持强烈的好感，以至于在可能的条件下主动进行宣传、推动和维护，使其得以顺利地执行。然而，访谈中我们看到的情况却是，尽管受访的制造业私企员工无一例外地认可《劳动合同法》"保护工人"的倾向以及相关规定对自身"有好处"，但其对于《劳动合同法》却普遍谈不上真正深刻的法律感情，而是大多停留在一种虚伪的积极态度，具体表现为谈及该法，则必然表示"热烈欢迎"，但几个回合细究下来，却发现其实际的情感只达到"有没有其实也差不多"的水平。

究其原因，除了上文中提及的法律知识的扁平使他们并没有真正认识到《劳动合同法》对劳动者的保护力度之外，还在于影响法律情感的最后一个因素：经验判断。对于缺乏法律基础的大多数人而言，一部法律给自己的最直观观感，便是自己有没有从中真正受益。正义的立法倾向和精妙的条款设置，可能带来基于道德认同和美感享受的对法律的热爱，却不可能在面对应然与实然的巨大落差时，将这种热爱长久稳定地保持下去。

《劳动合同法》当前的执行状况究竟有多糟糕？除去上文中提及的从调查数据和访谈结论中梳理归纳的贯穿于以劳动合同为核心的劳资双方全流程互动中的各式潜规则之外，调查数据中关于制造业私企员工与管理者对于劳动合同执法情况的各类满意度对比数据可以说明一部分问题：无论是对于《劳动合同法》实施状

况的总体状况，还是对于执行中涉及的各个主体（劳动部门、企业、工会）的表现，受访员工给出的满意度评价均较受访管理者有显著的差距（如表5.24所示）。

表5.24 制造业私企员工与管理者对于《劳动合同法》执行情况的满意度 t 检验结果

	员工得分 （$n=307$）	管理者得分 （$n=184$）	t	p
对《劳动合同法》实施状况的满意度	3.04	3.59	-6.4166	0.000
对劳动部门劳动合同执法状况的满意度	3.01	3.48	-4.7492	0.000
对企业遵守《劳动合同法》状况的满意度	3.00	3.72	-7.3820	0.000
对工会实施《劳动合同法》状况的满意度	2.95	3.60	-6.4772	0.000

注：原始问题对每一项满意度设置了"不满意""不太满意""一般""比较满意"和"非常满意"的五分类选项，在统计过程中依次正向记为1~5分的满意度得分。

而当劳动者将《劳动合同法》糟糕的执行情况和执行主体的设置（很大程度上需要依靠用人单位主动遵守）与监管上的不力联系起来的时候，往往会因其认为法律的规定属"天方夜谭"而在淡漠情感的基础上，额外地产生该部法律是"空话"甚至"牌坊"的不信任感，从而进一步损害对于《劳动合同法》的法律情感。访谈中获取的部分材料也印证了制造业私企员工对于《劳动合同法》执行情况的不良经验与不满或悲观态度。这些基于法律执行情况的负面的经验和态度，使得《劳动合同法》希望保护的对象对其产生强烈的正向情感的可能性化为泡影，也就无从对其进行支持和维护。

你说对于合同法，好事是个好事，但是谈不上多大的指望，或者支持它，因为没有多大效果。有和没有的时候区别不大。

——RG-M-001，某贤实业总公司电焊工人

这个合同法它本身来说，想法是好的，是保护工人的，但是实际上没有什么人来管。你让老板自己写合同，自己和工人签合同，肯定属于黄鼠狼看鸡的性质。

——RG-Y-002，某贤实业总公司电焊工人

由上述分析可以发现，管理者的消极和员工的淡漠，无疑共同促成了对《劳动合同法》的普遍非正向法律情感，从而导致双方对于《劳动合同法》的严格执行均缺乏强有力的内在动机，使潜规则得以大量生发。那么，一个新的问题是，这种法律情感在促进潜规则的产生过程中，与传统的"趋利避害"的

解释路径又有什么区别呢？

尽管制造业私企员工和管理者对《劳动合同法》的不同法律情感似乎总体上依然是构建在理性计算的逻辑之上，无论是"好的"价值判断、"应当的"规范判断还是"满意的"经验判断，都是基于法律对自身是否有利的考虑，但区别于传统的新制度经济学路径，我们仍然可以认为，对《劳动合同法》的法律情感是在一种文化心理学的路径之上对潜规则的形成发挥作用的。究其原因，主要有两个方面。

首先，部分受访者（主要是管理者）对于签订劳动合同或按照劳动合同履约方面的排斥，已经超越了基于特定法律条款的理性算计的范畴，而表现为对于《劳动合同法》整体的"打包式"的对抗心理。这表现为即使按照法律规定行事能给他们带来好处，他们也会出于不必要的担忧、恐惧或反感而"本能地"加以拒绝，这已经类似于一种无须理性介入的文化习性，而只能用对《劳动合同法》的法律情感本身来解释：坚信这是"恶法"，所以不论利弊，唯恐避之不及。

> 给他们（员工）签合同，因为他们之后就算我这边的人了，之后可能会有很多稀奇古怪的麻烦的事情。（会有什么事情呢？）比方说万一哪天厂里效益不好，让哪个人走的时候就把我告了呢，而且那么多人，一个告了就会个个告。（但是这样的约束是双向的，你也不用担心他们突然走了耽误你的事了。）有合同总之就是哪里都不自由。这个法律是到处都给工人告你的机会。最好的就是不要有这个机会。
>
> ——RG-Z-013，某志机械制造有限公司管理者

其次，对于《劳动合同法》的法律情感，在部分受访管理者的描述下，以及受访者之间的横向对比中，似乎具有某种集体性的特征，这也是区别于理性计算解释路径的重要方面。在研究中我们发现，这样对法律的负面、消极的情感在当地的制造业小微型私企中是一种较为普遍的现象，并运行于由企业管理者的血缘、地缘、业缘等构成的人际关系网络之中，不断地被加以强化：部分新近办厂的老板会被同行善意提醒"如何规避合同法"，而周边任何一家工厂因为《劳动合同法》而遭受了打击，附近的同行们都会迅速地知道并加以自省和更严密的防范，这似乎形成了一种因担心共同利益受损而使所有行动主体一致选择消极抗法的场域。管理者们在这样的场域里，将《劳动合同法》作为"国家的过分要求"，而沿用着原先的一套约定俗成的规则，如放任劳资双方均"来

去自由"、让员工个人承担社会保险费用等，并不断创造出新的潜规则当作降低法律风险的工具。值得注意的是，在弃法律而取潜规则的过程中，管理者们并不会产生任何越轨相关的心理负担，如担心自己"犯法"了，而表现出将自身行为充分合理化的姿态。将《劳动合同法》一致地定义为"恶法"，从而抱持消极态度，正是这类合理化努力的重要表现方式。

追究此类法律缺失而潜规则盛行的场域的形成原因，除了由于有业缘关系的同行们出于不愿打破平衡，而对现状的心照不宣的维护（如有管理者认为一旦有其他企业"开了先河"，那么劳动者的要求便会"水涨船高"，最终所有企业都会变得"不可收拾"），还与他们认为《劳动合同法》作为"外来"的一类规定，而侵入了他们的"私域"有关。从这个意义上来说，《劳动合同法》作为一种私法，本身就表现出与中国传统的社会与文化心理结构的缺乏亲和。

中国社会长久以来缺乏私法存在和运行的社会基础。在劳动合同领域，其实早就有一种动态的平衡，但是由于强势而异质的国家力量的突然介入，这类以心照不宣的默契为调节的劳资双方的博弈过程，很容易产生自发的反弹（汪新建、吕小康，2009）。对于受访的制造业私企管理者们而言，这类心态的集中体现，便是化作了对"国家强权"及其载体——具体法律的负面情感。在这种负面情感下，他们对《劳动合同法》产生的自觉和不自觉的抗拒心理，都以对原先作为"习惯""规矩"的潜规则执着坚持的方式，积蓄成强大的力量，将法律的种种努力反弹回来。

> 我们这整个一片的人，都不交保险的。这边的习惯就是不交保险。这就是一种习惯，自己的保险是关系自己以后的事，自己为自己负责。
>
> ——RG-C-017，某贤实业总公司管理者

> 确实是比较抵触的，主要是我觉得，这个东西出来之前，什么东西都是挺好的，然后出来之后，一下子反而乱套了。我感觉是这个意思。立法的人不知道这当中原先的规矩是什么。原来大家都是这么做的，那么里面肯定就有它自身的道理。你要让这些人一下子都从这里面接受这个新的事情，我感觉有很大的困难。
>
> ——RG-Z-013，某志机械制造有限公司管理者

> 我一个比较朴实的想法就是，国家没有必要出台一个这种法律，它管得太宽了。这个里面的事情，我们其实自己都已经解决掉了。
>
> ——WX-Q-015，正某阳机械制造有限公司管理者

由此，在制造业私企员工对《劳动合同法》相对淡漠的情感的纵容下，管理者在消极、负面的法律情感的内在驱使下，心安理得地对《劳动合同法》的相关规定从执行端进行规避和曲解，从而促成了诸多劳资关系中潜规则的形成。

三、法律意志：员工的真薄弱与管理者的伪坚强

法律意志代表了社会主体整体上在法律方面的意志品质。作为社会主体维护法律尊严、勇于同违法现象进行斗争的主观心理基础，它在内涵上有基于两种情境的具体表现：首先是表现为主体在自身权利被侵害时，能够不畏诱惑和胁迫，以法律为武器为权利而斗争的倾向性，简而言之，就是能做到"有必要时就用法"；其次则是一类更高的要求，即主体在任何情况下都能自发地严格守法和护法，简而言之，就是强调一种对于法律的内在的自我认同和要求，"无论有没有必要，都需要坚决维护法律"。

将二者统一起来，从文化心理的角度来分析，法律意志其实表征了社会主体在解决问题过程中"法律化"思维方式和行动倾向的坚决程度。这集中体现在对于法律的遵守和维护态度，会不会因为法律在解决其自身问题方面的"有效"和"无效"而发生转移。如果一个人拥有强大的法律意志，那么当他遇到问题的时候，他并不会考虑法律是不是对个人而言"最优"的解决路径，而会习惯性地在内在精神的推动下，采取法律的手段加以应对；反之，如果一个人法律意志薄弱，那么当他处于相同境地的时候，则可能会出于现实的考虑选择更"有效"的方式，而不会在意这种方式是不是法律所要求的和维护法律所需要的。

就整体的社会层面而言，不仅是受损者自身，法律本身也需要对不法行为进行顽强抵抗：前者是为了权利，而后者是为了生存。从这个意义上来说，法律意志作为一项社会文化心理，对法律能否顺畅运行、发挥其应当发挥的效用无疑是具有重要作用的：如果社会主体在面临法律问题的时候，都能在法律意志的驱动之下选择在法律框架之内解决问题，那么诸多的潜规则将会直接失去其生存的土壤。

然而，在研究中我们发现，制造业私企的员工在法律意志的维度上，普遍地表现出了薄弱的一面：在形形色色有利于资方的潜规则的运作过程中，劳动者的切身利益无疑受到了严重的损害，他们在缺乏保障的环境下工作，同时还无时无刻不面临着应得的报酬被克扣或拖延的风险，然而，在现有的《劳动合同法》为之提供了无数具有倾向性和保护性的条款和规定的情况下，使用法律

武器保护自身权益的现象仍然凤毛麟角。

调查数据中的一项结论可以部分反映这个问题：在比调查时点更早的阶段（一年之前），318 名受访制造业私企员工中共有 273 人反映曾与用人单位因劳动合同问题发生或参与过各类形式的冲突，而最终采取劳动仲裁和到法院打官司的方式解决冲突的分别占 3.5% 和 0.6%。当然，除了制造业私企员工并不偏好用法律途径争取权利的解释路径外，还有一种可能的情况是这些纠纷的情节都非常轻微，以至于不必上升到走司法程序的高度；但在选择找关系协调和群体性抗争的比例分别达到了 15.6% 和 11.4% 的事实面前，后一种"情节轻微"的解释似乎并不完全站得住脚：在需要特意找关系摆平以至于进行群体性抗争的重大纠纷面前，选择规避法律手段的受访者似乎确实不在少数。

表 5.25　制造业私企员工在一年前的工作经历中因劳动合同与
用人单位的冲突形式（*n*=318）

	n	%
口头解决	123	39.1
自己书面交涉	51	16.2
托人找关系协调	49	15.6
单位内部的群体性抗争	36	11.4
到自己工会反应	41	13.0
上访	8	2.5
劳动仲裁	11	3.5
到法院打官司	2	0.6

同时，在深度访谈中，我们也发现，相对于运用《劳动合同法》的武器进行自我保护，受访的制造业私企员工们更偏好以下两条路径：一是选择默默忍受，二是选择和平或暴力形式的"私了"方式。而无论是上述哪种办法，都体现了受访员工在法律意志上的薄弱：对于前者而言，其实质是由于种种主观和客观上的考虑而放弃了法律斗争，从而使"权利成为和平的牺牲"（耶林，2007）；而对于后者而言，情况似乎更为严重——法律作为获得其自身赋予公民正当权利的手段的合理性和唯一性受到了直接的实践层面的挑战，使得法律的尊严荡然无存。

那么，受访制造业私企员工是出于怎样的原因，在法律意志的维度上有如此的表现呢？

访谈的结论表明，对于受访制造业私企员工而言，法律意志无法真正有效形成的主要因素很简单，就是一种实用主义的考量。在受访者的价值体系中，作为"维护者"的《劳动合同法》的实用价值高于作为"被维护者"的《劳动合同法》的固有价值，因此在面对劳资关系相关问题的时候，与法律意志所促成的"自然而然"遵循法律的思维惯性不同，受访者的思维过程中多出了一道权衡利弊的程序，那就是，在当前的情境下，《劳动合同法》到底有没有用？或者即使《劳动合同法》是有用的，那么它到底是不是最快捷、最可靠、负面影响最低的手段？

在一些情境下，《劳动合同法》被认为是"无用的"。持这种观点的受访员工几乎都认为它是一种"事后补救"，而非一种"事前防范"，从而在很多时候对自己缺乏帮助。

一类典型的情况是所谓"合同歧视"。这涉及《劳动合同法》的边界问题。《劳动合同法》尽管与从前的法律相比，已经尽可能地扩大了其适用范围，但其保护对象依然是有以劳动关系为框架的局限性的，对于管理者将需要劳动合同作为排除项、无端不接纳员工入职的状况，《劳动合同法》发挥的作用非常有限。法律在"事前"的威慑力在宏观经济下行和求职压力剧增的社会现实面前，显得不值一提；而在此类情况下，"事后"似乎也没有好的补救方法。

> 你如果跟老板说你一定要签合同，那也可以啊，那老板就直接不要你了呗，他可以换很多个不需要合同的人。你怎么去告他呢？你又没真的过去。
>
> ——WX-L-003，正某阳机械制造有限公司销售

另一类典型的情况则是"亡羊补牢，为时太晚"。在这种情况下，尽管"事后"可以补救，但由于不能"事前防范"，往往也无法解决问题。这涉及法律的被动性特点：法律并不会"主动管你的事"，相反，只有当侵害发生之后，受侵害的主体积极诉诸法律的保护，或者主动求助于司法机关的救济，法律才可由抽象而变为具体的措施（耶林，2007）。并且，从提告到最终判决、执行，其间往往伴随着较长的时间跨度和或多或少的费用支出，从而使得受访者的困境不能有效得到解除。在受访者对于《劳动合同法》在这类情况的抱怨中，最常见的问题是对于被欠工资、社会保险和工伤补偿的索赔。而在此类情况下，因社会资源不足而无法承担时间或经济成本的受访者很自然地想到转向人情或暴力，以解决燃眉之急。

拖我三个多月的工资，不上他（老板）家里去，我小孩马上要上学了都没得钱交费。

——RG-X-007，某明机械制造有限公司钳工

你感觉这个事情（诉讼判决老板补交所欠社会保险金）来得及吗，当时（离员工补缴社会保险金的最后期限）还有不到一个月的时间。一开始去闹事的前几天，他还说最近在争取弄点钱帮大家把事情都解决了，拖了几天之后最后才说实在是没有这么多钱。

——RG-Y-006，某明机械制造有限公司钳工

听说是骑摩托车摔下来了，他家里人当时就到厂里去哭了好几天让老板赶紧给钱。（为什么不采用法律手段呢？这种情况必定是工人会胜诉。）当时人就躺在那里啊，一天花一千多块钱，吃不消。

——WX-Z-016，正某阳机械制造有限公司后勤人员

除了感觉《劳动合同法》"无用"外，更多的时候，受访员工们在特定情境下选择背离法律的潜规则式的解决路径，如较为温和的托关系和相对暴力的集体抗议等形式，是因为相信它们相比于法律手段而言"效果更好"。这种"更好"的效果具体表现为快捷、可靠和较低的负面影响。"快捷"显然可以体现在对于与上文类似，但紧迫程度较低的欠薪或赔偿事件的解决过程中，而后两种观感的产生就相对更耐人寻味了。

"可靠"的观感实质来源于作为相对弱势方的劳动者对于自己通过法律途径获得公正待遇缺乏信心：他们普遍认为，作为对手、拥有强烈逐利动机和丰富斗争经验的管理者有必要也有能力利用自己雄厚的财力和社会关系网络，将私人意志带入公权力，从而使他们原本正当的法律诉求化为泡影。这类心态的背后折射出当前劳资双方的严重心理对立状况，以及部分劳动者对于《劳动合同法》执行环境与效果的不满意和不信任。

基本上老板都有律师朋友或者在劳动局有人。他要做什么事情事先也要请教一下这些专业的人，防备他真的出了事之后惹上麻烦。

——WX-L-003，正通阳机械制造有限公司销售

而"低负面影响"的观感则与当地制造业私企员工与管理者所处工作生活圈的高度重合及其中的人情往来有着直接的联系：劳资双方的私人关系不一定以劳动关系的建立为起点，也不一定以劳动关系的结束为终点。事实上，很多

员工与管理者本就是乡邻甚至沾亲带故，从而容易在发生纠纷的时候出于维护原有关系的考虑而放弃使用法律手段，而采用较为"温和"的私了的方式；而在另一种情况下，员工会由于认为在本地同行业的管理者之间存在一个特定的社会网络，而担忧前雇主的负面评价影响到自己以后的生计，从而"给对方留个面子"，通过协商方式相对"友善"地离职。这与中国社会传统文化心理结构中的厌法情绪有关：协商解决尚有日后重归于好的可能性，而法庭相见通常被视作会导致双方关系发生彻底的不可逆的破裂。

> 你要是跟哪个老板闹翻（打官司）了，那些老板之间互相都是认识的，知道了你是个闹事的人，你下次往哪里去呢？我们这边就这么多厂，你做电焊的不是在这边就是在那边。

> ——RG-M-001，某贤实业总公司电焊工人

相对于受访员工的薄弱表现，有趣的是，在对于制造业私企管理者的访谈中，当涉及本节开头的两种情境时，受访管理者表现出的"法律意志"似乎较员工而言更为坚强。在他们的切身利益受到损失的时候，相对于员工对《劳动合同法》的习惯性忽视，部分受访管理者却明确表示自己将会采用法律途径；而在绝大多数的情况下，他们也坚称自己一直希望"尽量按照法律的要求来做"，只是层出不穷的难处迫使他们不得不采用另外的方法。

然而，一旦将受访管理者所提及的受损情境拆解开来进行分析，便很容易发现这种"法律意志"背后虚伪的一面：在访谈中我们发现，制造业私企的管理者们采用法律途径维权的倾向性强弱，似乎与损失本身的"可控性"有着直接的关联。

在一类情况下，管理者的损失来自因自身有错在先或意外事故而导致的劳动者的"敲诈"。在这类情况下，劳动者自发的反抗行动所带来的损失被认为是"不可控的"，因而管理者寄希望于通过将其拉回到《劳动合同法》的框架之内，来让法律规定为自己的损失"兜底"。在这种情况下，相对于劳动者的急切要求，时间和经济资源都更宽裕的管理者更少地考虑到法律解决方案所产生的成本。

> 你知道的，有的时候被工人缠上是一个很倒霉的事情，他的要求可能最后就会发展成一个无底洞。所以真的遇到了事情的话，我还是会选择比较依赖于法律来帮我把这个事情搞定。

> ——WX-Q-015，正某阳机械制造有限公司管理者

而在另一类情况下，管理者的损失则来自劳动者自身的过错，如员工在项目进行的关键过程中突然辞职。此时，管理者尽管也遭受了真实的损失，这种损失却由于其既成事实的性质，其后果被认为是"可控的"，"一共就损失了这么多进度"。在这种情况下，个别受访管理者会选择去打官司，但更多受访者反而会因为顾虑到成本因素而放弃法律方面的追究，顺带将自己塑造成一个"宽大"的雇主形象。在可控损失的现实衡量面前，前述用以对抗不可控损失的"法律意志"顿时消失无踪，其虚伪本质也就很快暴露出来。

他（员工）自己半路不打招呼就跑了，影响我这边的生产的进度，照理说我可以去要求他赔钱啊，你觉得他会赔钱吗？他只会觉得在哪里做都是这个样子的，这个事情是非常正常的，我为什么要赔钱呢？然后你严格地跟他较真的话，要花几倍的时间代价，你也觉得就拉倒了。

——RG-W-008，某明机械制造有限公司管理者

由此看来，无论是受访制造业私企员工在法律意志上的"真薄弱"还是管理者在法律意志上的"伪坚强"，都指向了同一个问题，那就是在现今中国社会的文化心理结构中，对于守法的自我要求和对于法律本身的维护似乎总会让位于实用主义的考量。具体的表现就是，当法律可以作为维护权利的最优手段时，就积极采用；当存在其他法律框架之外的更优手段时，就对法律弃之不理。究其产生原因，上文所述的法律知识的扁平化无疑对于社会主体判断《劳动合同法》是否"实用"产生了负面的影响，而法律情感的消极表现也无疑是一种将社会主体推离法律框架的巨大力量。但更深层次的原因，则可能还要追溯到中国传统社会中根据情境定位行动策略的"情境中心"的行为倾向。在这种倾向下，人们很难对于脱离具体情境的、抽象和非人格化的规则产生内在的认同与意志，而潜规则恰恰由于其基于情境的灵活性和实用性特征，更为符合人们的文化价值品位，因而在劳资双方的互动过程中实现了全面的爆发。

第六章

讨论与对策

基于前述的问卷分析与访谈结果，本章将对劳资关系潜规则成因进行综合归纳，并基于这些理解提出相应的对策建议。

第一节　劳资潜规则产生的社会心理根源

本研究一开始曾从受益方向的角度，将劳资潜规则划分为对资方有利、对劳方有利和对劳资双方有利三种类型。结合前述问卷分析与访谈内容，这里试对三种类型潜规则的产生根源进行综合性的分析。

一、作为不平等博弈结果的潜规则

（一）不对等的博弈与潜规则的产生

如已有研究揭示的，在当下中国情境中，对资方有利的潜规则产生几乎是必然的。从法理上讲，《劳动合同法》本属私法范畴，注重体现和保护的是当事人的意思自治；但私法的行使必须具备相应的社会条件，如合同主体之间的地位平等，如此方可保证双方签订真正平等的契约，在发生纠纷时能有大致相当的应对能力。但在当下社会中，劳动者与用人单位的谈判权力与纠纷处理能力并不对等。通常情况下，用人单位的违规成本远低于劳动者的违约成本，用人单位对劳动者的伤害能力远大于劳动者对其用人单位的伤害能力，用人单位追究劳动者违约的成本远低于后者的追究成本。力量的不平衡使得劳动者无法或不愿意通过正常渠道保障自身权益，只能使用消极怠工等潜规则进行"弱者"的反抗，甚至因此产生一些恶性的劳动纠纷事件。劳动者往往在付出惨重代价后才换来国家规制的推进，取得表面上的制度进步；但若外部社会条件不能得到改善，用人单位依然可能采用更隐蔽的方式规避新法，使得新法的施行滋生出新的潜规则，在实际上恶化了劳资关系。

第二种潜规则的产生则与个体在真实情境下的策略选择有关。作为真实的劳动者，在遇到劳动纠纷时最关心的问题，往往不是相关法规的基本理念是否先进这种宏大而"务虚"的问题，也不是某些具体法条的设置是否合理这类技术性细节问题，而是切身的利益是否得到损害、自身的诉求是否得到满足或不满情绪是否得到缓和等现实的、迫切的问题。在涉及纠纷时，真正的涉事双方的首要目的是如何最大化地减少损失、获取收益，而不是考虑法律是否合理的问题；或者说，在多数情况下，法律只是一个维护利益的工具，而不具备理念性价值。因此，处于弱者一方的劳动者，并不因其弱势而天然地具备行为上的法理正当性。反之，正因为这种弱势地位，他们往往会不按现行法律要求的程序反应自身诉求，而是走上某破坏性的激进维权之路。也就是说，他们会主动地利用自己的弱者身份来获取自己的利益，其主要方式就是利用自己作为弱势群体这一"道德制高点"，通过放大自身的弱势一面博取社会的同情，从而利用道德和舆论上的压力迫使资方进行经济上的补偿。这时劳动者的最常见策略就是"把事情闹大"，如以跳楼、上访、政府机关门口静坐等方式相威胁等。而有些用人单位在面对这些情形时，就会选择"花（大）钱了事"。此时，劳资双方的不平等位置似会发生某种逆转，原来强势的雇主会变成息事宁人的弱势一方，甚至要付出比正常法律途径更多的代价来换取劳动者愤怒的平息。

第三种类型的潜规则的产生，则与法律法规的强势推进与社会理念和惯习之间的脱节有关。中国社会的现代化进程，具有明显的后发外启特征，国家规制是形塑现代中国社会的最重要力量。许多规则的形成并非源自由下而上的内生性建构，而是来自自上而下的命令式推行。它们并不能与基层现实完全对接，从而给潜规则的生成提供了巨大空间。劳动法本属私法领域，但中国社会长久以来欠缺私法存在和运行的社会基础，许多民事调解必须借由国家力量来强行推动。《劳动合同法》的推进，难免使行政干预以保护弱者之名强势介入劳动合同领域，从而使本属私际纠纷的调节过程出现强大的国家主导特征。一旦某个社会领域突然出现某种强势而异质的国家力量，基于习俗或惯例进行调节的社会过程很容易产生自发的反弹，认为法律的出台和执行不过是国家强权的体现，而根本不是为了保护单位或个人的权益。同时，社会成员的基本理念并不一定能够跟上以法学精英为代表的国家精英的现代法律理念，因而认为这些法规的出台本身就不公平，从而加大了法律顺畅执行的心理认知障碍。而一旦国家力量在执行过程中出现某种偏差，就更容易促使用人单位和劳动者统一站到国家力量的对立面，从而结成某种对抗同盟。当然，在现有形势下，不论个体或单位都无绝对力量挑战国家机器，因此只能被迫采用潜规则同盟的形式进行潜在的对抗。

那么，这三种潜规则的生成有没有某种共同因素呢？概括的方式当然并不唯一，这里仅从本研究的主旨出发将之归纳为一点：所有这些潜规则的出现，均与博弈双方的力量不对等有关。第一种和第二种潜规则中，是用人单位与劳动者之间的力量不对等。通常情况下，用人单位的力量要强于作为个体的劳动者，这主要体现在用人单位的资源动员能力和自我保护能力较强，企业主或管理者通常具有较强的社会关系，尤其是与政府相关部分的强关系，能够长期聘请专门职员和律师处理劳动关系争议，某些企业主甚至可能具有其他社会背景。因此，为了节省自身的成本，用人单位可能会刻意利用一些潜规则逼劳动者就范，或是在权益遭受侵犯时选择忍气吞声。但在一些特殊情况下，如企业面临上市关口，此时一旦出现大规模的劳资纠纷就意味着企业的努力即将付诸东流，因此员工反而可能就一些小事故意为难管理层以获取高额补偿。又或者遇到当地政府严格执行劳动合同方面的相关政策和惩罚措施的时段，劳动纠纷问题容易成为地方政府刻意为难或加重处罚的理由，此时劳动者有可能将积压的某些局部问题"放大"，以期获取利益，而企业也往往会弱化自身的姿态以求"讨好"劳动者。而在第三种潜规则中，无论是个体还是单位，都处于弱势一方，其对立面是强大的国家力量。在国家强制力量之前，即便是面对不完全合理，或者虽然符合法律理念但不能解决当下短期的实际利益问题的法律条文，个体或组织都无力进行有效的博弈或反抗，也很难通过合法的渠道发出自己的声音，所以合谋就成为常见的规避方式，促成了合谋型潜规则的滋生。

（二）弱者对风险的主观衡量与放大

前面多次说到"博弈"一词，实际上并不完全准确。在当下的语境中，博弈往往是指作为西方经济学之显学的博弈论视角下的博弈。但这一意义上的博弈通常暗含着一种高度的理性，似乎互动双方都是处于一种信息完备、理智发达、思考充分、决策冷静的理想状态。但许多社会行为的产生并不是事前刻意谋划的结果，而总是伴随着各种突发性和变异性，互动过程也因此充满各种偶然性。一个理想的博弈过程还暗含着博弈双方在地位、信息、技能、知识、思考深度等方面的大体对等或公平，否则就没有必要再进行"博弈"，在地位或信息严重不对称时，命令、强权、欺骗等就足以达成目的。但前述分析已经表明，在劳动者与用人单位之间，在个体力量与组织力量之间，在组织力量与国家力量之间，双方地位鲜有对等的时候。因此，这里的博弈应当做泛化的理解，视为主体之间的试探性互动过程，而不宜作为一个严格的经济学或理性选择视角下的专业术语。

同时需要指出的是，博弈双方的权力或能力不对等，并不完全是客观意义上的，更多时候是心理感知意义上的。在心理博弈过程中，双方均有可能有意无意间放大或缩小对方释放的信息，从而采取过于夸张的举动。通常来说，劳动者与代表用人单位的企业主或相关管理者之间的信息通常是不对称的，他们对对方的下一步行为的期待和预判也经常出现偏差，因此其行为决策往往又会走入某种极端。例如，在农历年底时拖欠部分工资，待员工春节休假结束回到企业时再予补发，是许多中小企业对待外地工人的一个潜规则。这一潜规则形成的原因，通常在于有部分外地员工虽然与企业签署了长期的、跨农历年度的劳动合同，在领完足月工资回到老家后就一去不返，拒绝继续履行合同，造成企业的用工短缺。而企业如果要想跨区域，尤其是跨省区要求劳动者寻求补偿，在现实中几乎是不可能的；即便能够做到，付出的成本甚至会超出重新招聘和培训新员工的成本。因此，只要有一个这样的案例发生，企业就可能将所有外地员工均视为怀疑对象，并迅速采取相关措施，尽管这样的措施本身是违背法律本身要求的。而没有发生过类似情形的企业，也很容易意识到这样员工流失的风险，同样也会采取类似的方式进行规避。同样地，劳动者也常抱有"不闹不给，小闹小给，大闹大给"的心态。这源自自身或他人过去的某次亲身经历，或者是道听途说得到的所谓经验。他们并不关心这种策略是否真正合法，也未认真考虑这一策略的胜算概率，而容易被某些特定的"成功案例"所吸引和鼓动，习惯性地走上这种"以闹获赔"的方式，而忽视了也许还有更加合理而有效的博弈方式。在劳资双方无法建立良好信任关系的时候，将不利倾向的风险进行主观放大，是一种常见的心理倾向，因为只有这样才能确保自身安全的最大化。

在不对等情况下的博弈中，处于弱势地位一方的心态是最值得研究的。应当承认，在用人单位与劳动者之间，多数情况下用人单位总是处在强势地位，而劳动者多处在弱势地位。可以发现，劳动者用来对抗不公的所谓"弱者的武器"，手段上往往并不高明，而且通常以损害自身的健康乃至生命为代价，许多人似乎宁愿选择以死抗争，也不愿意走合法的途径进行解决。难道生命还不如赔偿金重要吗？本研究以为，行动者在特定情境下的这种非理性博弈方式，与他们长久处于弱势地位有关。这里拟用认知心理学中有关贫困心理学的新近研究做一分析。实际上，行为决策不仅涉及经济成本，也涉及"认知成本"，对贫困（包括绝对贫困和相对贫困，其衡量指标为资源占有量的多寡）人群尤其如此：他们不仅仅在经济资源上处于弱势地位，在认知资源上也容易比富裕人群处于弱势地位。这体现为其认知资源的存量更少，或者更容易被认知过程所损耗。资源的匮乏会使个体产生相关的认知机制，从而改变人们观察事物和做出决策的方式。注意力是一种重要而易损耗的认知资源，但在贫困者的决策过程中，当下资源的匮乏占据了贫困者的首要注意力，使其不能集中于长远目标，从而做出非理性的决策。任何形式的资源匮乏，都会引导注意力集中于所匮乏的资源，从而形成过分重视甚至透支该资源的心理倾向，而忽视透支的成本是否超过其长期未来收益（参见吕小康、汪新建、付晓婷，2014）。

具体到劳资关系中，由于劳动者在认知层面往往认定自己势单力薄，面对有专门管理人员、财务人员、法务人员以及各种社会关系的单位，会加大自己采用正常渠道获得公正待遇这一合法博弈方式的心理成本。同时，由于底层劳动者的工薪相对微薄，生活压力较大，金钱遂成为其注意力的核心，占据了多数的心理资源，主观上加重了金钱在其生活中的权重，而忽视了其他资源（如健康、生命）对于正常生活的意义。在这种情形下，获得更高的短期补偿成为最强有力的心理驱力，使得他们没有注意力顾及其他方式，而选择采取最能吸人眼球、最能造成轰动效应，从而最能获得短期高额补偿的方式进行抗争。种种跳楼讨薪、维权的行为于是由此产生。同样的分析也适用于企业对国家法律的潜规则应对过程。相对于国家力量，企业是弱势的，而且这种弱势几乎是绝对的、没有改变余地的。在劳动者与企业的关系中，两者的力量对比或许有暂时的强弱转换之时，但在企业与国家的关系中，这种转换几乎不可能出现。于是，企业作为一个经济组织，在考虑进行维权或发声时，也面临着高昂的心理决策成本：地方政府是否会忽视、批评自己的意见？如果公开表达不满意见，是否会招致打击报复？一旦启动这种考虑，若企业仍想在固定的区域持续经营，公开的对抗和不满已经不可能显露，而只能采取阳奉阴违的潜规则了。

简言之，在力量不对等的博弈中，人们无法要求处于弱势的一方能够像强势一方那样进行充分的思考和合理地利用规则，而一定会选择突破规则或规避规则，以期获得既有规模框架下不能完全获得或迅速获得的收益。潜规则的产生正是这种突破或规避的产物。要根除潜规则，也就必须从改变博弈双方的不对等地位入手。

二、功利化的法律意识无法支撑规则的良性运行

在关于《劳动合同法》的法律知识层面，企业员工对于《劳动合同法》在具体条款、价值理念和运作过程方面，都存在或多或少的扁平化的认识特征：他们对于《劳动合同法》保护形态上的丰富性缺乏了解，而认为其只能实现对于劳动者最低限度权益的保护；对于《劳动合同法》框架下劳资双方的事业共同体关系感到无法想象，而依然秉承传统的单向管理的概念；对于《劳动合同法》在效力过程中重视合同签订与终止的倾向知之甚少，而将所有的注意力集中在作为载体的合同本身。这些知识上的扁平妨碍了他们对于《劳动合同法》对劳动者保护力度的有效感知，从而使其在关键时刻面临"不知者被欺"的困境。更为糟糕的是，作为"欺人者"的管理者，尽管在对于劳资关系和效力过程的认识上，也存在类似的扁平化理解，但与员工出于真实无知而产生的朴素理解相反，管理者的理解带有强烈的利己印记，即出于对自主权的追求和责任的推脱，而刻意片面地理解劳资关系和劳动关系。加之他们由于主动系统学习和纠纷经验丰富而在整体知识水平上表现出的优势，使得管理者得以"有能力"而"无阻力"地发展有利于自身的潜规则。

在关于《劳动合同法》的法律情感层面，企业管理者出于对于《劳动合同法》在价值判断和规范判断方面的负面态度，而对其表现出集体性的消极情感：他们认为《劳动合同法》在立法宗旨上体现出过于明显的对于劳动者的偏向，极大地提高了用人成本和风险，从而在价值上表现出对于用人单位的"极大的不公平"；同时，该部法律中一些具体条款的设置和将用人单位视为强势方的基础立场也被部分管理者认为在规范方面缺乏正当性，违背了法律应有的功能与精神。出于这样的消极情感，他们倾向于将《劳动合同法》视为"恶法"，从而在行动中以潜规则的形式对其进行有意规避。而本应由于受到专门保护而对《劳动合同法》产生积极情感的员工们，却由于法律知识的匮乏与法律实施效果的不尽如人意而对其产生了负面的经验判断，认为其可有可无、作用不大，进而同样对其感情淡漠，因而失去了在潜规则泛滥的环境中主动维护《劳动合同法》的内在动机。于是，《劳动合同法》在实施过程中面临"有人恨"而"无人爱"的尴尬境地，而使其效果大打折扣。

在关于《劳动合同法》的法律意志层面，企业员工有着相对薄弱的表现，这主要是基于一种实用主义的考量：在他们的价值体系中，作为"维护者"的《劳动合同法》的实用价值高于作为"被维护者"的《劳动合同法》的固有价

值，从而在面对劳资关系相关问题的时候，倾向于将各类法律化的和非法律化的手段按照实用效果进行权衡并加以选择；而《劳动合同法》框架下的法律手段由于具有被动性和相对高额的时间、经济成本，并被认为是为用人单位在司法方面的暗箱操作提供了空间及容易使得劳资关系彻底破裂，而显得不如徇情、暴力等方法快捷、可靠和负面影响更低，因此通常不能成为维权的首选。而管理者们由于拥有更丰厚的时间、经济和社会网络资源，在很多情境下反而会主动以《劳动合同法》为武器，发动对于员工的反击，但也仅限于他们评估过后认为非法律化手段会导致损失不可控的少数情形，本质上依然表现出实用主义的倾向。于是，《劳动合同法》在绝大多数时候，都因为被认为"无用"或"不是最有用"而惨遭抛弃，取而代之的正是茂盛生长的潜规则。

由此，对于制造业私企中劳资关系潜规则的成因，我们可以有这样一番通俗易懂的总结性的表述：在最理想的状况下，无论劳资双方谁从法律中受益、谁从法律中受损，都能在强烈法律意识的支配下遵守《劳动合同法》的规定，如此，理想的劳资关系便得以形成；在次理想的状况下，更容易作为法律受损方的资方由于知识扁平、情感消极和意志薄弱，会肆意发展有利于自身的潜规则，这时候，作为法律受益方的劳方以丰富的知识为基础，在积极的情感和坚强的意志支配下，与潜规则进行不懈斗争，最终法律的尊严也可以得到部分的维护；然而，目前的状况恰恰是最不理想的一种——作为法律受损方、违法动机更强的资方，反而因占据了知识上的优势，而拥有了更为高超的违法能力，相反，本该奋起反抗的劳方，却由于知识上的劣势、情感上的淡漠和意志上的薄弱而放弃了法律意义上的抵抗，种种的潜规则因此得以肆无忌惮地发展下去。

第二节　劳资潜规则的解决对策与未来方向

劳资潜规则是多种刺激源的相互作用下逐渐显现出来的。而劳动关系作为社会关系中最重要的方面之一，其稳定性直接关系到社会乃至国家的发展繁荣，现在社会上各种劳动纠纷的频繁发生已经敲响了警钟。《劳动合同法》作为维系劳动关系的一项主要举措，减少其执行中的潜规则势在必行。

一、完善国家规则的治理水平

首先，劳动法律需要国家规制，而国家规制要尊重社会的行为模式和惯例，要与社会权利建构相协调，要有利于劳资双方的社会合作。在我国，国家规制的力度并不是不够，而是规制的方法问题。正如工会在我国的尴尬地位，大多数的工会（有些企业甚至没有工会）并不能够有效地维护劳动者的合法权益，而法律应该为工会提供社会身份或社会资格的赋予权或授受权，国家规制应该接纳社会权利建构之社会合作（冯同庆，2010），以减少企业对《劳动合同法》的规避。

其次，"存在即合理"，潜规则的存在是符合一部分人的利益，但是在《劳动合同法》的执行上，它损害的却是更多数人的利益，也使正式制度偏离了运行轨道，降低了国家正式制度的权威性。所以，应该完善正式制度结构，优化执行程序，并且坚持发展生产力，保障公平的社会环境（刘雯雯，2010）；完善并严格正式制度的执行程序和落实规范，填补正式制度在执行过程中，以及在《劳动合同法》的执行中产生的"适用性空白"，保障经济生活和劳动关系中的一种公平的社会环境，减少潜规则形成的可能。

最后，从社会心理学的角度来说，则面临一个文化心理不可避免的现代性转向问题。现代社会全新的社会规则使得传统的文化心理显现出不适应的一面，而劳动者现在需要做的，则是要改造一些传统的观念，比如"情重于法""迷信上级，关系至上""不敢争讼"等，以人的自由、和谐相处为目标价值，消除传统文化心理中的负面效应，使其精华与现代社会相融合。

二、增强法律意识与降低法律成本并重

然而，还有更深层次的问题值得深思：对于管理者的"不知""不爱"和"不坚定"，我们是可以从现实出发、设身处地地进行部分理解的，但作为一部旨在保护劳动者合法权益的法律，为什么作为相对受益者的员工们，对此反而"更不知""更不坚定"，并且也显得"不那么爱"呢？

就外部的原因而言，可能跟法制教育的缺失、用人单位的强力思想控制等因素都有关系。而就内部的心理学因素而言，可能仅仅跟劳动者的弱势地位有关。换言之，并不是劳动者"碰巧"在法律意识上有如此的表现，而是劳动者的身份"决定"了他们必然是这样表现的。资源的匮乏会改变人们观察事物和做出决策的方式，对法律意识的影响也可能是类似的机制。作为弱者，他们在认知资源上容易处于弱势地位，意志力也容易受到损耗（Shah、Mullainathan、Shafir，2012；吕小康、汪新建、付晓婷，2014），因而在法律知识、情感与意志方面会更容易出现上述的表现。这些都是可能的解释，本研究中不再详细论述；

由于与行动者所处的文化背景和心理结构有关，因此也无法立即催生出有效的解决对策。

　　然而，由劳资关系潜规则的种种外部原因出发，我们还是能得出一些有利于提升《劳动合同法》法律效果、抑制潜规则发展的建议。在目前情况下，我们应该排除"新法成本论""新法威胁论"等阻碍《劳动合同法》进入法律操作层面的障碍，把工作重心放在贯彻落实《劳动合同法》及其实施条例上，维护法律的权威性和严肃性（余功雄，2009）。在调查中可以发现，对于《劳动合同法》法律知识的缺失是制造业私企员工们无法意识到侵权行为正在发生，从而被动接受潜规则的重要原因，并导致了较为淡薄的法律情感和在需要维权的情境下法律意识的薄弱；同样，对于部分管理者而言，大多数越轨行为也源于对法律精神的不理解和对法律条款的粗线条式掌握。因此，对于《劳动合同法》的普及工作是必不可少且迫在眉睫的。

　　就操作细项而言，普法工作需要遵循以下三项原则。首先是"谁来普法"的问题：调查中受访员工普遍表示，由用人单位人事部门或管理者自身等利益相关方兼任普法工作，可能会带来过于重视对于员工约束性条款的讲解而忽视员工保护性条款的提醒等偏差，反而不利于树立员工对于《劳动合同法》的正确认识，因此需要由相对中立的政府部门或与员工关系更为密切的工会等组织担任这一工作，对员工进行系统、全面的普法教育。其次是"对谁普法"的问题：为更好地遏制潜规则的发展，对于潜规则链条上涉及和可能涉及的各方均需要进行普法，也即涵盖全体员工和管理者；然而，在实际操作过程中，由于资源有限，需优先关注"重点对象"和"处于重要节点的对象"，前者主要是有过以非法途径解决劳资纠纷经历，或由于受教育程度较低等原因而面临较高非法律化行动倾向风险的员工与管理者，后者则表现为对处于实习期、入职前、离职前等阶段的员工给予与其具体情况相匹配的法律方案的专门指导，并对分管人事工作的管理者进行重点的辅导和教育。最后是"如何普法"的问题：对于《劳动合同法》的普及，在内容上，不仅需要重视具体的法律条款，还需要补充对于立法精神和劳动者保护意识的宣传，以加深员工对于《劳动合同法》的情感，以鼓励他们主动遵守并维护法律；而在形式上，由于诸多受访者均反映枯燥的条文直接阻碍了他们对于法律的自主学习，因此，可以采用更为贴近劳动人民理解与记忆习惯的方式进行讲解，并辅以丰富多彩的生活化的形式表现出来，如以案例分享、当事人现身说法等方式取代对于法律条款的逐条解释，或采用舞台短剧、微电影等文艺形式在工业园区进行巡回演出和放映，这些都可能会对普法效果发挥一定的帮助作用。

除了普法外，另一项立竿见影的对策便是加强监管。来自政府部门的监管自不用说，完善工会组织在构建和谐劳动关系中的作用也至关重要：尽管《劳动合同法》规范的是劳动者与用人单位之间的权利义务关系，工会并不直接作为劳动关系当事人，但它赋予了工会代理或代表劳动者的权利，从而使得工会成为劳动关系的间接权利主体。因此，工会应当充分利用这一法律地位，在劳动者与用人单位产生关系的全流程中，发挥支持、指导和保护的作用。如在双方协商签订劳动合同时，工会可以帮助员工对合同内容进行把关，对有关员工待遇及保障措施的条款，协助员工向管理者进行积极争取，并全程参与合同签订过程，提醒员工谨慎签字并保存合同副本，从而有效减少因合同内容而对员工造成的"前置损害"；在用人单位违法解除劳动关系时，工会应依法指出并要求其进行纠正，同时及时提醒相关员工依据法律规定保护自身的权益，或引导其与用人单位顺利达成补偿协议，从而尽可能地在保护员工合法权益的同时，避免恶性劳资纠纷的产生。

总而言之，如何有效保护劳动者权益在全世界都是一个难题，仅仅通过立法是远远不够的，还需要建立有效的普法和监督机制。而法律的顺利执行与法律效果的有效达成，又涉及社会结构与心理结构的方方面面。因此，如何举各方之力，共同治理劳资关系中的潜规则现象，在中国依然是一个任重而道远的课题。

三、研究局限与未来方向

作为一项探索性的研究，本研究在实证材料的运用与挖掘，以及理论的丰富性与深度上，还存在着较大的可提升的空间，主要表现为两个方面的局限性。

第一重局限来自数据自身的局限性。由于经费等问题的限制，本研究未能采用随机抽样的方法进行被试选择，因此所做的推论统计有效性需要慎重考虑。同时，由于时间、精力有限，调查是从国家规制的宏观视角出发，对劳资关系潜规则进行探究，因此二手调查数据缺乏研究所需关键变量和一些员工与管理者的对照项，从而使本研究只能从面上铺开，用以描述部分潜规则现象及受访者法律意识的有限维度，其余研究均需从定性角度出发进行材料的补充，导致对定量材料的分析不够深入，与定性材料之间就一些问题也难以形成有效的印证。由于未能采用系统性的随机抽样方式，样本所获得的测量数据在统计上的推论性是存在一定局限的。但由于样本总量相对较大，且考虑了地域、行业等因素进行取样，因而仍可在一定程度上反映所测量时段的劳资关系及相关潜规则的实际情况。

第二重局限则表现为研究者自身在理论水平和研究经验方面还需提高，在写作上还存在诸多思考上的不足。在以后的研究中，在条件允许的情况下，应继续深入田野进行调查，并将研究对象覆盖至更广的范围，将研究视角从法律心理领域内的法律意识扩展到社会文化心理的方方面面。

总之，完全杜绝劳动合同方面的潜规则、建立和谐稳定的劳资关系不可能在一夜之间完成，但规范当下中国的用工行为，保障劳动者应得的权益，给予劳动者基本的尊严，又是促进产业结构调整、推动经济发展、维护社会稳定的当务之急。希望本研究能为劳资关系潜规则研究提供部分的实证数据与理论洞见，从而为后续的研究打下基础、提供启发。

参考文献

中文文献

[1] 闭明雄. 潜规则、制度和经济秩序 [J]. 经济学动态, 2013 (8).

[2] 闭明雄. 潜规则的博弈论分析 [J]. 经济研究参考, 2013 (62).

[3] 曹多富, 许文苑. 劳动合同法: 在自治、强制中走向和谐 [J]. 中外企业家, 2008 (6).

[4] 曾湘泉. 变革中的就业环境与中国大学生就业 [J]. 经济研究, 2004 (6).

[5] 赖德胜, 吉利. 大学生择业取向的制度分析 [J]. 宏观经济研究, 2003 (7).

[6] 杨伟国. 转型中的中国就业政策 [M]. 北京: 中国劳动社会保障出版社, 2007.

[7] 常凯. 从战略角度看《劳动合同法》——变革时期, 转变思路, 把握趋势, 变被动为主动 [J]. 管理, 2008 (1).

[8] 常凯. 论劳动合同法的立法依据和法律定位 [J]. 法学论坛, 2008 (2).

[9] 陈红艳. "明规则" 虚化与 "潜规则" 盛行——探析腐败犯罪的一项重要原因 [J]. 理论月刊, 2011 (12).

[10] 陈剑波. 制度变迁与乡村非正规制度——中国乡镇企业的财产形成与控制 [J]. 经济研究, 2000 (1).

[11] 董保华. 社会法原论 [M]. 北京: 中国政法大学出版社, 2001.

[12] 董海军. 转轨与国家制度能力研究: 一种博弈论的分析 [D]. 上海: 复旦大学, 2004.

[13] 董海军. "作为武器的弱者身份": 农民维权抗争的底层政治 [J]. 社

会，2008（4）.

[14] 董文军. 我国《劳动合同法》中的倾斜保护与利益平衡 [J]. 当代法学，2008（3）.

[15] 杜一鸣.《劳动合同法》实施以来存在的问题及对策研究 [D]. 石家庄：河北师范大学，2009.

[16] 段鸿婧. 论我国劳动合同法的缺陷与完善 [D]. 武汉：华中师范大学，2014.

[17] 冯同庆. 被规避、被冷落的劳动合同法及其出路——劳动关系调整中国家行政主导取向之检讨 [J]. 北京市工会干部学院学报，2009（1）.

[18] 冯同庆. 劳动法律的中国条件——国家规制与社会权利建构之社会合作相协调 [J]. 中国劳动关系学院学报，2010（5）.

[19] 高洪贵. 作为弱者的武器：农民工利益表达的底层方式及生成逻辑——以农民工"创意讨薪"为分析对象 [J]. 中国青年研究，2013（2）.

[20] 郭庆松. 三方博弈中的中国劳动关系——改革开放以来中国劳动关系的进展及问题研究 [J]. 学术月刊，2009（9）.

[21] 何进平. 司法潜规则：人民陪审员制度司法功能的运行障碍 [J]. 法学，2013（9）.

[22] 贺寿南. 论司法裁判中法律规则与潜规则的博弈选择 [J]. 湖南科技大学学报（社会科学版），2013（3）.

[23] 胡亮，罗昌翰. 潜规则演进的博弈论解释 [J]. 当代财经，2005（6）.

[24] 胡瑞仲. 管理潜规则对企业员工行为影响的实证研究 [J]. 经济管理，2007（24）.

[25] 胡瑞仲，聂锐. 管理潜规则：研究现状、问题及意义 [J]. 生产力研究，2006（2）.

[26] 胡瑞仲，聂锐. 试论企业潜规则 [J]. 武汉大学学报（哲学社会科学版），2006（3）.

[27] 胡瑞仲，杨东涛，王帮俊. 企业管理中潜规则与显规则的冲突和耦合 [J]. 青海社会科学，2012（5）.

[28] 季任钧. 产业升级新思维——《产业集群升级研究：地方政府视角》评介 [J]. 经济与管理，2013（2）.

[29] 柯华庆. 科斯命题的博弈特征与法律实效主义 [J]. 中山大学学报（社会科学版），2008（2）.

[30] 孔泾源. 中国经济生活中的非正式制度安排 [J]. 经济研究, 1992 (7).

[31] 兰燕燕. 论公民的法律情感 [D]. 合肥: 安徽大学, 2010.

[32] 乐国安. 法律心理学: 一门促进司法公正的应用学科 [J]. 中国科学院院刊, 2012 (27).

[33] 李雄. 论我国劳动合同立法的宗旨、功能与治理 [J]. 当代法学, 2015 (5).

[34] 梁碧波. "潜规则" 的供给、需求及运行机制 [J]. 经济问题, 2004 (8).

[35] 林嘉. 论我国劳动法范式的转变 [J]. 政治与法律, 2009 (7).

[36] 刘继臣. 《劳动合同法》实施两周年成效显著 [J]. 中国工运, 2010 (5).

[37] 刘旺洪. 法律意识之结构分析 [J]. 江苏社会科学, 2001 (6).

[38] 刘伟. 劳动者与用人单位权益的失衡——以劳动合同单方解除权为视角 [J]. 法制博览旬刊, 2012 (12).

[39] 刘雯雯. 转型期我国社会生活中的潜规则研究 [D]. 长春: 吉林大学, 2010.

[40] 鲁道夫·冯·耶林. 为权利而斗争 [M]. 郑永流, 译. 北京: 法律出版社, 2007.

[41] 罗昌翰. 非正式制度的演化博弈分析 [D]. 长春: 吉林大学, 2006.

[42] 罗格, 刘呈芸. 法律的 "乌龙": 公共政策的意外后果 [J]. 经济社会体制比较, 2005 (2).

[43] 罗纳德·科斯, 道格拉斯·诺斯, 等. 制度、契约与组织 [M]. 刘刚, 冯健, 杨其静, 等译. 北京: 经济科学出版社, 2003.

[44] 罗斯. 社会控制 [M]. 秦志勇, 毛永政, 译. 北京: 华夏出版社, 1989.

[45] 吕小康. 社会转型与秩序变革: 潜规则盛行的社会学阐释 [D]. 天津: 南开大学, 2009.

[46] 吕小康. 弱者如何博弈: 劳资关系潜规则的本土化视角 [J]. 南开学报 (哲学社会科学版), 2015 (6).

[47] 吕小康, 汪新建, 付晓婷. 为什么贫困会削弱决策能力? 三种心理学解释 [J]. 心理科学进展, 2014 (11).

[48] 马骏，侯一麟. 中国省级预算中的非正式制度：一个交易费用的理论框架 [J]. 经济研究，2004（10）.

[49] 孟颖颖. 有限理性的农民工社会保险需求与风险偏好研究——农民工社会保险参保率不足的一个解释 [J]. 经济管理，2011（10）.

[50] 潘毅. 中国女工——新兴打工阶级的呼唤 [M]. 香港：明报出版社，2011.

[51] 邱林川. 新型网络社会的劳工问题 [J]. 开放时代，2009（12）.

[52] 邱林川. 告别 i 奴：富士康，数字资本主义与网络劳工抵抗 [J]. 社会，2014（4）.

[53] 任雷鸣.《劳动合同法》与高校毕业生就业 [J]. 中国大学生就业，2007（23）.

[54] 孙强. 哲学视域下的潜规则研究 [D]. 北京：中共中央党校，2012.

[55] 孙学致. 劳动合同法中的私法属性 [J]. 当代法学，2006（6）.

[56] 唐镳，刘兰.《劳动合同法》的价值重塑与制度创新——基于劳动关系多元论视角 [J]. 法律科学，2016（3）.

[57] 唐庆会. 劳动合同法的经济学分析 [D]. 长春：吉林大学，2013.

[58] 唐绍欣. 传统、习俗与非正式制度安排 [J]. 江苏社会科学，2003（5）.

[59] 陶艳兰. 无名者生命的诗：中国女工多元主体的形成与抗争 [J]. 社会，2011（5）.

[60] 汪新建，吕小康. 作为惯习的潜规则——潜规则盛行的文化心理学分析框架 [J]. 南开学报（哲学社会科学版），2009（4）.

[61] 王全兴.《劳动合同法》实施后的劳动关系走向 [J]. 深圳大学学报人文社会科学版，2008（3）.

[62] 王维林. 法律意识的心理学分析 [D]. 长春：吉林大学，2004.

[63] 王询. 人际关系模式与经济组织的交易成本 [J]. 经济研究，1994（8）.

[64] 王耀海，盛丰. 潜规则及其法治矫正探析 [J]. 学术界，2010（5）.

[65] 王跃生. 非正式约束、经济市场化、制度变迁 [J]. 当代世界与社会主义，1997（3）.

[66] 吴思. 潜规则：中国历史中的真实游戏 [M]. 昆明：云南人民出版社，2001.

[67] 肖华,董保华. 华为事件是第一个双输案例 [J]. 南方周末, 2007, C14 版.

[68] 肖中泽. 论劳动者弱势地位矫正的理论不足及我国路径 [J]. 价值工程, 2014 (24).

[69] 徐一宁. 我国劳动合同解除制度的反思与重构 [D]. 成都: 西南交通大学, 2011.

[70] 于光君. 关于"潜规则"的社会学解读——读吴思《潜规则: 中国历史中的真实游戏》[J]. 社会科学论坛 (学术评论卷), 2006 (7).

[71] 余功雄. 认知、评价与影响——金华市婺城区百家企业员工劳动合同法问卷调查分析 [J]. 浙江师范大学学报 (社会科学版), 2009 (1).

[72] 袁思蕾. 基于制度正当化理论的不同群体心理研究 [D]. 南京: 南京师范大学, 2013.

[73] 詹姆斯·斯科特. 弱者的武器 [M]. 郑广怀, 张敏, 何江穗, 译. 南京: 译林出版社, 2007.

[74] 张宝刚.《劳动合同法》实施中的工会工作 [J]. 北京市工会干部学院学报, 2008 (1).

[75] 张车伟.《劳动合同法》将开启劳动关系的新时代 [J]. 经济管理, 2008 (9).

[76] 张德荣, 杨慧."潜规则"与中国王朝循环的经济根源——一个交易成本的视角 [J]. 财经研究, 2011 (3).

[77] 张文显. 法的一般理论 [M]. 沈阳: 辽宁大学出版社, 1988.

[78] 张五常. 新劳动法的困扰 [J]. 中国企业家, 2007 (24).

[79] 张友连. 论《劳动合同法》中的意思自治与国家强制 [J]. 昆明理工大学学报 (社会科学版), 2010 (2).

[80] 郑爱青.《劳动合同法》: 个人劳动关系规范的变革与不足 [J]. 华东政法大学学报, 2008 (6).

[81] 郑成良. 现代法理学 [M]. 长春: 吉林大学出版社, 1999.

[82] 郑桥, 姜颖.《劳动合同法》的实施对我国劳动关系的影响 [J]. 新视野, 2008 (1).

[83] 周春燕, 郭永玉. 公正世界信念——重建公正的双刃剑 [J]. 心理科学进展, 2013 (1).

[84] 周延东, 江华锋. 法社会学视野下的"潜规则" [J]. 兰州学刊,

2013 (3).

[85] 朱军, 谢芳. 毕业生法律意识与其择业就业权益关系研究 [J]. 黑龙江教育: 高教研究与评估版, 2008 (11).

英文文献

[1] DUNLOP J T. Industrial relations systems [J]. Southern Economic Journal, 1959, 26 (2).

[2] FUCHS C. Digital Labor and Karl Marx [M]. London, New York: Routledge, 2015.

[3] GARFINKEL H. Studies in Ethnomethodology [M]. New Jersey: Prentice-Hall, 1967.

[4] KNIGHT J, Song L. Towards a Labor Market in China [M]. New York: Oxford University Press, 2005.

[5] LITZINGER R. The labor question in China: Apple and beyond [J]. South Atlantic Quarterly, 2013, 112 (1).

[6] MANI A, MULLAINATHAN S, SHAFIR, E, et al. Poverty Impedes Cognitive Function [J]. Science, 2013, 341.

[7] MULLAINATHAN S, SHAFIR E. Scarcity: Why Having too Little Means so much [M]. New York: Times Books, 2013.

[8] NGAI P, CHAN J. Global capital, the state, and Chinese workers: the Foxconn experience [J]. Modern China, 2012, 38.

[9] SCHILLER D. Poles of market growth? Open questions about China, information and the world economy [J]. Global Media and Communication, 2005, 1 (1).

[10] SHAH A, MULLAINATHAN S, SHAFIR E. Some consequences of having too little [J]. Science, 2012, 338.

[11] VAGO S. Law and Society [M]. New Jersey: Upper Saddle River, 2009.

附录 A 《劳动合同法》实施现状问卷
（职工卷）

问卷编号＿＿＿＿＿＿＿＿＿＿　　　　　　审核＿＿＿＿＿＿＿＿＿＿

《劳动合同法》实施现状问卷（A 卷）

尊敬的朋友：

您好！为更有效地收集《劳动合同法》的实施情况，切实保护员工利益，我们特进行此次问卷调查。非常感谢您的配合，对于您的回答，我们将按照《统计法》的相关规定，对回答过程和问卷结果严格保密，并且只用于学术研究，请您不要有任何顾虑，按真实情况作答。

南开大学政府管理学院劳动关系课题组

2014 年 1 月

（请勾选出或在题干横线上填写答案，右侧方框中的内容仅供研究人员填写，请您不必关注。）

一、个人基本情况

101 您的性别

①男　　　　　　　　　　②女

102 您的年龄：出生年月＿＿＿＿＿＿年＿＿＿＿＿＿月

103 您的民族：

①汉族　　　　　　　　　②少数民族＿＿＿＿＿＿

104 您的户口

①城镇户口　　　　　　　②农村户口

105 您的文化程度

①小学及小学以下　　②初中　　　　　　③高中

④中专/技校/职高　　⑤大专　　　　　　⑥本科

⑦研究生及以上

106 您首次参加工作的时间为：＿＿＿＿＿年＿＿＿＿＿月

107 您是通过什么途径进入现在的工作单位的?

①自己直接找的　　②经人介绍　　　　③职业中介

④劳务派遣　　　　⑤校园招聘

108 您的职业属于下列哪类?

①生产工人　　　　②后勤服务人员

③专业技术人员　　④科室人员

⑤基层、中层管理人员　⑥其他＿＿＿＿

109 您是否是工会成员

①是　　　　　　　②不是　　　　　　③不知道

110 您在本单位已经连续工作了几年?＿＿＿＿（请填入具体年数，不满 1 年按 1 年计算，如实际工作了 6 个月，填 1 年；工作 1 年零 3 个月，填 2 年）

111 您单位属于哪类行业?

①制造业　　　　　②建筑业

③住宿、餐饮业　　④批发、零售业

⑤交通、运输、邮政业　⑥家政、物业、维修等居民服务业

⑦金融、信息、研发、咨询等现代服务业

⑧教育、水电、医疗等公共服务业　　　　⑨其他＿＿＿＿

112 您单位属哪类所有制?

①国有及国有控股企业　②集体企业

③外商投资企业　　④港澳台投资企业

⑤私营企业　　　　⑥个体户

⑦其他＿＿＿＿　　⑧不清楚

113 您企业大约有多少职工?＿＿＿＿ 人

114 总体而言，您对目前的工作状况满意吗?

①很不满意　②不太满意　③一般　④较为满意　⑤非常满意

115 总体而言，您对工作单位的满意程度如何？

①很不满意 ②不太满意 ③一般 ④较为满意 ⑤非常满意

116 您对自己的工作能力的判断如何？

①很有能力 ②较有能力 ③一般 ④较没能力 ⑤很没能力

117 您对现在的就业形势判断如何？

①非常严峻 ②较为严峻 ③还行 ④较为乐观 ⑤非常乐观

118 最近 3 个月来，您有没有换工作的想法？

①有 ②没有

119 在找工作时，您最看重哪些因素？（可多选）

①每月实际到手的薪水 ②年终奖 ③社会保险及相关福利

④单位能否切实执行相关法规规定 ⑤社会地位

⑥工作名声 ⑦发展前景 ⑧工作环境是否舒适

⑨工作内容是否喜欢 ⑩其他_____

120 据您观察，您的多数同事对当下这份工作的满意度如何？

①很不满意 ②不太满意 ③一般 ④较为满意 ⑤非常满意

121 您是否认为单位在合同执行过程中存在不利于自己的"潜规则"？

①存在很多 ②存在一些 ③很少 ④ 没有

122 在最近 1 年中，您是否与用人单位有过劳动合同方面的纠纷？

①有 ②没有

123 在更早（1 年之前）的工作经历中，您是否因劳动合同问题与用人单位发生或参与如下形式的冲突？ （可多选，工作未满 1 年的请略过此题）_____

1 口头冲突 ②自己书面交涉 ③托人找关系协调

④单位内部的群体性抗争 ⑤到单位工会反映 ⑥上访

⑦劳动仲裁 ⑧到法院打官司 ⑨其他_____

二、您对《劳动合同法》的了解状况

201 您是否较为认真地看过《劳动合同法》的条文？

①认真看过 ②看多一点

③听说过，没有看过 ④没听说过，也没看过

202 您主要通过哪些渠道了解《劳动合同法》？（可多选）

①电视、报纸等媒体　②网络　③老乡、朋友

④同事　⑤企业或单位人事部门　⑥工会

⑦政府劳动部门　⑧书籍　⑨其他_____

203《劳动合同法》的颁布对您单位或您个人的劳动合同的履行状况有无影响？

①有影响　②无影响　③不清楚

204 您认为，订立书面劳动合同是否有必要？

①有必要　②无所谓　③没有必要　④说不清

205 您对《劳动合同法》的有效实施有信心吗？

①很有信心　②比较有信心　③一般

④不太有信心　⑤完全没有信心

206 您认为《劳动合同法》得到有效实施或者得不到有效实施的重要原因是什么？

请选择两项：最重要原因_____；　次重要原因_____；

①政府　②企业　③工会　④工人自己

207 您认为《劳动合同法》实施的主要作用是

①维护劳动者合法权益　　　②保护企业的利益

③同时保护劳动者和企业利益　④维护政府利益

⑤维护社会稳定　　　　　　⑥看不出有什么作用

208 您认为《劳动合同法》的实施是否增加了企业的人工成本？

①增加了很多　②稍有增加　③没有增加

④减少了企业成本　⑤说不清

209 您对以下各问题的满意度（请在空格内画钩）

	1. 不满意	2. 不太满意	3. 一般	4. 比较满意	5. 非常满意
1.《劳动合同法》实施状况					
2. 劳动部门对《劳动合同法》的执法状况					

续表

	1. 不满意	2. 不太满意	3. 一般	4. 比较满意	5. 非常满意
3. 企业遵守《劳动合同法》状况					
4. 工会在实施《劳动合同法》中的状况					

210 您认为以下说法是否正确或者合法（请在空格内画钩）

	1. 正确	2. 不正确	3. 不清楚
1. 单位招用劳动者时，可扣押劳动者居民身份证和其他身份证件			
2. 《劳动合同法》对试用期的长短没有规定			
3. 企业订立规章制度时，应该经过职工大会讨论			
4. 签劳动合同时只需签一份，交由企业保存			
5. 企业超过一个月不与员工签书面劳动合同要支付双倍工资			
6. 劳动合同到期，企业不再和工人续签，企业要支付一年一个月的经济补偿金			
7. 以欺诈、胁迫的手段或者乘人之危，使对方在违背其真实意思的情况下订立的劳动合同无效或者部分无效			
8. 劳动者提前三十日书面形式通知用人单位，可解除劳动合同			
9. 未依法为劳动者缴纳社会保险费的，劳动者可以解除劳动合同，单位要支付经济补偿金			
10. 企业转产、重大技术革新或者经营方式调整，经变更劳动合同后，仍需裁减人员的，单位可以裁减人员			

续表

	1. 正确	2. 不正确	3. 不清楚
11. 裁减人员时，应当优先留用"与本单位订立较长期限的固定期限劳动合同的人员"			
12. 在本单位连续工作满十五年，且距法定退休年龄不足五年的人员，无过错情况下，用人单位不得解除劳动合同			
13. 用人单位以暴力、威胁或者非法限制人身自由的手段强迫劳动者劳动的，或者用人单位违章指挥、强令冒险作业危及劳动者人身安全的，劳动者可以立即解除劳动合同，不需事先告知用人单位			
14. 从事接触职业病危害作业的劳动者未进行离岗前职业健康检查，或者疑似职业病病人在诊断或者医学观察期间的，用人单位不能单方解除劳动合同			
15. 用人单位的规章制度违反法律、法规的规定，损害劳动者权益的，劳动者可以解除劳动合同，单位要支付经济补偿金			
16. 劳动者依法解除、终止劳动合同，用人单位扣押劳动者档案或者其他物品的应依照规定受到处罚			
17. 企业职工一方与用人单位可以订立劳动安全卫生、女职工权益保护、工资调整机制等专项集体合同			
18. 被派遣劳动者享有与用工单位的劳动者同工同酬的权利			
19. 用人单位劳动条件恶劣、环境污染严重，对劳动者身心健康造成严重损害的，应当承担赔偿责任			
20. 《劳动合同法》施行前已建立劳动关系，尚未订立书面劳动合同的，应当自《劳动合同法》施行之日起一个月内订立			

三、《劳动合同法》实施状况

301 您所在企业是否跟您签订了书面劳动合同？

①已经签了　　　　　　②没有签

③不清楚　　　　　　　④其他_____

302 如果您已经签订了劳动合同，是谁主动提出要签合同的？

①企业先提出的　　　　②自己先提出的

③工会提出的　　　　　④不清楚　　　　　　⑤其他_____

303 如果您现在没有与企业签订劳动合同，原因是

①您提出来签，但企业不签

②您想签，但没有敢向单位提出来

③企业提出来签，您不想签

④企业和您都没有提出来

⑤其他_____

（没有签订劳动合同的朋友请直接从314题开始填写，已经签订劳动合同的朋友请继续往下填写）

304 您的劳动合同期限是：

①1年及1年以下　　　　②2~3年

③4~6年　　　　　　　④7年及7年以上

⑤无固定期限　　　　　⑥完成一定工作任务为期限

305 您自己的劳动合同是谁签字的？

①您自己签的字　　　　②您请别人代签的

③企业让别人代您签的　④不知道是谁签

⑤您没有签订劳动合同　⑥其他

306 您对企业与您订立的劳动合同内容如何评价？

①双方平等　　　　　　②基本平等

③有些不平等　　　　　④不平等

307 您自己是否有一份与企业签订的劳动合同？

①有　　　　　　　　　②没有

308 您在签订劳动合同时，有没有得到过工会的帮助？

①有　　　　　　　　　②没有

309 您的劳动合同中是否有下列条款（请在空格内画钩）

	1. 有	2. 没有	3. 没有仔细看 合同不知道	4. 其他
1. 工作地点内容的条款				
2. 可以调动您工作岗位的条款				
3. 劳动纪律条款				
4. 单位提供专项培训费用的违约金 条款				
5. 其他的违约金条款				

310 您的实际工作时间与劳动合同中约定的工作时间是否一致？

①一致　　　　　　　②不一致，比合同更长

③不一致，比合同更短　　④有时更长，有时更短

⑤其他_____

311 企业实际为您缴纳的社会保险是否与劳动合同上的社会保险

条款一致？

①一致　　　　　　　②比合同更多

③比合同更少　　　　　④没有缴纳

⑤不知道

312 如果企业没有缴纳社会保险，那原因是

①转接困难，自己不愿意缴纳

②要缴纳的钱太多，自己不愿意缴纳

③其他原因，自己不想缴纳

④企业不缴纳

313 您签订劳动合同之后，总的来看，这份劳动合同是否得到了遵守？

①企业有违约　　　　　②您自己有违约

③都没有违约　　　　　④其他_____

314 您企业是否签订了集体合同？

①签订　　　　　　　②未签订

③不知道

315 从您自己愿望出发，您愿意签订几年的劳动合同？

①1 年及 1 年以下　　　②2~3 年

③4~6 年　　　　　　④7~9 年

⑤10 年及 10 年以上　　　　　⑥无固定期

⑦完成一定的工作任务为期限

316 您认为您企业劳动规章制度是否合理？

①全部或大部分合理　　　　　②部分合理

③基本不合理

317 您或您企业是否有变更或解除、终止劳动合同的经历？

①有　　　　　　　　　　　②无

318 劳动合同的变更情况：

	1. 是	2. 否	3. 不清楚
1. 变更劳动时，用人单位是否与职工协商			
2. 变更的劳动合同是否经书面记载			
3. 变更劳动合同后，劳动者是否持有一份变更后的劳动合同文本			

319 用人单位解除劳动合同是否与职工协商？

①是　　　　　②否　　　　　③不清楚

320 用人单位单方解除劳动合同，是否事先将理由通知工会？

①是　　　　　②否　　　　　③不清楚

321 企业裁减员工时，是否提前三十日向工会或者全体职工说明情况？

①是　　　　　②否　　　　　③不清楚

322 您企业是否有劳务派遣工？

①有，本企业派遣到其他单位的

②有，其他单位派遣到本企业的

③不清楚

323 您所了解到的，您企业劳务派遣工是否享有与用工单位的劳动者同工同酬的权利？

①享有　　　　②不享有　　　　③不清楚

324 是否存在下列情形用人单位解除劳动合同的?

	1. 是	2. 否	3. 不清楚
1. 从事接触职业病危害作业的劳动者未进行离岗前职业健康检查, 或者疑似职业病病人在诊断或者医学观察期间的			
2. 在本单位患职业病或者因工负伤并被确认丧失或者部分丧失劳动能力的			
3. 患病或者负伤, 在规定的医疗期内的			
4. 女职工在孕期、产期、哺乳期的			
5. 在本单位连续工作满十五年, 且距法定退休年龄不足五年的			

325 出现下列情况您所在企业是否向劳动者给予经济补偿?

	1. 是	2. 否	3. 不清楚
1. 劳动者患病或者非因工负伤, 在规定的医疗期满后不能从事原工作, 且未能就变更劳动合同与用人单位协商一致的			
2. 劳动者不能胜任工作, 经过培训或者调整工作岗位, 仍不能胜任工作的			
3. 劳动合同订立时所依据的客观情况发生重大变化, 致使劳动合同无法履行, 经用人单位与劳动者协商, 未能就变更劳动合同内容达成协议的			
4. 依照企业破产法规定进行重整的			
5. 用人单位被依法宣告破产的			
6. 用人单位解散、被吊销营业执照或者责令关闭的			

326 在签订最近这份工作的合同（或进入最近的工作岗位）时, 企业有没有许诺进行年终奖或其他形式的激励措施?

①有　　　　②没有　　　（选没有的跳过本题至 329 题）

327 这些措施有没有写入劳动合同?（没有签订劳动合同的跳过此题）

①有　　　②没有

328 您单位对这些承诺的兑现程度如何？

①完全兑现　②基本兑现　③有时兑现　④基本没兑现　⑤完全没兑现

329 您所在企业的工会主席是如何产生的？

①直接由企业任命

②企业内定候选人，然后由工会会员（代表）选举

③工会讨论推荐候选人，然后由工会会员（代表）大会选举

④工会会员直接选举产生（海选）

⑤不清楚

⑥其他_____

330 您认为您所在企业的工会在以下工作中是否能够发挥作用？（请在空格内画钩）

	1. 有很强作用	2. 有一点作用	3. 没有作用	4. 不清楚
1. 组织文体旅游活动				
2. 发福利				
3. 帮助职工维权				
4. 维护企业利益				
5. 帮助企业发展生产				

331 如果您的劳动权益受到企业侵害，您首先找谁？

①政府　　　②企业　　　③工会

④老乡、朋友　⑤工友　　　⑥媒体

⑦律师　　　⑧谁也不找，自己忍受　　⑨其他_____

332 就目前的情况来说，本企业能够让您在多大程度上尽心尽力地忠诚于它？_____（请填入具体分数，最低分0表示极不忠诚，最高分10分表示极度忠诚。）

333 因为企业实施《劳动合同法》而使您对企业的忠诚度或认同感

①提高了　　　②降低了　　　③没有变化

问卷至此结束，非常感谢您的合作！

附录B 《劳动合同法》实施现状问卷（企业卷）

问卷编号＿＿＿＿＿＿＿＿＿＿ 审核＿＿＿＿＿＿＿＿＿＿

《劳动合同法》实施现状问卷（B卷）

尊敬的朋友：

您好！为更有效地收集《劳动合同法》的实施情况，切实保护员工利益，我们特进行此次问卷调查。非常感谢您的配合，对于您的回答，我们将按照《统计法》的相关规定，对回答过程和问卷结果严格保密，并且只用于学术研究，请您不要有任何顾虑，按真实情况作答。

南开大学政府管理学院劳动关系课题组

2014年1月

（请勾选出或在题干横线上填写答案，右侧方框中的内容仅供研究人员填写，请您不必关注。）

一、单位基本情况

101 您单位属于哪类行业？

①制造业 ②建筑业

③住宿、餐饮业 ④批发、零售业

⑤交通、运输、邮政业 ⑥家政、物业、维修等居民服务业

⑦金融、信息、研发、咨询等现代服务业

⑧教育、水电、医疗等公共服务业 ⑨其他＿＿＿＿＿＿＿

102 您单位属于哪类所有制？

①国有及国有控股单位 ②集体单位

③外商投资单位　　　　　　　　④港澳台投资单位

⑤私营单位　　　　　　　　　　⑥个体户

⑦不清楚　　　　　　　　　　　⑧其他_____

103 您单位成立于_____年

104 近两年，您单位的主要销售渠道？

①内销　　　　　　②外销　　　　　　③既内销也外销

105 您单位的职工人数约为_____人

106 您单位员工来源包括（多选）

①校园招聘　　　　②劳务派遣　　　　③熟人介绍

④中介介绍　　　　⑤临时雇佣　　　　⑥其他_____

107 您单位的办公环境属于（可多选）？

①办公室　　　　　②写字楼　　　　　③工厂

④建筑工地　　　　⑤实验室　　　　　⑥其他_____

108 您单位对员工的文化程度要求基本是

①小学及小学以下　②初中　　　　　　③高中

④中专/技校/职高　⑤大专　　　　　　⑥本科

⑦研究生及以上

109 您单位的招聘频率大概为多少？

①3 个月至半年　　②半年至 1 年

③1 年至 2 年　　　④2 年以上

110 近两年，您单位主要招聘的职业属于下列哪类（可多选）？

①生产工人　　　　②销售人员

③专业技术人员　　④科室人员

⑤基层、中层管理人员⑥后勤服务人员

⑦其他_____

111 在进行员工雇佣时，您单位最看重哪些因素？（请重要程度排序，最少选择 3 项进行排序）

①学历背景　　　　②个人能力　　　　③工作经验

④个性品质　　　　⑤对工作单位的忠诚　⑥要求薪资及待遇

⑦其他，请注明：_____

112 您的单位的工会建立时间是在_____年？（请填入具体年份，没有工会的请填"没有"）

113 您单位工会成员占员工总数的比例为

①大于 90%　　　　　　②70% ~ 90%

③50% ~ 70%　　　　　④小于 50%

114 您认为工会在解决劳资纠纷时，在多大程度上发挥作用

①很大作用　　　　②一些作用　　　　③作用一般

④很少发挥作用　　⑤ 完全不发挥作用

115 您单位是否已通过劳动标准，社会责任标准认证？

①否　　　　　　②通过 SA8000　　　③正在申请

④通过其他同类认证

116 总体而言，您单位的运营情况如何？

①很不好　　　　②不太好　　　　③一般

④较好　　　　　⑤非常好

117 在最近 1 年中，您单位是否与员工有过劳动合同方面的纠纷？

①有　　　　　　②没有

118 在过去的工作经历中，您单位是否因劳动合同问题与员工发生过如下形式的冲突？（可多选，并请按发生次数从多到少排序）

①口头冲突　　　　②与员工书面交涉

③托人找关系协调　④单位内部的群体性抗争

⑤由单位工会协调　⑥员工上访

⑦劳动仲裁　　　　⑧到法院打官司

⑨其他，请注明：＿＿＿＿＿＿

119 在发生劳动纠纷时，您单位通常通过何种方式解决？

①单位与员工直接协调②通过工会协调解决

③诉诸法律　　　　④其他＿＿＿＿＿

120 总体而言，您单位对员工整体目前的工作状况满意吗？

①很不满意　　　　②不太满意　　　　③一般

④较为满意　　　　⑤非常满意

121 您单位对雇佣的员工整体满意度如何？

①很不满意　　　　②不太满意　　　　③一般

④较为满意　　　　⑤非常满意

122 您对现在的就业形势判断如何？

①非常严峻　　　　②较为严峻　　　　③还行

④较为乐观　　　　⑤非常乐观

123 最近 3 个月来，您单位是否辞退过员工？

①有　　　　　　②没有

124 据您观察，您单位的员工对单位的满意度如何？

①很不满意　　　　②不太满意　　　　③一般

④较为满意　　　　⑤非常满意

二、单位对《劳动合同法》的了解状况

201 您是否较为认真地看过《劳动合同法》的条文？

①认真看过　　　　②看过一点

③听说过，没有看过　　④没听说过，也没看过

202 您认为，总体上，《劳动合同法》对谁更有利？

①工人　　　　　　②用人单位

③劳资双方都有利　　　④政府

⑤对劳资政三方都有利　　⑥对劳资政三方都没有利

203《劳动合同法》的颁布对您单位或您个人的劳动合同的履行状况有无影响？

①有影响　　　　　②无影响　　　　　③不清楚

204 您认为，订立书面劳动合同是否有必要？

①有必要　　　　　②无所谓

③没有必要　　　　④说不清

205 实施《劳动合同法》后，对您单位进行员工管理的影响（可多选）。

①有有利的影响，促进单位员工管理更规范

②有不利的影响，使单位人工管理成本增加

③不论有利还是不利，基本没有影响

④短期内没有不利影响，但长期有不利影响

⑤短期内有不利影响，但长期是有利的

⑥长期短期都是不利的

206 您对《劳动合同法》的有效实施有信心吗？

①很有信心　　　　②比较有信心　　　　③一般

④不太有信心　　　　⑤完全没有信心

207 您认为《劳动合同法》得到有效实施或者得不到有效实施的重要原因是什么？

请选择两项：最重要原因_____； 次重要原因_____；

①政府 ②单位

③工会 ④工人自己

208 您认为《劳动合同法》实施的主要作用是

①维护劳动者合法权益 ②保护单位的利益

③劳动者和单位利益都保护 ④维护政府利益

⑤维护社会稳定 ⑥看不出有什么作用

209 您认为《劳动合同法》规定的违约金对您单位来说

①负担过重 ②有一定负担

③可以承受 ④对单位影响极小

210 对您单位，《劳动合同法》的实施是否提高了人均人工成本？

①没有提高 ②提高了 3% 以下

③提高了 3%~5% ④提高了 6%~8%

⑤提高了 9%~14% ⑥提高了 14%~19%

⑦提高了 20%~25% ⑧提高了 26%~30%

⑨提高了 30% 以上 ⑩说不清

211 如果提高了人工成本，主要体现在哪些方面（可多选）？

①工资 ②加班费

③社会保险 ④福利

⑤人工管理成本 ⑥培训

⑦奖金 ⑧支付的经济补偿金

⑨其他_____

212 您认为《劳动合同法》的签订对单位单方面违约的制约程度

①很大 ②有一定制约

③一般 ④几乎没有影响

213 您认为以下哪些方面会影响《劳动合同法》的签订？请按顺序选出您认为最重要的三项：_____

①单位的成本负担 ②行业内规范欠缺

③劳资双方达成特定协议 ④员工因个人原因不想签订劳动合同

⑤可不签订劳动合同（如返聘等）

214 您认为《劳动合同法》对单位有哪些有利影响？（请按顺序选出最重要的三项）

①有利于保护劳动者的合法权益，增强单位的凝聚力

②有利于构建长期稳定和谐的劳动关系

③有利于营造单位之间公平合理的竞争环境

④有利于单位更新技术装备，促进单位升级

⑤有利于规范单位用工，提高劳动管理水平

⑥其他_____

215 您认为《劳动合同法》对单位有哪些不利影响？（请按顺序选出最重要的三项）

①增加单位的用工成本 　　　②加重法律责任

③增加人力资源管理难度 　　④影响单位的用工灵活性

⑤其他：_____

216 您是否认为单位在合同执行过程中存在一定的"潜规则"？

①存在很多 　　　　　②存在一些

③很少 　　　　　　　④完全没有

217 您认为单位"潜规则"的存在总体来说对哪一方更有利？

①对单位 　　　　　　②对员工

③对双方都有利

218 您对以下各问题的满意度（请在空格内画钩）

	1. 不满意	2. 不太满意	3. 一般	4. 比较满意	5. 非常满意
1.《劳动合同法》实施状况					
2. 劳动部门对《劳动合同法》的执法状况					
3. 单位遵守《劳动合同法》状况					
4. 工会在实施《劳动合同法》中的状况					

219 您认为以下说法是否正确合法（请在空格内画钩）

	1. 正确	2. 不正确	3. 不清楚
1. 未依法为劳动者缴纳社会保险费的，劳动者可以解除劳动合同，单位要支付经济补偿金			
2. 用人单位的规章制度违反法律、法规的规定，损害劳动者权益的，劳动者可以解除劳动合同，单位要支付经济补偿金			
3. 劳动者同时与其他用人单位建立劳动关系，对完成本单位的工作任务造成严重影响，或者经用人单位提出，拒不改正的，单位可以解除劳动合同			
4. 单位转产、重大技术革新或者经营方式调整，经变更劳动合同后，仍需裁减人员的，单位可以裁减人员			
5. 裁减人员时，应当优先留用"与本单位订立较长期限的固定期限的劳动合同的人员"			
6. 裁减人员时，应当优先留用"与本单位订立无固定期限劳动合同的人员"			
7. 裁减人员时，应当优先留用"家庭无其他就业人员，有需要扶养的老人或者未成年人的人员"			
8. 在本单位连续工作满十五年，且距法定退休年龄不足五年的人员，无过错情况下，用人单位不得解除劳动合同（包括不得裁员）			
9. 取消约定终止			
10. 在本单位连续工作满十五年，且距法定退休年龄不足五年的人员，即使劳动合同期满，用人单位也不得终止劳动合同			
11. 除用人单位维持或者提高劳动合同约定条件续订劳动合同，劳动者不同意续订的情形外，劳动合同期满而终止固定期限劳动合同的；用人单位应当向劳动者支付经济补偿			

续表

	1. 正确	2. 不正确	3. 不清楚
12. 用人单位以暴力、威胁或者非法限制人身自由的手段强迫劳动者劳动的，或者用人单位违章指挥、强令冒险作业危及劳动者人身安全的，劳动者可以立即解除劳动合同，不需事先告知用人单位			
13. 劳动者在试用期的工资不得低于本单位相同岗位最低档工资的 80% 或者不得低于劳动合同约定工资的 80%			
14. 连续订立二次固定期限劳动合同后，续订劳动合同的，应当订立无固定期限劳动合同			
15. 劳务派遣单位应当与被派遣劳动者订立二年以上的固定期限劳动合同，按月支付劳动报酬；被派遣劳动者在无工作期间，劳务派遣单位应当按照所在地人民政府规定的最低工资标准，向其按月支付报酬			
16. 除了单位为劳动者提供专项培训费用，进行专业技术培训外，不得约定违约金			
17. 单位超过一个月不与员工签书面劳动合同要支付双倍工资			
18. 劳动者在该用人单位连续工作满十年的，应当订立无固定期限劳动合同			
19. 劳动合同到期，单位不再和工人续签，单位要支付一年一个月的经济补偿金			
20. 劳动者提前三十日书面形式通知用人单位，可解除劳动合同			

三、《劳动合同法》实施状况

301 您单位书面劳动合同签订率？

①100%   ②90%左右

③80%左右   ④70%左右

⑤60%左右   ⑥50%及以下

302 按签订劳动合同的类型分类，选出您单位所拥有的员工类型并按照人数由多到少排列。

①签订三年以下劳动合同的劳动者

②签订五年以上劳动合同的劳动者

③签订十年以上劳动合同的劳动者

④签订无固定期限劳动合同的劳动者

⑤签订以完成一定工作任务为期限劳动合同的劳动者

⑥劳务派遣工

⑦非全日制工

⑧聘用的兼职、协保、退休人员

303 您单位是否签订了集体合同？

①签订　　　　　　　　　　②未签订

③不知道

304 您单位是否对全体职工进行《劳动合同法》宣传教育？

①单位主动进行　　　　　　②员工提出才进行说明解释

③单位工会进行这类活动　　④一般不进行此类活动

305 您单位制定、修改或者决定直接涉及劳动者切身利益的规章制度或者重大事项时的程序

①用人单位管理层订立并公布

②管理层提出草案，经职工代表大会或全体职工讨论后，协商订立

③其他_____

306 您单位劳动定额的确定是否经过职代会或全体职工的讨论？

①是　　　　　　　　　　　②不是

307《劳动合同法》实施后，您单位在招聘时

	1. 是	2. 否
1. 对应聘者的考察更加严格，要求更高		
2. 更注重对单位招聘人员的培训		
3. 减少对已婚未育女工的考虑		
4. 减少对35岁以上女工的考虑		
5. 考虑应聘者的户籍所在地		
6.《劳动合同法》的签订与员工到单位正式任职仍存在一定时间差		

308 您单位资薪调整的考虑依据为（多选并排序）

①单位绩效 　　　　　　②员工业绩与能力

③物价水平 　　　　　　④职位等级

⑤工作年限 　　　　　　⑥员工自己提出

⑦其他_____

309 您单位的资薪调整是否有明确的成文规定

①是 　　　　　　　　　②否

310 您单位平均来说，每年资薪调整的覆盖率为

① 0～5% 　　　　　　　②5%～15%

③15%～35% 　　　　　　④35%～55%

⑤ 55%～75% 　　　　　　⑥ 75%～95%

⑦95%～100%

311 您单位是否为员工缴纳社会保险？

① 100% 　　　　　　　②81%～90%

③71%～80% 　　　　　　④61%～70%

⑤51%～60% 　　　　　　⑥41%～50%

⑦31%～40% 　　　　　　⑧21%～30%

⑨11%～20% 　　　　　　⑩1%～10%

⑪0

312 您单位试用期是否包含在合同期限内（也就是说，不存在试用期结束后，才签订劳动合同的事）？

①是 　　　　　　　　　②不是

313 您单位的职工在签订劳动合同时，是否得到过工会的帮助？

①得到过 　　　　　　　②没有得到过

③不知道

314 您单位的劳动合同中是否有下列条款（请在空格内画钩）

	1. 有	2. 没有	3. 没有仔细看合同不知道	4. 其他
1. 工作地点内容的条款				
2. 可以调动劳动者工作岗位的条款				
3. 劳动纪律条款				

续表

	1. 有	2. 没有	3. 没有仔细看 合同不知道	4. 其他
4. 单位提供专项培训费用的违约金 条款				
5. 其他理由的违约金条款				
6. 缴纳社会保险的条款				

315 您单位签订"无固定期限劳动合同"的员工的状态如何?

①工作更努力,表现更好

②与签订"有固定期限劳动合同"员工一样,没有区别

③没有压力和动力,工作拖沓,效率下降

④本单位没有"无固定期限"员工

316 实施《劳动合同法》来,您单位是否因《劳动合同法》有关条款而发生过劳动争议?

①没有　　　　　　　　②有

317 如果因实施《劳动合同法》而发生劳动争议,那原因是什么?

①工资报酬　　　　　　②社会保险

③劳动安全健康　　　　④劳动合同终止

⑤劳动合同解除　　　　⑥劳动合同签订

⑦其他_____

318 签订劳动合同之后,总的来看,这份劳动合同是否得到了遵守?

①单位有违约　　　　　②劳动者有违约

③都没有违约　　　　　④其他_____

319 您认为,与2008年前比较,因为单位实施《劳动合同法》而使劳动者对单位的忠诚度

①提高了　　　　　　　②降低了

③没有变化

320 从单位的立场出发,您愿意跟劳动者签订几年的劳动合同?

①1年及1年以下　　　②2~3年

③4~6年　　　　　　④7~9年

⑤10年及10年以上　　⑥无固定期

⑦完成一定的工作任务为期限

321 您认为您单位的劳动规章制度是否合理？

①全部或大部分合理　　　　　②部分合理

③基本不合理

322 您单位或者您员工是否有变更或解除、终止劳动合同的经历？

①有　　　　　　　　　　②无

323 您单位劳动合同的变更情况：

	1. 是	2. 否	3. 不清楚
1. 变更劳动时，劳动者是否与用人单位协商			
2. 变更的劳动合同是否经书面记载			
3. 变更劳动合同后，劳动者与用人单位是否各自持有一份变更后的劳动合同文本			

324 您单位解除劳动合同时是否与职工协商？

①是　　　　　　②否　　　　　　③不清楚

325 您单位单方解除劳动合同，是否事先将理由通知职代会或者工会？

①是　　　　　　②否　　　　　　③不清楚

326 员工辞职时，是否提前三十日向工会或者上级领导说明？

①是　　　　　　②否　　　　　　③不清楚

327 在劳动者试图单方解除劳动合同过程中是否存在下列情形？

	1. 是	2. 否	3. 不清楚
1. 未提前三十日通知单位负责人或工会，或者未经协商一致，就自行离职			
2. 提出辞职申请，未审批通过即自行离职			
3. 在离职前未履行工作交接的义务或擅自带走单位资料及机密			

328 如果您单位权益因劳动者单方面解除劳动合同受到侵害，您首先找谁

①该劳动者　　　　②部门负责人　　　　③工会

④律师　　　　　　⑤政府　　　　　　⑥媒体

⑦谁也不找，单位承受损失　　⑧朋友等私人关系

⑨其他_____

329 您单位的工会在以下工作中是否能够发挥作用？（请在空格内画钩）

	1. 有很强作用	2. 有一点作用	3. 没有作用	4. 不清楚
1. 组织文体旅游活动				
2. 发福利				
3. 帮助职工维权				
4. 维护单位利益				
5. 帮助单位发展生产				

330 为了督促员工，您单位是否曾自主变更工资发放方式或者调整工资？

①曾经有过 ②从未有过 ③不清楚

331 您单位进行年终奖或其他形式的激励措施有没有写入劳动合同？

①有 ②没有

332 您单位是否有劳务派遣工？

①有，本单位派遣到其他单位的

②有，其他单位派遣到本单位的

③不清楚

333 您单位对劳务工

	1. 是	2. 不是	3. 不清楚
1. 给劳务工加班费、绩效奖金			
2. 提供给劳务工与工作岗位相关的福利待遇			
3. 劳务工与用工单位的劳动者同工同酬			
4. 连续用工的，实行正常的工资调整机制			
5. 劳务工参加了本单位工会			
6. 劳务工参加了劳务公司工会			

334 您单位因实施《劳动合同法》而发生劳动争议的原因多为？（多选并排序）_____

①工资报酬 ②社会保险 ③劳动安全健康

④劳动合同终止 ⑤劳动合同解除 ⑥劳动合同签订

⑦其他_____

问卷至此结束，非常感谢您的合作！

附录C 《劳动合同法》认知情况调研
（学生卷）

问卷编号＿＿＿＿＿＿＿＿＿＿　　　　　　　　审核＿＿＿＿＿＿＿＿＿＿

《劳动合同法》认知情况调研（C卷）

尊敬的朋友：

　　您好！这是一份针对应届高校毕业生的调研问卷，主要想要了解您对《劳动合同法》的了解情况，请您在符合条件的选项下打钩，涉及您的个人隐私的问题我们将会做到严格保密，感谢您的积极配合和参与。

南开大学政府管理学院劳动关系课题组

2014年1月

（请勾选出或在题干横线上填写答案，右侧方框中的内容仅供研究人员填写，请您不必关注。）

一、基本情况

101. 您的性别是：

① 男　　②女

102. 您的出生日期是（请填入公历年月）：＿＿＿＿＿年＿＿＿＿＿月

103. 您目前是：

①应届专科毕业生　　　　②非应届毕业的在读专科生

③应届本科毕业生　　　　④非应届毕业的在读本科生

⑤应届硕士毕业生　　　　⑥非应届毕业的在读硕士生

⑦应届博士毕业生　　　　⑧非应届毕业的在读博士生

104. 你的学校所在的城市是：

①北京　②上海　③广州　④深圳　⑤天津

⑥重庆　⑦南京　⑧武汉　⑨杭州　⑩成都

⑪西安　⑫哈尔滨　⑬厦门　⑭长沙　⑮大连

⑯青岛　⑰合肥　⑱港澳台　⑲其他＿＿＿＿＿

105. 您将获得的学位属于以下哪个学科门类：

①哲学　②经济学　③法学　④教育学　⑤文学　⑥历史学　⑦理学

⑧工学　⑨农学　⑩医学　⑪管理学　⑫艺术学

106. 您毕业后的职业意向是去往：

①国内读研/博/博士后　　　②出国留学

③政府机关　　　　　　　　④事业单位（教育、科技、文化、卫生等）

⑤国有企业　　　　　　　　⑥外资企业

⑦中外合资企业　　　　　　⑧大型民营企业

⑨中小型民营企业　　　　　⑨自由职业（无单位/自雇）

⑩自主创业　　　　　　　　⑪其他＿＿＿＿＿

107. 您主要通过哪种方式找工作？（可多选，请按主次顺序排列）

①校园招聘会　　　　　　　②通过实习创造就业机会

③主动到用人单位推销自己　④利用网络或其他媒体求职

⑤通过熟人、亲朋和家长等社会关系

⑥其他＿＿＿＿＿

108. 您认为学校是否有必要面向应届毕业生开展劳动合同的相关讲解和培训？

①完全没必要　　　　　　　②基本没必要

③不好说　　　　　　　　　④有一定必要

⑤非常有必要

二、您对《劳动合同法》的了解状况

201 您是否较为认真地看过《劳动合同法》的条文？

①认真看过　　　　　　　　②看多一点

③听说过，没有看过　　　　④没听说过，也没看过

202 您主要通过哪些渠道了解《劳动合同法》？（可多选）

①电视、报纸等媒体　　　　②网络

③老乡、朋友　　　　　　　④同学

⑤企业或单位人事部门　　　⑥工会

⑦政府劳动部门　　　　　　⑧书籍

⑨学校

203 您认为《劳动合同法》的颁布对您单位或您个人的劳动合同的履行状况有无影响？

①有影响　　　　　　　　　②无影响

③不清楚

204 您认为订立书面劳动合同是否有必要？

①有必要　　　　　　　　　②无所谓

③没有必要　　　　　　　　④说不清

205 您对《劳动合同法》的有效实施有信心吗？

①很有信心　　　　　　　　②比较有信心

③一般　　　　　　　　　　④不太有信心

⑤完全没有信心

206 您认为《劳动合同法》得到有效实施或者得不到有效实施的重要原因是什么？

　　请选择两项：最重要原因_____；　次重要原因_____；

①政府　　　　　　　　　　②企业

③工会　　　　　　　　　　④工人自己

207 您认为《劳动合同法》实施的主要作用是

①维护劳动者合法权益　　　②保护企业的利益

③同时保护劳动者和企业利益④维护政府利益

⑤维护社会稳定　　　　　　⑥看不出有什么作用

208 您认为《劳动合同法》的实施是否增加了企业的人工成本？

①增加了很多　　　　　　　②稍有增加

③没有增加　　　　　　　　④减少了企业成本

⑤说不清

209 您认为以下说法是否正确或者合法？（请在相应空格内画钩）

	1. 正确	2. 不正确	3. 不清楚
1. 单位招用劳动者时，可扣押劳动者居民身份证和其他身份证件			
2. 《劳动合同法》对试用期的长短没有规定			
3. 企业订立规章制度时，应该经过职工大会讨论			
4. 签劳动合同时只需签一份，交由企业保存			
5. 企业超过一个月不与员工签书面劳动合同要支付双倍工资			
6. 劳动合同到期，企业不再和工人续签，企业每满一年要支付一个月的经济补偿金			
7. 以欺诈、胁迫的手段或者乘人之危，使对方在违背其真实意思的情况下订立的劳动合同无效或者部分无效			
8. 劳动者提前三十日书面形式通知用人单位，可解除劳动合同			
9. 未依法为劳动者缴纳社会保险费的，劳动者可以解除劳动合同，单位要支付经济补偿金			
10. 企业转产、重大技术革新或者经营方式调整，经变更劳动合同后，仍需裁减人员的，单位可以裁减人员			
11. 裁减人员时，应当优先留用"与本单位订立较长期限的固定期限劳动合同的人员"			
12. 在本单位连续工作满十五年，且距法定退休年龄不足五年的人员，无过错情况下，用人单位不得解除劳动合同			
13. 用人单位以暴力、威胁或者非法限制人身自由的手段强迫劳动者劳动的，或者用人单位违章指挥、强令冒险作业危及劳动者人身安全的，劳动者可以立即解除劳动合同，不需事先告知用人单位			

续表

	1. 正确	2. 不正确	3. 不清楚
14. 从事接触职业病危害作业的劳动者未进行离岗前职业健康检查，或者疑似职业病病人在诊断或者医学观察期间的，用人单位不能单方解除劳动合同			
15. 用人单位的规章制度违反法律、法规的规定，损害劳动者权益的，劳动者可以解除劳动合同，单位要支付经济补偿金			
16. 劳动者依法解除、终止劳动合同，用人单位扣押劳动者档案或者其他物品的应依照规定受到处罚			
17. 企业职工一方与用人单位可以订立劳动安全卫生、女职工权益保护、工资调整机制等专项集体合同			
18. 被派遣劳动者享有与用工单位的劳动者同工同酬的权利			
19. 用人单位劳动条件恶劣、环境污染严重，对劳动者身心健康造成严重损害的，应当承担赔偿责任			
20. 《劳动合同法》施行前已建立劳动关系，尚未订立书面劳动合同的，应当自《劳动合同法》施行之日起一个月内订立			

非常感谢您在百忙之中填写本问卷，恭祝您工作学习顺利，生活愉快！

附录 D　访谈提纲

×××：

　　您好！非常感谢您百忙之中能参加本次访谈。访谈的目的是了解员工与管理者对于《劳动合同法》的认识与理解情况，以及自己对身边存在的劳资关系潜规则问题的看法。本次谈话只用来做学术研究，谈话内容一定保密，且将来在论文中不会体现您公司的名称和您的姓名，更不会透露给您公司的员工/管理者，请您放心！

　　1. 请您介绍一下您的个人基本情况。

　　2. 您是否与公司签订书面合同，是谁提出来签的？

　　3. 你倾向合同期限是长还是短？为什么？

　　4. 对于合同中比较关注哪些方面内容？

　　5. 合同中有没有规定保险，怎么交的？你倾向于有还是没有？为什么？

　　6. 实际情况会按照合同规定的内容执行吗？

　　7. 单位里或者你身边有哪些跟《劳动合同法》相关的潜规则？你如何评价？

　　8. 你对《劳动合同法》了解得多吗？你认为它重要吗？

　　9. 你认为《劳动合同法》是在保护劳方还是资方？为什么？

　　10. 你对《劳动合同法》执行情况怎么看？

　　11. 出现了劳资纠纷问题，你会怎么办？为什么？

附录 E　访谈记录示例

本研究共对 20 位受访者进行了深度访谈。每位访谈对象的基本信息如下：

单位	职业	姓名	年龄	性别	受教育程度
某贤实业总公司	管理者	常某	47	男	高中
	管理者	丁某某	52	男	高中
	管理者	蔡某某	40	女	大专
	管理者	陆某	28	女	大专
	电焊工人	冒某某	37	男	高中
	电焊工人	余某某	45	男	初中
正某阳机械制造有限公司	管理者	秦某某	29	男	本科
	销售	李某某	29	女	本科
	后勤人员	郑某	54	女	初中
某明机械制造有限公司	管理者	王某	30	男	本科
	管理者	李某某	42	女	大专
	钳工	于某某	26	男	初中
	钳工	徐某	28	男	高中
某志机械制造有限公司	管理者	朱某	55	男	初中
	管理者	赵某某	47	男	大专
	电焊工人	强某某	56	男	高中
	电焊工人	彭某	43	女	高中
展某外贸公司	管理者	汤某某	36	男	本科
	前业务员	黄某某	26	女	本科
利某公司	财务人员	戴某	24	女	本科

以下为访谈记录示例。这里共展示两个访谈记录，一位是企业管理者，一位是企业职工。

访谈记录一（企业管理者）

编号：RG-C-004

访谈对象：常某

身份：某贤实业总公司-车间管理者

访谈时间：2017.2.26，08：30-10：10

访谈地点：某贤实业总公司一楼办公室

访谈人（以下简称 M）：常××你好，我是丁××介绍过来进行调查访问的。今天麻烦你给我介绍一下这个厂里的一些情况可以吗？是关于劳动合同的。

访谈对象（以下简称 RG-C-004）：哦哦，你好你好。你刚刚说要问什么东西的？劳动合同？

M：对的，劳动合同相关的执行情况，主要是问一下你对《劳动合同法》的理解情况和态度看法、意见建议。

RG-C-004：我们这边合同都是规范的，基本上都有的。

M：叔叔我知道。我也不是来检查这个方面的，就是想知道一下这个工人和老板双方订合同的过程当中，有哪些问题，这个当中两方面对法律的看法是不是存在不一致的地方才导致了这些问题。我们知道了之后就可以稍微有个概念怎么去把这个事情做得更好了。

RG-C-004：哦，这个意思，就是感想的东西。

M：对的，所以叔叔你就放心地跟我说一些情况就好了，大概耽误你一个小时的时间。

RG-C-004：好的，你说吧，有什么要问的？

M：我首先了解一下你个人的情况好吧？你今年多大岁数了，周岁。

RG-C-004：我今年 47 岁。

M：请问你文化程度是多高呢？

RG-C-004：文化程度是高中。

M：你是什么时候到现在这个厂来的呢？

RG-C-004：我一开始就在这个厂里。当时是 4 个人合伙做的，2002 年的时候开的这个厂。

M：这个厂现在大概做的是什么业务呢？

RG-C-004：接很多的业务，有的时候有机械方面的整体的订单，比方说卷扬机的订单，有的时候是帮人家改造机器，有的时候有零散的东西，比方说门、窗子、招牌这些东西，我们都做的。最近一段时间小的东西做得多，机器整体的不是太景气。

M：这些东西主要都卖给谁呢？

RG-C-004：整机是出口的多，像去年有一批是出口俄罗斯的，有一批是出口委内瑞拉的，这两批数量都还是可以的。加工机器就是帮附近的人家（工厂）做的，大多数是人家不做了，然后机器要转手掉，就要改掉，正常的花一两万元帮人家改掉。小的东西都是私人来做的，基本上是街上的装修的和小门面房的老板，以及认识的人来找我们专门订做的。

M：看来业务还是很多的啊。那么厂里现在有几个人呢？

RG-C-004：厂里到上个月有 56 个工人。最近还要走两个人。

M：那么现在总共有几个老板呢？

RG-C-004：现在共计是 6 个人。

M：这么多老板啊？他们全都在厂里吗？

RG-C-004：只有 3 个人在厂里。丁××是管销售的，陈×是管仓库材料的，我是管工人的。还有其他 3 个人，一个是丁××的舅子，还有两个人是朋友，他舅子有的时候到厂里来晃一圈，另外两个人基本上不来。

M：那 3 个人都是股东吗？

RG-C-004：全部出了钱的，这几个人定期拿分成。丁××拿得最多，他算是厂长。陈 X 和我除了分的这一份钱，另外还在厂里算做了东西了，额外有一份工资。其他那几个人就是分这一份钱，他们全部有其他地方的工作。

M：好的，这回我大概知道了。我再问一个问题啊，既然你是管员工的，我就多问几句这方面的事啊。

RG-C-004：好的你问吧。

M：你这边员工基本上是从哪里找过来的啊？

RG-C-004：有几个途径，一个是少人的时候我们往外面放招工启事，中介那里也挂，网上也有联系的方式挂在那里，这个大概占了三分之一的人是通过这个上这边来的。另外一个就是老板之间和工人之间都会互相地介绍人。有的时候这个厂人嫌多了又怕麻烦的时候就往另外人还可以进的厂里送工人进去，待遇正常的都是差不多。有的是这边的工人介绍他认识的人过来的，或者直接是几个人一起过来的。正常的就是这几种情况，基本上来的人都多多少少地认识，这个地方做电焊的老板互相都听说过的，都算是朋友家的。

M：好的，我明白了。那么这些人基本上是什么文化水平的呢？

RG-C-004：正常的是高中或者初中的。年纪大的人基本上是初中的，年纪轻的人基本上是高中的。有个把人是小学的。

M：这些工人的流动性怎么样？就是他们稳不稳定？

RG-C-004：要看机器这个整个行业的每一年的情况。有的年份情况不好的，基本上没有人自己跑掉，除非厂里人太多了要走几个人。有的时候每个厂里都有得做的时候，就要有人跑掉。

M：跑掉是因为工价不一样吗？还是有其他原因？

RG-C-004：有工价的原因，但是正常的话，这整个一片地方的工价都是差不多的，一天一百到一百二十块钱之间。有点区别的，里头的原因，其实工价看的是你这个厂里做的这个东西，它具体的利润是多少。有的东西利润稍微多一点的，比如去年有一个厂做了一批日本的轮盘，那个一点点小的一个就值两百多万元，做那个的工人价钱就相对多一点。

M：那工人流动的原因，你觉得是什么呢？

RG-C-004：有各种各样的原因。有的时候是因为工人就住在哪个厂的旁边，他上班回去比较方便，他可能就去那个厂里。有的时候是因为工人在哪个厂里面有熟人，人家一喊他，他在两边都是一样地做，就上熟人那里去，互相有个照应。有的时候在这边互相闹了矛盾，或者同我有的时候有不理解的地方，也有的人就直接跑了。各种各样的原因都有。

M：工人跑掉对你们有什么影响吗？

RG-C-004：肯定是要耽误这边的工期的。所以我们有个基本的原则上的问题就是你手上的这个东西要做好了才能不来了，你不好突然不来了，除非是当真的有急事。

M：其实在《劳动合同法》里面有规定的，说为了给用人的单位一定的时间去招新的人，不耽误人家的工作进度，如果要不来的话，要提前30天和老板打招呼提申请的。

RG-C-004：没得哪个工人还提前30天和你打招呼。只有一种情况，就是过年之前，他提前同你说好了，过年以后我有某某打算，我就不过来了。但是应该也没得 30 天这么长，因为他来同你说的时候基本上是你上一年的工资都发结束了之后。

M：为什么是等到上一年的工资发结束了以后呢？是不是会用什么手段，比方说啊，我只是打个比方，扣工人一部分的工资，要是明年不来了就拿不到了。这样的手段这边有没有啊？

RG-C-004：这些严格来说都是不合法的东西了。

M：没事，我们就私下里聊一聊。其实我非常理解这种情况的，也不是故意要把工人怎么样，有的时候也是没有办法的事，现在人和人之间的信任太差了。

RG-C-004：你说的这个确实是的。工人现在是非常难管理的。有的人特别自由，一声招呼都不打，来的时候说得倒轻巧的，临了反正要弄点事情出来。

M：比如说，你给我举个例子？我没有太听明白你的意思。

RG-C-004：比方说我这边有一批机器，要在规定的时间弄结束了，本身是你这几个人在弄，一共要弄两个月多，中途突然有两个人要走，说的是家里有事，一走就不来了，我这边重新再找两个人来弄，又要重新上手，到时候进度就不行了。这个不就是害人？但是你也没得办法。

M：这个要是工人突然要走的话，不也是要赔偿给单位违约的钱？这个合同法上面也有规定的，就像你不能乱开除他一样。

RG-C-004：哪个人遵守这个东西。他今天一说，明天就不来了，你还好上他家里去抓他要钱啊。而且你要和他要钱，百分之百地要惹麻烦，要不到的。正常的普遍的意识就是做一天算一天。他们没有一个长期的概念。做老板的也感觉没得必要慢慢计较这个事情，只不过觉得这种赔钱的规定比较不合理。

M：具体的怎么说呢？

RG-C-004：对工人来说，是来一天算一天的钱，不来了我也不拦着你，你今天不做了明天到别的地方马上就有新的事情做，你又没有损失，为什么要补偿呢？

M：那万一他们被你开除了之后又要重新花很长时间找到工作呢？

RG-C-004：正常来说这个不可能。

M：是这样啊。扯远了，我们说回来。你觉得为什么现在工人普遍地对自己单位没得感情、没得忠诚的概念呢？

RG-C-004：我感觉一个是现在普遍地没有单位这个概念了。以前是有正儿八经的单位的，当时这边整个的几个大的单位，人家出去都说自己是哪个哪个单位的，一个单位的人都住在一起，互相之间都认识的。这个是大多数人概念里面的单位。但是现在这些私人老板的小厂实在是太多太多了。今天在这个人家做，明天在那个人家做，是再正常不过的事情了。没得哪个人出去了和人介绍说我是哪个哪个单位的，人家都是问你是做什么东西的，哦，大家都晓得你是做电焊的，下次有事情就晓得找你了。

M：嗯，这个是一个很重要的原因，根本的原因是不是就是一种认识上的变化？

RG-C-004：我感觉主要还是因为钱。哪里钱多就上哪里去做，有的时候效益不好的时候就是哪里有东西做就上哪里去做。但是也都是正常的。

M：嗯，确实是这样的，你说的这个现象我也可以理解。

RG-C-004：还有一个东西就是现在的人都习惯做一天算一天的钱。他反正算好了他在这边做了几天了。然后他都记着的。

M：是啊，这个也是一个重要的原因。那么作为管理工人的人，现在有没有什么办法防止这个现象发生？

RG-C-004：我们现在就是规定中途跑掉了这个月的钱就没有。要是到年底说好了，然后第二年还正常来上班的，开工的时候多发个红包，奖励他。年底的钱是不敢扣他的，年底人家都要钱用，怕闹事。

M：发红包这个听起来没有问题，但是跑掉的话当月的钱全部扣掉，这个好像也容易惹麻烦。这个是写在合同上吗？

RG-C-004：这个合同上肯定是不写的，但是工人来的时候和来了之后，我们口头上都要沟通一下这个事情，工人基本上对这个东西也是比较理解的，跑掉的人自己也知道原来的单位肯定吃了亏的，没得什么人计较这个钱。就变成了大部分人要跑就是月头的时候，不会是月底的时候，月底他就亏了钱了。

M：变成这种情况不是照样跑掉的会跑吗？

RG-C-004：这个就不同了啊，这个样子的话，单位上就大概有个数，月头上容易有人要跑。有的时候关系好的人到月底的时候就互相打个招呼，说下个月头上就不做了。我们就月头上挂点招工的广告，或者问问其他的地方有没有人要来的。我们就好过得多了，比突然跑掉了好过得多了。

M：原来还有这种约定俗成啊，这个我还是第一次听见，确实感觉比直接去打官司有用哎。

RG-C-004：现在哪个人还直接去打官司，也没得这个精力。说实话，也区别不了多少的钱，想想就拉倒了。而且也怕人闹事。厂里还是比较担心人闹事的。

M：这边的厂里以前遇到过因为合同的事情来闹事的吗？

RG-C-004：有几次。

M：能具体地给我讲一讲吗？大概是怎么回事，前因后果，最后是怎么解决这些事情的？

RG-C-004：有一次是一个人被开除了之后带了律师过来说要额外赔钱给他。

M：他用什么原因被开除的啊？他的原因还是厂里的原因啊？

RG-C-004：手脚不是太干净的，就让他不要来了。结果带的律师来的，说的这边算是违约。

M：这个人说明还有点《劳动合同法》的意识啊。他知道不到期限被开除，可能能要到赔偿金，蛮精明的。我之前问过有的工人，就觉得直接走人蛮正常的，哪里哪里都是直接走人的，没有看到赔过钱。

RG-C-004：这些人就是有意的。他本身自己不好好做东西，又想拿点好处，不晓得哪个人告诉他的这些规定，他就拿来想弄钱的。

M：也就是你认为他不是因为对法律了解很多，很有维权的意识才做的这个事情？

RG-C-004：哪是的哦，这个是他觉得对他可能有利他才看这个，要是上面写的要他赔钱，你看他拿不拿这个规定来找你说话。

M：确实，还是一种利益为主的思想，有点投机取巧的意思。那么这个最后是怎么处理的？

RG-C-004：最后也没有打官司，稍微给了他点钱，因为也没得办法上法庭上去证明他确实手脚不干净，也觉得非常麻烦。这个事情的教训就是正常地开人的时候要么确切地抓住了把柄，要么就和工人说点好话，比方说厂里确实有困难，在这里也做不到多少东西，然后争取帮他介绍一个其他的地方，两方好聚好散掉了。

M：嗯，这个确实是一个教训。还有什么其他的纠纷，可以跟我讲讲的？

RG-C-004：还有一个是出了工伤的，这个也是很麻烦的。他本身有保险，然后还要厂里赔他十几万块钱。

M：这个照理说也是有一定道理的，要是他特别严重的话。

RG-C-004：他属于在架子上焊东西的时候，手被电火花烧到了，正常地被烧到的挺多的，他这个烧得比较严重，直接到最后是一个手不能做东西了，就是不能用劲了。

M：他采取了什么措施来要钱呢？打官司吗？

RG-C-004：他这个没有打官司，他直接带了几个人到老板的办公室里去要钱。

M：采用暴力的手段吗？

RG-C-004：有点像威胁恐吓。说不给钱就把办公室同库房里的机器全部砸掉，他自己反正没得用了，就坐牢，老板这些东西损失掉了就损失大了，不划算。最后谈了半天也是赔掉了不少钱的。但是这个人本身也是蛮可怜的，不能做东西了。弄点钱估计去做点别的东西。

M：你觉得这个人为什么不想到用法律手段解决这些问题呢，换成这么危险的手段？

RG-C-004：法律手段的话时间他耗不起，他恢复这个手还要花一段的时间，然后还要请人去打官司，打官司本身又要一段时间。他就想迅速地拿到这个钱。

M：你这上面说的都是一些客观的情况，那还有没有一种原因就是他根本就对法律或者对法律的执行的效果没有什么信任感？比如说啊，打个比方，他觉得你们老板和法院的人都是互相认识的，他告也拿不到这么多钱的，敲诈反而拿的钱还会多一些。

RG-C-004：这个，照当时他这个情况，其实赔这么多钱也不为太多的。至于他是不是有你说的那种想法，我感觉的话还是有的。本身工人他对老板和政府的人就觉得你们是一伙的，这个想法非常正常。

M：实际上是不是一伙的呢？也就是做个了解，可以随便地说一说，没有事的。

RG-C-004：老板要开厂，肯定要多多少少地认识几个人，当时要拿这个地做厂房的时候，要认识人，要弄一个公司，各种各样的材料，要认识人，要请这么多工人，到劳动局去备案的时候，要认识人。肯定也知道有多少种可能发生的意外的情况或者这些极端的情况，正常地也有几个律师的朋友或者公安局的朋友。但是也没得外面的人想得那么严重，怎么可能的事啊，就这么点点大的个小厂，弄得到处都是认识人的样子，一手遮天的样子。真的认识多少人，也不会有多少事情根本就摆不平了。

M：好的，我明白了。还有什么印象深刻的纠纷这类的事情吗？

RG-C-004：我暂时印象最深刻的就是这几个了。其他的基本上就是算工资的觉得少了，小打小闹，到最后给点钱了事的。这些事情现在其他的地方也不少的。

M：你觉得出现这些事的源头在哪儿呢？比方说，是不是劳动合同上面设计得不是太清楚，容易引发矛盾。还是合同上写得蛮好的，实际上做得不是一回事。还是做得也蛮好的，但是遇到有的人不讲理，或者不懂法律，来闹事的。你觉得现在哪一种现象是主要的现象呢？

RG-C-004：合同上面当时还是注意避免了几个风险的。时间、工资和工种也都写在上面的。写了一部分的对工人的管理的条件，主要是用来保护财物安全和工作时候的纪律的。

M：有没有哪些不敢往合同上面写，然后自己在私下操作的事情呢？比如你刚刚说的，工人跑掉的当月的工资没得发的事情，这一种的。

RG-C-004：这种情况现在我暂时还想不到。因为要是有这些情况，我们就要看看合同，把合同相应的地方改一下说法，防止以后再有类似的事情发生。比方说之前有一种就是说的提供劳动的工具，有的时候电焊机不够用，要让工人自己带电焊机。后来怕人看见这个之后来找麻烦，就不写这个东西了。

M：我明白了，是不是在合同上限制工人的要尽可能地写得比较详细，便于管理工人，但是关于提供给工人的，或者说是工人的福利，为了避免操作起来出问题，就简单写了，有的私下再做？

RG-C-004：你说的这个是很对的。为什么呢？因为工人太多，而且讲规矩的少，总要出点千奇百怪的事情，你到时候合同上面写了不应该做什么事情，就好拿合同去和他讲理。反过来说，你写什么东西就必须兑现，这个有的时候真的是很困难的，比方说刚刚说的电焊机的例子，再比方说写了什么什么福利啊什么东西的，有的时候确实效益不好，就怕工人找麻烦。但是说句良心话，实际上的东西还是尽量地都有得发的，不写，但是尽量地都有得发的。

M：也就是不愿意用合同上的条条款款把自己束缚起来，给自己找麻烦，是吧？其实这个也很好理解的。

RG-C-004：是的，风险太大。写在合同上做不到的就可能有人要闹事，然后一个人闹事，其他人都知道了，弄得不好就全部都要闹事。

M：所有的工人都签了合同是吗？

RG-C-004：原则上是的，但是有一小部分人没有签。

M：这个是为什么呢？

RG-C-004：其实我们最怕的就是工人跑过来跟我们说，我们不需要买保险，你把这个钱直接加到工资里来发给我们就行了。这个情况是风险很大的。

M：是的，签了合同按照规定就应该有买保险的这个条款。

RG-C-004：是的，大部分人也就是看中了保险，比较积极地签合同的。但是也有的人现在急需钱，或者他认为保险不是特别重要，然后他就会要求直接把钱发给他。我们就会告诉他这个是不行的，因为合同上面写了的，必须要做的，万一到时候出个事情我们也说不清楚。所以就这一种人基本上是不签合同，但是钱也是按天给，月底结的，比正常的工人稍微多一点钱。

M：其实就是双方的合谋，都达到了目的，是吧？我在之前的采访里，总体上感觉用人单位都是不怎么乐意签合同的，

RG-C-004：说句实话，合同确实是限制你，最严重的就是人不稳定的问题，这么多人，不知道今天跑几个，明天跑几个，还要全部登记起来交保险，是个麻烦的事情。确实不如那一种按天算钱的人方便。但是话又说回来，合同也有好处，就是管理工人更加降低了风险，把纪律全部变成条款了。

M：所以总体来说你认为《劳动合同法》是保护工人还是保护单位的呢？

RG-C-004：总体是双方都有好处的。相对来说单位要增加一定的麻烦。工人还是有好处的，以前没有规定的时候，乱七八糟的事情更多。

M：嗯嗯，我感觉你对《劳动合同法》也是有过研究的，对吗？听起来比较了解的。

RG-C-004：我专门做管理的，必须要懂一点，因为要防止各种各样的闹事。工人去闹事，闹得太多了，所以有了这个法律规定。我感觉太偏向工人，就是感觉劫富济贫那样子。

M：感觉总体而言还是挺困难的，工人的法律意识不强，遇到事情好像就想起闹事来解决。

RG-C-004：还是个成本的问题。打官司费心费力的，还担心不能成功。工人是耗不起的，做一天就算一天的钱。

M：你觉得除了有现实上的困难，还有认识上的问题吗？

RG-C-004：中国人习惯了用自己的思维解决问题，总认为什么办法能最快地解决问题，什么办法就是好的。而且一个人用了，之后的人也都会用，用来用去达到效果了，以后有类似的事情就还会用。

M：是啊，我了解的也是这样的。好的，今天真是谢谢你。

RG-C-004：不客气的。

M：最后，我这里还有个小问卷，不是特别长的，大部分问题我们刚刚已经

聊过了，麻烦你帮我填一下，确认一下。里面还有《劳动合同法》有关的法条，判断对错的题，你可以正好看看都懂不懂。

RG-C-004：好的。

（受访者填答问卷）

M：好的，再次谢谢你今天跟我聊天，告诉我很多有用的事。

RG-C-004：没得事的。

访谈案例二（企业职工）

编号：RG-Y-006

访谈对象：于某某

身份：某明机械制造有限公司-钳工

访谈时间：2017.2.27，12：00-13：00

访谈地点：某明机械制造有限公司食堂

访谈人（以下简称 M）：你好，是于师傅吗？

访谈对象（以下简称 RG-Y-006）：是的，你是余××说的那个人吗？

M：嗯，是的是的。我是在做一个劳动合同的课题，我听说师傅你们以前经历过了一个劳动合同的纠纷，最后是于师傅你想办法解决的，我就想了解一下这个事情，可以吗？

RG-Y-006：你和吴××访问过吗？

M：不好意思，请问一下，吴××是哪一个？

RG-Y-006：当时出这个事情的老板，现在还欠保险的钱的，还欠我两万块钱。你和他上次遇见了吗？

M：我还没有去访问吴××，下次可能要去一下的。还要麻烦你帮我介绍一下他的电话号码。

RG-Y-006：嗯，吴××这个事情做得不对。我也不高兴慢慢和他搭界（打交道）了。你要去找他可以去找我们现在这边的赵老板，我现在也不找他。

M：嗯嗯，好的，谢谢你。我今天过来，是想占用你一点宝贵的时间，稍微了解一下这个合同纠纷的前因后果，还有就是你在里面的感想，可以吗？

RG-Y-006：你抓紧时间说一下，吃饭最多吃到中午一点，下午还要做东西。

M：好的。首先我问一下，这个其中产生纠纷据说是保险的事情，是吧？具体是个什么情况？

RG-Y-006：他说了要交保险的，然后没有交。

M：说了要交保险的，是指什么呢？

RG-Y-006：合同上面说的是要交保险。

M：那这个事情不是很好解决吗？合同上面说的要交保险，那就按合同上的去做，不行的话去告他？肯定要赢的，他还是跑不掉的。

RG-Y-006：没得时间去告他。当时的情况是我们有四五十个人都到了拖欠保险的最后期限，我们接到的社保局的通知，说的这是最后一次机会补交保险，要不然就没有保险了。

M：当时的时间还有多少？

RG-Y-006：就是提前一个月和我们说的。

M：情况很严重吗？缺多少钱要补的？

RG-Y-006：最多的一个人要补 11 万多元，少的人也要补 5 万多元。

M：那还是很多的钱。这中间应该有很长时间没有交保险吧。

RG-Y-006：中间有 8 年时间。上面也没有人管，就拖了 8 年，不知道吴××是用什么办法对付过去的。然后这一次告诉我们这个是最后期限，再不交的话退休了就没有保险了，这个哪个人能接受？当时就要崩溃了，真的是要崩溃了。

M：这个事情怎么会过了这么长时间你们都没有发现呢？照理说每个月个人也要交一部分的啊，都没有人看一下这方面吗？

RG-Y-006：他说得好听的，就是说发到手的钱就是扣了保险之后的钱。这个哪个人还会专门去查一下他真的拿了钱去买了保险没有。

M：大家都不关心保险的问题吗？

RG-Y-006：关心肯定是关心的，毕竟有退休金和没有退休金差别得太多。但是哪个人平常无事地去看这个交钱的事情？

M：没有觉得工资方面有什么不正常的地方吗？

RG-Y-006：做这个东西本来就是做多少拿多少，还要看厂里的效益好不好。拿到手的钱是不固定的，有的时候多，有的时候少。

M：周边也没有家人或者朋友提醒去关心一下这个事情？

RG-Y-006：现在我感觉大部分小厂是没得保险的。哪个人知道这个？就感觉他说了要交了那就交了嘛。这个怎么知道他是真的还是假的，我也不去查的。这么多人没得一个去查的。

M：是因为不知道去哪里查吗？

RG-Y-006：对于平时做东西的人，这个事情又不要你亲自去做的事情，你哪个人知道上哪里去查！

M：其实也是，这本来就是工作单位去帮你办的事情。不过这个确实是一个教训，就是自己个人的东西还是要多关心一下。

RG-Y-006：整天在做东西，你让哪个人有工夫关心这些东西。

M：也是啊。那知道了出了这个问题，这四五十个人都是各自怎么解决的这个事情呢？一开始的反应是什么？

RG-Y-006：一开始肯定是去找他闹事。拿着这个发下来的单子去找吴××，让他交钱。

M：闹事是采用的什么手段呢？

RG-Y-006：跑到他办公室里，有的人跑到他家里，找他。

M：全体人都去了吗？

RG-Y-006：在厂里的时候跟这个事情有关系的人集体上他办公室去了两三次，然后那几天这些人都不做东西了，就专门在办公室跟他谈这个事情，坐在那里。吴××吃不消了，就后来几天都没去，我们中间有十几个人就上他家里去闹事。

M：采用了暴力形式吗？

RG-Y-006：没有。去闹事也就是去淘气（吵架），然后坐在那里叫他必须解决。但是太晚了也就自己回去了。

M：为什么用这种办法呢？觉得有用吗？还是觉得有更好的形式？

RG-Y-006：让他重视起这个事情。你说打他骂他也不可能，你当时指望他给你交钱啊，你撕破脸皮这个事情就更加难弄了。

M：然后他是不给钱，是吧。

RG-Y-006：他说他一下子实在是没有这么多钱。

M：那怎么办呢？这下不就撕破脸皮了？

RG-Y-006：就又多了十几个人上他家里去闹事，门口都坐了人，有的人就直接不做了，专门去要解决这个事情。

M：这中间想过去和他打官司吗？不是有合同吗？他这个是犯法的。

RG-Y-006：你感觉这个事情来得及吗，当时还有不到一个月的时间。一开始去闹事的前几天，他还说最近在争取弄点钱帮大家把事情都解决了，拖了几天之后最后才说实在是没有这么多钱。

M：你们都觉得打官司是一个麻烦的事情吗？

RG-Y-006：打官司肯定是非常麻烦的，而且打完了你哪知道他帮不帮你交钱啊。

M：可以通过法律的程序把他的东西都封了，拍卖了，补这里面的钱啊。

RG-Y-006：他个人可以说他自己没得钱啊，法院又不好把他卖了。弄过去坐牢房我们还是没有钱补到保险上面去啊。

M：还有这个厂房啊，里面还有东西啊。

RG-Y-006：当时也没有想到这一层上面去。当时最主要的想法就是想办法让他拿出钱来，赶紧解决这个事情。

M：归根到底是觉得法律的作用不如你们亲自去逼迫他来得快？

RG-Y-006：法律这个有好多空子可以钻的。他说没得钱，法律还能有什么办法他？

M：我可不可以这么理解，就是法律有很多种解决办法，比如说有钱的时候执行这个钱，没有钱的时候惩罚他，但是其实你们只需要这前面一半，也就是解决你们的当务之急？

RG-Y-006：我不是过分想到这个层次。但是我感觉法律太文明了，解决问题不是很快速。

M：这又是两个层面了。解决问题的实效我比较好理解，什么叫作太文明？

RG-Y-006：他去了无非就是好声好气地到法院去报个到，说一下困难的情况，然后找个把人，事情就解决了。他个人是很舒服的。

M：也就是裙带关系？

RG-Y-006：到了法律上，他可以把这个事情大事化小，小事化了。

M：额，我感觉很多人是理解为在日常的事情里可以大事化小，小事化了。去走法律的途径其实是把事情闹大了，方便解决掉了。

RG-Y-006：我感觉他们在法律上都认识人的。对这种人，你就非要逼他，就是跑到他家里去，和他闹事，他最怕的就是这些人都不做东西了，专门和他闹事。停工几天他这个厂就不要做了。

M：也就是其实还是不信任法律的执行效果？

RG-Y-006：这些事情都是规定的是一个样子，真正做起来是另外一个样子的。

M：所以要去亲力亲为，盯着这个事情？

RG-Y-006：这是自己的事情，当然要去盯着。当时前前后后，有关系的人基本上都盯着这个事情。

M：你老板这中间有什么应对的办法吗？

RG-Y-006：吴××在这方面很精明。

M：怎么个精明法？具体说给我听听？

RG-Y-006：他很知道我们这些人的心理，就是耗不起，然后也不能缺这个保险。我们这些人当时最大的愿望就是他帮我们把这个钱补了。

M：也就是这个愿望超过了把这个老板绳之以法，让他付出点代价吗？

RG-Y-006：有的人觉得他帮你解决了眼前的困难就是帮了你大忙了，过去的事情可以不追究了。我理解的，当时有十几个人都是这种想法。去闹事也有人反对的，说不要把老板吓到了，那就更加看见工人就跑，没得办法再商量这个事情了。

M：其实还是一种急迫的、看得比较短的心理？

RG-Y-006：一方面是实在是太困难了，另外一方面是做东西的人一般来说没有什么心眼，就正常做做东西就觉得还可以了。

M：对自己正常的权益没有太多的维权的意识，对吧？或者是要求比较低，基本的东西得到满足了就好了，是吧？

RG-Y-006：是的。其实基本上就是钱能按时拿得到，保险能交了，每天有东西做，就差不多了。做东西的人正常情况下也没有什么太多的想法，但是这个事情确实是做得过分了。你让正常的人一下子拿十几万元出来，这个是要人命的事情。

M：你说的吴老板就利用了这种心态吗？

RG-Y-006：他就是对不同的人采用不同的办法，降低他自己的损失，防止所有的人一起去找他闹事，他就更加不好收场了。

M：比如说呢？他怎么区分不同的人出来，是什么标准呢？

RG-Y-006：有的人，可能他家庭条件稍微好一点的，暂时让他拿这个钱自己垫一下，他没有太大问题的。还有的人比较胆小怕事，不愿意闹事，或者他自身要求比较低。最后还有一种就是长年在这个老板这边做东西的，离了这个老板不知道上哪儿去做的。这几种人，他是重点先叫他们不要闹事。

M：都用哪些办法叫他们不要闹事呢？你举举例子？

RG-Y-006：他首先就是和工人说说好话，就是实在是现在一下子没有这么多钱。你想啊，四五十个人，这里面一下子就是四五百万元钱。他就说，等这一批东西的钱回来了之后，就有钱了，肯定是有钱的，但是现在这个情况，真的是钱都在这些东西里面，确实是没得钱的。他就说你们先把钱交了，我打欠条给你们，明年十月份的时候，大概是十月份的时候，我这边就有了钱，我就肯定把这个你们个人交的部分以外的钱，就是我这个单位照理说应该交的钱，一五一十地都退给你们去了。

M：真的有工人最后是一下子自己先贴了这么多钱吗？

RG-Y-006：有的，有的，最后有好像是十五个人左右，是拿了老板的欠条，然后自己交的，大概是十万块钱。

M：你怎么不参与其中呢？

RG-Y-006：哪个人知道到了明年十月份的时候他说的是真的是假的？

M：不是有欠条吗？

RG-Y-006：和打官司还是一个道理。你有欠条，是你有道理，但是他没得钱，你又是麻烦。

M：明白了。

RG-Y-006：还有一个就是确实一下子拿不出这么多钱。做东西的人基本上都是每个月拿的钱就到家里用掉，剩不下多少钱。我那个时候闹事的时候正好家里还在盖房子，我就更加没得钱了。和我一起的几个人，有个人家里老太婆还生病了，着急得要死，哪个人肯给他先贴十万块钱啊。

M：这个确实是，对大部分人来说都是很有难处的。我是可以理解的。

RG-Y-006：吴××还有一个地方不好，就是他想办法挑拨离间。他自己先减少一点麻烦。

M：挑拨离间是什么意思呢？

RG-Y-006：有的人嘛，怕麻烦，或者胆小怕事，或者和老板关系比较好的，离了老板就不知道做什么的，这种人还是大多数嘛，没得人是真的喜欢闹事。从头到尾，其实主要在闹事的，总共那四五十个人里面，也就那几个人。吴××后来看闹事闹得不怎么好收尾了，他也知道要是一直在闹事的话，他这回不可能完全不出一分钱了，本身也是他自己的不好，我感觉他其实也是怕真的上法院去打官司的。他后来就改口了，他说他自己现在还有大概两百多万块钱，本来是下一季投一批设备的钱，现在愿意拿出来，给工人先解决这个事情。但是他只能先解决一部分人的。这个就是为了骗人和他之间不要去闹事。大部分人都希望他先给自己解决了，去商议事情的时候态度就大部分人都还可以了。

M：哦，原来是这样，那这个感觉还真是挺精明的一个人。那最后是帮多少人解决了这个事情呢？两百多万元应该可以帮一半的人解决了吧。

RG-Y-006：先抓着他几个处得比较好的人，有的人是比方说沾亲带故的，邻居之间的，先解决了不到十个人。但是后来也知道还是不能这么解决的。

M：为什么呢，你认为？

RG-Y-006：有的人解决了，有的人不解决，最后不解决的人不就是闹得更加厉害了。他以为态度好的人能解决，人家都会跟他态度好。实际上还是不可能的事情。态度不好有的时候解决得还快点。

M：这个确实是。后来这个事情听说最后还是你去找了一个什么人，然后解决的？

RG-Y-006：最后是我找了我们这边公安局的一个政委，也姓吴，这个人帮着解决的。

M：具体是怎么想起来找到他的呢？

RG-Y-006：一开始准备闹事的时候，想的就是要找人嘛。现在你做什么事情，你都要事先把人找好了。然后你才可以继续往下促进这个事情。当时商量了一下有的人说去法院找一个什么人，后来又觉得既然暂时不打官司的话没得必要到法院找人。但是民政或者什么地方政府机关里这些人又正好不认识什么人。认识的话其实也没得什么办法，感觉那一块的人也帮不上忙。

M：你为什么会觉得这些直管部门的人都帮不上忙呢？这些不都是和保险直接相关的人吗？

RG-Y-006：当时的概念就是，这些人都是管这个事情的，但是现在来不及解决这个事情了。所以当时是想找一个能管这个人的人。

M：所以就想到了公安系统的人，是吗？

RG-Y-006：一个是我们认为公安局的人，因为这些老板肯定多多少少，要跟这些人打打交道，请他们帮忙防止一些麻烦。这些人说话对这些老板肯定是有用的。还有一个就是我正好有一个关系认识这个政委。我姑娘和这个政委的姑娘一起在××大学上学，这个政委的姑娘比我姑娘小两岁，然后现在这两个小孩又一起到了××大学上研究生，还是在一起上。我当时知道这个政委就是听我姑娘回来跟我说的，然后这回出了这个事情，就自然而然地想到了这个政委能不能帮帮忙。

M：所以就请你姑娘去找了这个政委？他怎么说的？最后帮到忙了吗？

RG-Y-006：我姑娘先去找的这个人的姑娘，说了一下情况，然后我姑娘又自己发了一个信息给这个人，说了一下详细的情况，问这个人有没有空处理一下这个事情。这个姓吴的政委有个朋友，姓王的警官，当天下午约我们到他那里去说一下情况。我们当时去了四个人，就说了这个情况。姓王的警官就打电话给吴××，说你这个事情赶快给人家解决一下。这个事情你不解决，你自己也很麻烦。这些人里面哪个哪个人是吴政委和我的朋友，你把这个事情解决一下。

M：然后吴××就真的给你们解决了吗？

RG-Y-006：他其实确实是当时没有这么多钱。他当时的钱确实有好多在那一批设备上面，有几百万元都在那个设备上面。然后已经自己贴了十万块钱。那些人不算的话，当时还有三十几个人没有解决问题。三十几个人有不到十个人是他自己已经承认人家全部付钱了。其他的人就是他想了一个中间的办法。他当时的意思是你们每个人个人要贴两万五千块钱左右，然后我现在照理说应该帮你们贴另外的钱，但是我实在是没有这么多钱了，烦劳你们每个人多贴两万块钱，我打欠条，然后我剩下的钱帮你们贴了，大家把保险的这个事情尽快解决掉，大家也都好。

M：所以最后大家也就照做了吗？

RG-Y-006：当时也是确实没得别的办法的。照理说也不愿意贴钱。我当时一下子贴了四万两千多块钱，我个人有三万多块钱，还跟人家借了一万多块钱。但是当时那个情况，不得不交这么多钱。这还是在找了人的情况下，已经是最好的情况了。找的人家政委什么的也不好把话说绝了，就相当于互相退了一步，先把这么多钱凑齐了交了。

M：现在担心那两万块钱拿不回来吗？

RG-Y-006：这个现在不是太担心的。因为这个事算是吴政委管的事情。解决掉的第一时间我们就告诉了吴政委，也说了这个两万块钱的事情，吴政委说到时候这方面再出问题的话，再去找他。欠条是有法律效力的。

M：嗯，总体来说，还算一个还可以的解决方案了。

RG-Y-006：大概就是这个样子，我要赶紧回去做东西了。

M：还有最后几个问题，可以吗，再耽误一会儿就行？

RG-Y-006：行，你赶快吧。

M：总体来说你觉得《劳动合同法》这个法律本身是保护你们的吗？

RG-Y-006：这个肯定是的。

M：那你简单总结一下，为什么这次你们出了纠纷之后，没有通过这个法律的办法，是通过找熟人还有闹事的办法解决掉的？

RG-Y-006：一个是麻烦，一个是来不及，一个是感觉效果不好，没用。

M：为什么感觉没用呢，具体的？

RG-Y-006：刚刚不是说过了，感觉没用就是即使判了也不一定拿得到钱。他有的是办法逃避这个东西，把钱转移走。你只能去盯着他给他施加压力。

M：还有呢，还有什么原因呢，你觉得？

RG-Y-006：不想把关系搞得太坏吧。我是之后就另外找了个地方做东西，但是还有不少的人到现在还在那边做东西。

M：去闹事什么的不就是把关系搞坏了吗？

RG-Y-006：我感觉去闹事这种的，之后吃个饭，大家可能还是朋友，平常还能处。但是打官司就不一样了。

M：我明白了。我这边还有一个小问卷，你有空帮我填一下吗，稍微耽误你一点时间？

RG-Y-006：你先放在这里，我做完东西稍微看一下，下次你来拿。我这会儿真的要去做东西了，下午还有好多东西。

M：好的，谢谢你。

RG-Y-006：没事没事。